2

最新 社会福祉士養成講座

一般社団法人 日本ソーシャルワーク教育学校連盟　編集

高齢者福祉

中央法規

刊行にあたって

　このたび、新カリキュラムに対応した社会福祉士と精神保健福祉士養成の教科書シリーズ（以下、本養成講座）を一般社団法人日本ソーシャルワーク教育学校連盟の編集により刊行することになりました。本養成講座は、社会福祉士・精神保健福祉士共通科目 13 巻、社会福祉士専門科目 8 巻、精神保健福祉士専門科目 8 巻の合計 29 巻で構成されています。

　社会福祉士の資格制度は、1987（昭和 62）年に制定された社会福祉士及び介護福祉士法により創設されました。後に、精神保健福祉士法が制定され、精神保健福祉士の資格制度が 1997（平成 9）年に創設されました。それから今日までの間に両資格のカリキュラムは 2 度の改正が行われました。本養成講座は、2019（令和元）年度の両資格のカリキュラム改正に伴い、刊行するものです。

　新カリキュラム改正のねらいは、地域共生社会の実現に向けて、複合化・複雑化した課題を受けとめる包括的な相談支援を実施し、地域住民等が主体的に地域課題を解決していくよう支援できるソーシャルワーカーを養成することにあります。地域共生社会とは支援する者と支援される者が一体となり、誰もが役割をもって生活していくことができる社会です。こうした社会を創り上げる担い手として、社会福祉士や精神保健福祉士が期待されています。

　そのため、本養成講座の制作にあたって、❶ソーシャルワーカーとしてアセスメントから支援計画、モニタリングに至る PDCA サイクルに基づく支援ができる人材の養成、❷個別支援と地域支援を一体的に対応でき、児童、障害者、高齢者等のさまざまな分野を横断して包括的に支援のできる人材の養成、❸「講義―演習―実習」の学習循環をつくることで、実践現場に密着した人材養成をする、を目的にしています。

　社会福祉士および精神保健福祉士になるためには、ソーシャルワークに必要な五つの科目群について学ぶことが必要です。具体的には、①社会福祉の原理・基盤・政策を理解する科目、②複合化・複雑化した福祉課題と包括的な支援を理解する科目、③人・環境・社会とその関係を理解する科目、④ソーシャルワークの基盤・理論・方法を理解する科目、⑤ソーシャルワークの方法と実践を理解する科目です。それぞれの科目群の関係性と全体像は、次頁の図のとおりです。

　これらの科目を本養成講座で学ぶことにより、すべての学生がソーシャルワークの基盤を修得し、社会福祉士ならびに精神保健福祉士の国家資格を取得し、さまざまな領域でソーシャルワーカーとして活躍され、ソーシャルワーカーに対する社会的評価を高めてくれることを願っています。

社会福祉士養成教科書の全体像

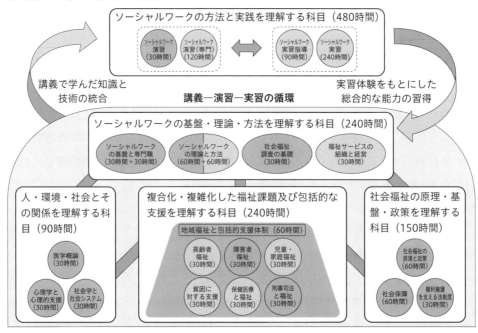

出典：厚生労働省「〔別添〕見直し後の社会福祉士養成課程の全体像」（https://www.mhlw.go.jp/content/000604998.pdf）
より本連盟が改編

精神保健福祉士養成教科書の全体像

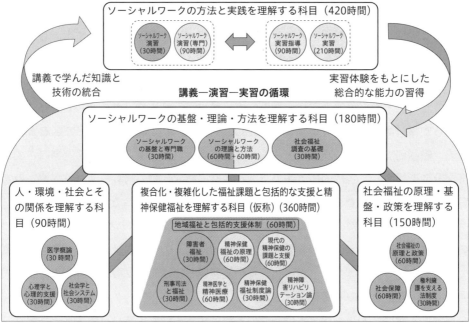

出典：厚生労働省「〔別添〕見直し後の社会福祉士養成課程の全体像」を参考に本連盟が作成

2020（令和2）年12月1日

一般社団法人日本ソーシャルワーク教育学校連盟
会長　白澤政和

はじめに

　100歳を超える高齢者が全国で8万人以上になるなど、「人生100年時代」が到来しつつある。しかしながら社会の現状は、人生100年時代への準備が十分にできているとは言い難い。要介護高齢者や認知症の高齢者の増加といった課題の深刻化に加えて、8050問題や社会的孤立などの、従来の制度・政策の枠組みでは対応が難しい課題が表出してきている。こういった課題を克服し、すべての高齢者の尊厳が保持され、自立した生活が実現できる社会を構築するためには、雇用制度や年金制度、保健医療や介護のサービス提供体制、安全な住まいと環境の確保、文化活動や余暇活動の機会といった社会の諸側面において、今後さらに変化を加速させていく必要がある。そして、高齢者とその家族は、こういった変化に対処していかなければならない。したがって、人と環境との接点に介入する専門職であるソーシャルワーカーには、高齢者とその家族が、変化していく社会の状況にうまく適応していけるように、さまざまな場所や局面において支援していくことが求められている。

　本科目を学ぶ意義としては、大きく二つある。まず一つ目は、高齢者分野におけるソーシャルワーク実践のための知識が習得できるということである。ただし、本書で習得できる内容は、むしろ最小限度の知識に近いものである。実際に高齢者分野においてソーシャルワーカーとして実践に携わっていくためには、さらなる知識、たとえば高齢者に関する医学・心理学や制度・政策に関するより詳細な知識の習得が必要であり、養成課程修了後の継続教育や入職後の研修などで学びを続けることになる。

　二つ目の意義は、社会福祉士・精神保健福祉士養成課程のほかの指定科目や大学等で学ぶさまざまな科目で学んだ知識を、高齢者分野に当てはめ、応用的に学びを進めることによって、それらの知識の理解を深めていくことができるということである。たとえば、すべてのソーシャルワーカーが共有すべきエコシステム的視座やエンパワメントといった概念を、高齢者分野の状況において学ぶことによって、より具体的・実際的な概念の理解が進むことが期待できる。そういった意味では、当面、高齢者分野での実践に携わることを考えていないソーシャルワークの学習者にとっても、十分に学ぶ意義のある科目である。

　2021（令和3）年から開始される新しいカリキュラム科目の「高齢者福祉」と、2009（平成21）年から実施してきた旧カリキュラムの高齢者福祉の科目（「高齢者に対する支援と介護保険制度」）との大きな違いは、学ぶべき時間数が60時間から30時間に半減したことである。しかしながらこれは、前回改正時に高齢者福祉科目に統

合された「介護概論」科目の内容が、今回の改正では、本科目からはほぼ除外されたからである。つまり、高齢者福祉科目の内容が、2分の1になったわけではない。実際に、厚生労働省が示している本科目のシラバスにおける「ねらい（目標）」をみてみると、以下の四つとなっている。❶高齢者の定義と特性を踏まえ、高齢者とその家族の生活とこれを取り巻く社会環境について理解する。❷高齢者福祉の歴史と高齢者観の変遷、制度の発展過程について理解する。❸高齢者に対する法制度と支援の仕組みについて理解する。❹高齢期における生活課題を踏まえて、社会福祉士としての適切な支援のあり方を理解する。❶～❸は、旧カリキュラムの科目の「ねらい」に示されている内容とほぼ同じものが含まれており、それらに加えて今回は新たに❹が明示され、むしろ内容的には、より充実したものとなっているのである。

　本書の内容は、上記した四つのねらいに即しているのはもちろん、今回のカリキュラム改正全体の背景でもある、地域共生社会の実現において力量を発揮できるソーシャルワーカーの養成を念頭に置いた内容となっている。本書のおおむねの構成は、以下のとおりである。まず第1章～第3章では、高齢者・高齢社会についての基本的知識および高齢者福祉の変遷と概念について学ぶ。支援の対象となる高齢者の諸側面の特性や高齢社会の実態を学び、支援のあり方の変遷と根拠となる概念を学ぶことは、高齢者分野のソーシャルワークの理解に不可欠な知識である。次に第4章～第6章では、高齢者に関連する諸制度を学ぶ。中心となるのは介護保険制度ではあるが、高齢者・高齢社会に関連する制度・政策をほぼ網羅する形で学ぶことになる。こういった制度・政策は、高齢者とその家族が関係を取り結んでいく最も身近で重要な「環境」である。したがって、ソーシャルワーカーが、クライエント・システム（支援の対象となるシステム）を取り巻く環境の知識を習得することは重要である。最後の第7章は、上記した四つのねらいの❹を学ぶことを意図したものである。後半の節では、五つの事例を用いて、高齢者分野のソーシャルワーカーの実際を学ぶ。五つの事例のうち四つは、入所施設利用者ではなく地域在住の利用者の事例となっており、地域における福祉課題（ニーズ）の解決とかかわりのある事例といってよい。これらの事例から、制度・政策の大きな方向性である地域共生社会の実現において、ソーシャルワーカーが果たすべき役割を学んでほしい。

編集委員一同

目次

刊行にあたって
はじめに

第 **1** 章　高齢者と少子高齢社会

第 1 節　高齢者の定義と特性 ——————————————————2
　　1　高齢期の社会的理解／2
　　2　高齢者の身体的理解／5
　　3　高齢者の精神的理解／9
　　4　高齢者の総合的理解／13

第 2 節　少子高齢社会の到来 ——————————————16
　　1　「高齢化」と「高齢化率」／16
　　2　日本の高齢化の状況／16
　　3　高齢化が進む理由／17
　　4　今後の高齢化の見通し／19
　　5　日本の高齢化の特徴と課題／21

第 **2** 章　高齢者の生活実態とこれを取り巻く社会環境

第 1 節　高齢者の生活実態 ——————————————————24
　　1　高齢者の経済および就業の状況／24
　　2　高齢者の健康および要介護の状況／27
　　3　高齢者の社会参加の状況／30
　　4　高齢者の生活環境の状況／31

第 2 節　高齢者を取り巻く社会環境 ——————————————34
　　1　高齢者を取り巻く三つの社会環境／34
　　2　高齢者世帯の特徴／35
　　3　家族介護（者）の状況／36
　　4　家族介護の多様化——近年の家族ケア問題／40
　　5　高齢者と家族の生活保障を目指して／43

第 3 章　高齢者福祉の歴史と理念

第 1 節　高齢者観の変遷 46
1　社会における高齢者観の変遷／46
2　老年学における高齢者観の変化／48
3　現代における高齢者観の諸概念／49

第 2 節　高齢者福祉の発展過程 51
1　社会福祉の発達前史と高齢者福祉／51
2　第二次世界大戦後から老人福祉法の誕生／53
3　保健福祉サービスの量的拡大と在宅福祉への移行／55
4　介護保険制度の誕生から地域包括ケアシステムの構築まで／57

第 3 節　高齢者福祉の理念 62
1　高齢者のための国連原則／62
2　我が国の法律にみられる理念／62
3　高齢者福祉の理念となる諸概念／65

第 4 章　介護保険制度

第 1 節　介護保険制度の概要 70
1　介護保険制度の枠組み／70
2　介護保険財政／71
3　保険者と被保険者／73
4　保険料／76
5　要介護認定の仕組みとプロセス／77
6　保険給付／81
7　介護保険事業計画／86

第 2 節　地域支援事業 87
1　地域支援事業の内容／87
2　地域包括支援センター／91

第 3 節　介護保険サービスの体系 96
1　居宅サービス／96
2　介護予防サービス／101
3　地域密着型サービス／103
4　居宅介護住宅改修費／106
5　居宅介護支援／107

6　施設サービス／ 107

第5章　高齢者に対する関連諸制度

第1節　高齢者保健福祉の法体系 ································ 112
1　福祉と保健／ 112
2　高齢社会対策基本法は総合施策の源／ 113

第2節　老人福祉法 ·· 120
1　老人福祉法成立の背景／ 120
2　老人福祉法の改正経過／ 121
3　老人福祉法の目的と理念／ 122
4　老人福祉法の構成と内容／ 122
5　老人福祉法に基づく措置／ 125
6　有料老人ホーム／ 126

第3節　高齢者医療確保法 ·· 128
1　増え続ける国民医療費の抑制を目指して／ 128
2　旧・老人保健法の流れ／ 129
3　特定健康診査と特定保健指導／ 130
4　後期高齢者医療制度／ 131

第4節　高齢者虐待防止法 ·· 133
1　高齢者虐待防止法の概要／ 133
2　高齢者虐待の未然防止／ 134

第5節　バリアフリー法 ··· 138
1　我が国におけるバリアフリー政策の展開／ 138
2　バリアフリー法の概要／ 140

第6節　高齢者住まい法 ··· 145
1　高齢者住まい法／ 146
2　これからの高齢者住まい法と高齢者の住まいの展望／ 149
3　バランスのとれた住宅行政／ 150

第7節　高年齢者雇用安定法 ·· 151
1　高年齢者雇用安定法の概要／ 151
2　高年齢期の就労と経済状況／ 152
3　定年制と年金保険制度／ 153
4　高年齢者雇用安定法の改正／ 154

第8節 育児・介護休業法 ··········· 157

1 育児・介護休業法の趣旨／157

2 育児・介護休業法の主な内容／158

3 今後の課題／162

第9節 市町村独自の高齢者支援 ··········· 163

1 介護保険外の高齢者支援サービスの意義／163

2 一般会計としての位置づけ／163

第6章 高齢者と家族等の支援における関係機関と専門職の役割

第1節 関係機関の役割 ··········· 170

1 行政機関の役割／170

2 指定サービス事業者・国民健康保険団体連合会の役割／173

3 地域包括支援センターの役割／176

4 ハローワークとシルバー人材センター／177

第2節 関連する専門職等の役割 ··········· 179

1 フォーマルな専門職／179

2 インフォーマルな援助者／187

第7章 高齢者と家族等に対する支援の実際

第1節 高齢者領域におけるソーシャルワーカーの役割 ··········· 190

1 アセスメントとコミュニケーション／190

2 個人へのソーシャルワークとケアマネジメント／192

3 家族へのソーシャルワーク／195

4 グループへのソーシャルワーク／198

5 地域へのソーシャルワーク／199

6 多職種・多機関連携とチームアプローチ／200

7 認知症ケアにおけるソーシャルワーク／201

8 終末期ケアにおけるソーシャルワーク／203

9 地域ケア会議による地域包括ケアシステムの構築／207

第2節 高齢者と家族等に対する支援の実際 ··········· 210

事例 1　家族の介護負担軽減と就労支援／210

事例 2　介護老人保健施設における看取り支援／217

事例 3　「8050 問題」の状況下で高齢者虐待が疑われる事例／223

事例 4　近隣とのトラブルがある独居高齢者の在宅生活を支えた事例／
　　　　230

事例 5　地域包括ケアシステムにおける居宅・認知症高齢者／236

索引／244

編集、統括編集委員、編集委員、執筆者および執筆分担

本書では学習の便宜を図ることを目的として、以下の項目を設けました。

・学習のポイント……各節で学習するポイントを示しています。

・重要語句……………学習上、特に重要と思われる語句を色文字で示しています。

・用語解説……………専門用語や難解な用語・語句等に★を付けて側注で解説しています。

・補足説明……………本文の記述に補足が必要な箇所にローマ数字（ⅰ、ⅱ、…）を付けて脚注で説明しています。

・Active Learning……学生の主体的な学び、対話的な学び、深い学びを促進することを目的に設けています。学習内容の次のステップとして活用できます。

第1章

高齢者と
少子高齢社会

　高齢者とはどのような存在であり、どのような特性を
もっているのか。また、高齢者が多くを占める社会の特性
は何なのか。本章では、これらの基本的問いに答えるため
に、第1節では、高齢者をめぐる定義の変遷を追いながら、
時代や社会によってその捉え方が変化することを示す。ま
た、高齢者を総合的に理解するために、その特性を、❶社
会的、❷身体的、❸精神的な側面から整理する。そのうえ
で、高齢期を人生全体の発達過程に位置づけて理解すると
ともに、高齢者を総合的、全人的に理解するための視点を
提起する。さらに、第2節では、社会全体において高齢者
が占める割合の変化（高齢化）を踏まえ、その進展の背景
を整理し、日本の少子高齢社会のもつ特性と課題について
考える。

高齢者の定義と特性

学習のポイント

- 高齢者の定義と社会的特性を理解する
- 高齢者の身体的特性および精神的特性について理解する
- 高齢者を全人的な存在として総合的に理解する

1 高齢期の社会的理解

1 高齢者の定義とイメージ

　高齢者の定義は時代や社会によって異なり、必ずしも普遍的なものではない。国際連合が1956年に65歳以上を「高齢者」として全人口に占める高齢者の割合（高齢化率）を算出したことを契機に、65歳以上を高齢者とみなすことが多いが、我が国では1965（昭和40）年までは国勢調査における「老年人口」は60歳以上と定義されていた。しかし、平均寿命の伸長に伴い、「人生50年」といわれた時代から「人生80年」を前提とする長寿社会を迎え、「高齢者」とはいえ、親子ほど年齢の違う場合も珍しくない。

　このような多様な高齢者に対して、65〜74歳までの高齢者を前期高齢者、75歳以上の高齢者を後期高齢者と呼んで区別する考え方がある。前期高齢者は、比較的健康で就労や社会活動に参加する機会も少なくないが、後期高齢者になると、疾患や障害によって以前のような活動的な生活を送ることが難しくなり、医療や介護を必要とする度合いが大きくなる。ただし、老化はきわめて個別的なプロセスであり、暦年齢をもって画一的に高齢者を定義づけることは難しく、何歳をもって高齢者とするか見解の一致はみられていない。日本老年学会・日本老年医学会では、近年の活動的で健康な高齢者の増加を受けて、65歳以上を高齢者とする定義を見直し、75〜89歳を「高齢者」、90歳以上を「超高齢者」とし、65〜74歳は「准高齢者」として活発な社会活動が可能な人々であると位置づけることを提言している[1]。

　さらに、人々の抱く高齢者に対するイメージも年齢や国・地域によって多様である。日本人の高齢者に対するイメージはアメリカやイギリス

などに比べて否定的であることや、児童期に肯定的であった高齢者のイメージは青年期になるにつれ否定的となり、その後、年を重ねるうちに再び肯定的な見方に変化することが明らかになっている[2]。

2 複合喪失と成長のダイナミズム

　健康で活動的な高齢者が増えているとはいえ、高齢になると、個人差はあるものの心身機能の低下や社会的地位・役割の喪失や変化が起こる。こうした喪失体験は、定年退職によって経済力が低下するとともに、社会的地位や役割が奪われ、自尊心や生きがいを失うといったように連鎖的に起こることが多いことから「複合喪失」と呼ばれる。

　一方、高齢期には新たに生じる役割や機会もある。たとえば、定年退職によって自由な時間が生まれ、趣味や地域での活動に取り組むようになったり、祖父母の役割が加わったりする。また、知恵や判断力といった高齢になっても発達し続ける能力もある。したがって、高齢期は喪失するだけの時期ではなく、成長（獲得）と喪失がダイナミックに交錯する時期であり、高齢者は喪失を補うために、活動の選択や活動機会の最適化を図るとともに、機能低下を補う方法や手段を獲得・行使して対処していると考えられる[3]。

3 高齢者を取り巻く社会関係

　我が国における高齢者の世帯構成は、戦後の❶高齢者の平均寿命の伸長を含めた人口学的変化、❷家（イエ）制度の廃止などに伴う規範的変化、❸都市化を含めた社会経済的変化などにより、1980（昭和55）年には全世帯の2割弱を占めていた三世代同居が、2019（令和元）年には5％程度に減少し、代わって一人暮らし高齢者や高齢者夫婦のみの世帯が大幅に増加している。このように、住居や生計をともにせず、家族員のそれぞれが独立した生活を送ることを志向する状況は、集団としての家族から、ネットワークとしての家族への変容を示している[5]。

　こうした高齢者と家族のあり方の変容に伴い、高齢者の人や社会とのつながりを、ソーシャルネットワークやソーシャルサポートなどの社会関係の視点から捉える考え方が提起されている。ソーシャルネットワー

★複合喪失
老化や定年退職等に伴い、心身機能の低下、経済力の低下、生きがいや社会的交流の低減、地位や役割の喪失が連鎖的に引き起こされること。

★家（イエ）制度
1898（明治31）年に制定された民法において規定された日本の家族制度。親族関係を有する者のうち、戸主（こしゅ）とそれ以外の者を家族として一つの家に属させ、戸主に家族の扶養義務を含めた家の統率権限を与え、通常は長男が戸主の地位を継承した。

　本節の1および4は、社会福祉士養成講座編集委員会編『新・社会福祉士養成講座13 高齢者に対する支援と介護保険制度 第6版』中央法規出版, 2019年. の第1章第1節および第4節の筆者記述部分に大幅に加筆・修正を加え再構成したものである。

クは、家族や友人・近隣による私的なサポートと、公的なサービスなどからなるサポートのネットワークを意味し、サポートの規模や密度、あるいは持続性などの構造的な側面に着目する概念である。これまでの国内外の研究から、女性や有配偶者のソーシャルネットワークが豊富であることや、欧米諸国と比べて日本の高齢者は友人や近隣ネットワークが小さいことなどが明らかにされている。

　一方、サポートの支援的な機能に着目するのがソーシャルサポートである。ソーシャルサポートは、心配事を聞くといった情緒的なサポートと、介護や留守番などの具体的なサービスを伴う手段的なサポートに大別され、同居家族、別居家族、隣人、友人などの提供主体によって授受の度合いが異なることが知られている。日本の高齢者の場合、情緒的サポートでは近隣や友人も一定の役割を果たしているものの、手段的なサポートになると同居家族からのサポートの比重が圧倒的に高くなるのが特徴とされる。また、ソーシャルサポートは、それ自体が健康や幸福感を高める直接的な効果をもつほか、困難な事態が生じた場合、その悪影響を緩和する効果をもつことも知られている。なお、比較的健康な高齢者は、サポートを受けるのみではなく、相応のサポートを子どもや友人に提供しており、そのことが高齢者の精神的健康にも望ましい影響を与えている。[6]

■4 高齢者の社会的孤立と孤立死

高齢者の社会的孤立を防ぐために効果的な支援のあり方について、考えてみましょう。

　一人暮らし高齢者の増加や地域の相互扶助機能の脆弱化は、高齢者のソーシャルネットワークを縮小させ、ソーシャルサポートの減退をもたらし、地域で社会的に孤立する高齢者の増大につながっている。社会的孤立の定義は先行研究によって異なるため一律に比較はできないものの、男性であること、未婚、離別経験があること、子どもがいないこと、低所得であること、健康状態が悪いこと等が孤立傾向を強める要因であることが明らかになっている。また、孤立しがちな高齢者ほど生活満足度や幸福度が低く、抑うつや孤独感、生活上の不安を抱えている人が多いという結果や、近所付き合いや親しい友人がいない高齢者には生きがいを感じていない人が多いという結果もある。[7]

　さらに社会的孤立は、孤立死（孤独死）を招く要因でもある。孤立死や孤独死についても明確な定義はないが、誰にも看取られることなく息を引き取り、その後、相当期間放置されるような状況をいう。2018（平成30）年の東京都観察医務院で取り扱った単身世帯で自宅住居で亡く

なった65歳以上の者（東京都23区）に関するデータをみると、男性2518人、女性1349人と男性が女性の約2倍弱になっており、年齢階層別では男性では65～69歳が最も多い。また、死後経過日数では、2～3日が男女とも最も多く、8～14日というケースも約1割存在する[8]。孤立死はもはや特別な事象ではなく、一人暮らし高齢者にとっては誰にでも起こり得る身近な不安事の一つであるといってよいだろう。

2 高齢者の身体的理解

1 加齢による変化と疾患

　人間は寿命をもつ生命体であり、加齢により、細胞増殖能力が低下し、筋力をはじめ心臓などの各器官の生理的機能が低下する。こうした生理的老化は、程度の差はあれ誰にでも起こり得るものであり、有害な構造的な変化を伴う病的な老化や病気の症状を呈する疾患とは区別される。また、図1-1のとおり、これらの変化あるいは老化のプロセスには、内的要因や遺伝的素因が影響を与えるほか、生活習慣や生活環境などの外的要因が関与するため、結果として個人差が大きくなる[9]。

　具体的にみると、生理的老化および病的老化は、**表1-1**のような身体的特徴となって現れる[10]。たとえば、予備力の低下により、病気にかかりやすくなったり、環境の変化に適応する能力が低下し、体温調節能力の低下や高血圧の傾向が強くなる。また、高齢者は複数の慢性疾患や後遺障害をもっていることも多く、関節の拘縮、褥瘡★、尿路感染症などの合併症が起こりやすくなる。さらに、診断の基準となる症状や徴候がはっきりとみられず、非定型的な症状を呈することも少なくない。たとえば、

★褥瘡
「床ずれ」ともいう。寝たきりの状態等により皮膚の血流が滞ることで生じる。圧迫を受けやすいお尻や腰骨周囲、踵、肘などに生じることが多く、ひどくなると潰瘍や細菌感染を生じる場合もある。

図1-1　老化と疾患の関連

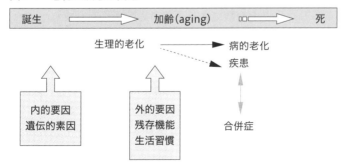

出典：認知症ケア学会編『認知症ケアの実際Ⅱ：各論 改訂5版』ワールドプランニング，p.24, 2018.

表1-1　一般的な高齢者の身体的特徴

> ①**予備力の低下**
> 　病気にかかりやすくなる
> ②**内部環境の恒常性維持機能の低下**
> 　環境の変化に適応する能力が低下する
> 　　a）体温調節能力の低下：たとえば外気温が高いと体温が上昇してしまうことが
> 　　　ある
> 　　b）水・電解質バランスの異常：発熱、下痢、嘔吐などにより容易に脱水症状を起
> 　　　こす
> 　　c）耐糖能の低下：血糖値を一定に維持する能力の低下。インスリンや経口糖尿
> 　　　病薬治療を受けている糖尿病患者は低血糖を起こしやすくなる
> 　　d）血圧の変化：加齢とともに血圧が上昇する傾向にある
> ③**複数の病気や症状をもっている**
> 　治癒もするが障害が残ったり、慢性化しやすくなる
> ④**症状が教科書どおりには現れない**
> 　診断の基準となる症状や徴候がはっきりしないことが多い
> 　たとえば肺炎の一般的な症状といわれる高熱・咳・白血球増多も高齢者の場合
> 　50〜60％しかみられないといわれている
> ⑤**現疾患と関係のない合併症を起こしやすい**
> 　病気により安静・臥床が長期にわたると、関節の拘縮、褥瘡の発症、深部静脈血
> 　栓症、尿路感染などさまざまな合併症を起こしやすくなる
> ⑥**感覚器機能の低下**
> 　視力障害、聴力障害などが現れる

出典：東京都医師会『介護職員・地域ケアガイドブック』p. 39, 2011.　https://www.tokyo.med.or.jp/medical_welfare/kaigo_guide

肺炎に罹患していても、高齢者では一般的な症状である高熱や咳がみられないこともある。また、薬剤への反応が高齢以外の一般成人の場合と異なり、副作用が生じやすい。

　このような身体的機能の低下は、身体器官に特有な加齢現象を引き起こし、疾患を生み出すことも少なくない。**表1-2**は、各身体器官にみられる代表的な加齢現象と、それによって引き起こされる主要な疾患を表している。これらの高齢者に頻発する疾患は、治癒が見込めない慢性疾患であったり、生活困難や認知症など要介護状態につながるものもある。また、こうした疾患を複数抱える高齢者も数多く存在する。

　このように、老化による身体的機能の低下とそれによる疾患への罹患は、ヒトである以上、避けられない現象ではあるが、先述したとおり、一方でその変化や予後には個人差が大きい。加齢による変化は、疾患や遺伝的素因などからくる身体的要因のみならず、不安やストレスなどの心理的要因、生活環境や生活習慣などの社会・環境要因の相互作用によってもたらされる。高齢者福祉では、これらの相互作用を理解しながら、特に心理的要因や社会・環境要因に着目して働きかけを行うことにより、

★**予後**
手術や病気の回復の見込みを意味する。病気や状態が進むと、将来どのようになるか、あるいは手術などの治療によってもたらされる変化の状況予測をいう。生命予後、機能予後など特定の予後を指す場合もある。

表1-2　高齢者の身体器官の加齢現象・機能的変化に伴う疾患

身体器官		加齢現象	主な疾患
運動系	骨	骨組織を形成するカルシウムなどの減少により「鬆」が入ったような状態になる。外力に対して弱くなり転倒などで折れやすい	大腿骨骨折、変形関節炎、骨粗鬆症、リウマチ
	関節	関節の軟骨が硬くなり周囲の組織は弾力性を失い関節の屈伸・可動域が減少する（変形）	
	筋肉	筋組織が細くなり筋量が減少する	
感覚器系	聴覚	聴覚神経細胞の再生能力の限界と動脈硬化による内耳の血液循環の障害により、高音域が聞き取りにくい	難聴
	視覚	眼球は結膜を潤す細胞数の減少により乾燥する 角膜は混濁化、瞳孔は収縮し、光反射が低下する 眼瞼下垂、遠視、視力低下、視野狭窄	白内障、緑内障
	感覚神経	痛みや温度に対する感覚低下（内臓系の痛みに鈍麻になり発見が遅れる） 皮膚感覚の鈍麻	外傷(熱症)
消化器系		唾液分泌の減少（口腔内の乾燥） 消化液の分泌の低下（胃液・胆汁・膵液）による消化能力の低下	潰瘍・がん、肝硬変など
泌尿器系		膀胱の萎縮、男性の前立腺肥大、頻尿、残尿 排尿筋の低下および亢進による失禁 細菌に対する抵抗力低下・腎機能の低下	前立腺肥大　など
呼吸器系		胸膜関節の石灰化により胸壁の可動域低下 呼吸運動の低下（分泌物の喀出力の低下）	肺炎、肺がん、肺気腫、肺線維症
循環器系		大動脈の組織の石灰化により動脈弁の肥厚 弾力性の低下・冠動脈の硬化により心筋の酸素供給の低下 血液中の赤血球数の減少	高血圧、白血病、虚血性心疾患、閉塞性動脈硬化、貧血、悪性リンパ腫、不整脈、うっ血性心不全
神経代謝系		脳を含む神経系の機能低下、全体の代謝・ホルモンの分泌機能・免疫機構の機能低下、振動覚の低下、膝蓋腱反射の低下	脳卒中、糖尿病、パーキンソン病、変形性頸椎症、甲状腺疾患

出典：東京都医師会『介護職員・地域ケアガイドブック』p. 69, 2011. https://www.tokyo.med.or.jp/medical_welfare/kaigo_guide

相互作用の改善を目指していく。

2 生活の不活性化と廃用症候群

　身体機能の低下や疾患による過度な安静や寝たきりの状態は、心身にさまざまな悪影響をもたらす。**表1-3**に記されているように、たとえば、筋骨格系では、筋力が低下・萎縮し、関節が拘縮したり、骨粗鬆症が増悪する。また、心血管系では、起立性低血圧や静脈血栓症などが発

★**骨粗鬆症**
加齢等の影響により、骨の強度が低下してもろくなり、骨折しやすくなる疾患。骨の強度が低下する主な要因には、加齢に加え、女性ホルモンであるエストロゲンの欠乏や運動不足などの生活習慣等がある。

★**起立性低血圧**
寝た状態や座位から急に立ち上がったときに血圧が下がることにより、ふらつきやめまい、易疲労感（疲れやすい）、動悸、視野のかすみが生じること。時には失神に至ることもある。

表1-3 長期臥床・非活動による廃用症候群

体系	影響
筋骨格系	筋力低下、筋萎縮、関節拘縮、骨粗鬆症
心血管系	心血管系デコンディショニング、起立性低血圧、静脈血栓症
呼吸器系	換気障害、嚥下性肺炎
代謝系	副甲状腺ホルモン、インスリン、電解質、蛋白質
泌尿器系	尿路感染症、尿路結石、尿閉
消化器系	便秘、食欲低下、体重減少
神経系	感覚障害、うつ状態、せん妄、知的機能低下、協調運動障害
皮膚	褥瘡

出典：東京都医師会『介護職員・地域ケアガイドブック』p. 41, 2011. https://www.tokyo.med.or.jp/medical_welfare/kaigo_guide

現しやすい。このほか、呼吸器系、代謝系、泌尿器系、消化器系、神経系、皮膚にも影響が及び、感覚障害をはじめ、うつ状態や知的機能などの低下がみられることもある。このような、長期の臥床（寝たきり）や非活動状態によって現れるさまざまな症状や疾患は、総称して廃用症候群と呼ばれる。廃用症候群は、体力や免疫力の低下した高齢者では、その改善が困難になり、要介護状態の重度化がもたらされるのみならず、命を奪う場合も少なくないので留意しなければならない。

　日本では、古くから「病には安静が一番」といった考え方があり、一般市民はもとより、医療関係者にもそのような教育がなされていた時代があった。しかしながら、1990年代から、過度の安静による心身への弊害が明らかになり、厚生労働省（当時は厚生省）が「寝たきり老人ゼロ作戦」を展開し、保健・医療・福祉関係者や国民に対する啓蒙活動が実施されてきた。また、近年は、寝たきりになる以前の段階で、外出しない傾向が続く「閉じこもり」が問題となっている。図1-2に示されているとおり、閉じこもりは、疾病や障害を含めた老化による体力低下などの身体的要因、活動意欲の低下などの心理的要因、家族の態度などの人的環境、家屋構造や気候風土などの物理的環境を含めた社会・環境要因の相互作用から引き起こされ、それが続くことで廃用症候群（生活不活発病）をもたらし、ひいては寝たきりの状態につながる。[11][12]　現在、介護予防が大きな政策課題となっている。高齢者が積極的に運動や活動に取り組み、外出して人と交流して生活の活性化を図ることで、心身の残存機能を可能な限り維持し、要介護状態になることを予防する取り組みが進められている。

★寝たきり老人ゼロ作戦
寝たきりを予防し、寝たきり高齢者を減らすことを目的に、1989（平成元）年に厚生省（現在の厚生労働省）が制定した「高齢者保健福祉推進十か年戦略」（ゴールドプラン）に盛り込まれ、保健・医療・福祉の連携、積極的なリハビリテーションや在宅ケアサービスの拡充が目指された。

図1-2 閉じこもり、廃用症候群の構造

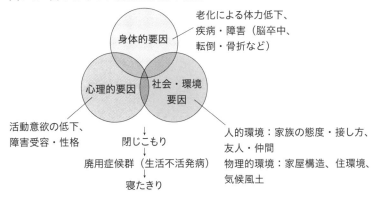

出典：谷口幸一・佐藤真一編『エイジング心理学』北大路書房，p.167, 2007.

3 高齢者の精神的理解

1 精神機能の老化

　加齢により、人間の臓器をはじめとする各器官の生理的機能が低下するが、脳も臓器の一つであり例外ではない。脳神経細胞の脱落や縮小により全体として脳の萎縮が起こり、神経伝達物質の減少によりさまざまな機能に変化が生まれる。こうした変化は、知能、記憶、感情、意欲などの精神機能の諸領域に影響を及ぼすが、その変化は各領域において一様でないことが指摘されている。

　たとえば、老化と知能の変化をみると、新しいことを学習したり新しい環境に適応する能力を意味する「流動性知能」[13] と、これまでの学習や経験に基づく知識を活用して物事を判断したり問題解決をする「結晶性知能」では変化に相違があり、後者については、中年期を過ぎても緩やかに発達を続け、高齢期になってもその低下傾向は緩やかで、80歳になっても25歳の頃の水準を維持しているとされる。

　また、記憶についても、記憶の種類によって老化の影響が異なることが知られている。アトキンソン（Atkinson, R. C.）らによれば、記憶能力システムには、記憶保持のプロセスとして「感覚記憶」「短期記憶」「長期記憶」[14] の三つのシステムが存在する。感覚記憶は、外部から感覚器官を通して入ってくるもので、1秒以内の短い時間保持され、注意を向けなければ消えてしまうものをいう。そこで注目された情報は、さらに短期記憶として数秒間の単位でとどまるが、その容量は限られている。こうして貯蔵された情報は、復唱などの意図的な方法を駆使することによ

り、知識構造のなかに組み込まれ、長期記憶となって貯蔵される。この三つのシステムは、その後さらにその詳細が検討され、たとえば短期記憶では、単純な「一次記憶」と、さまざまな認知課題を能動的に処理する「作動記憶」に分けられ、作動記憶のほうが老化の影響を受けやすいことがわかっている。また、長期記憶については、「ある時間や場所で自分に起こった出来事を想起する能力」である「エピソード記憶」と、「事実に関する知識を想起する能力」である「意味記憶」、さらに、「○○時間後に電話をかける」といった今後の約束を想起する「展望記憶」があり、エピソード記憶のほうが意味記憶よりも老化の影響を受けやすいとされる。これは、意味記憶が意味をもって構造化されて貯蔵されているため、手がかりをもとに想起しやすいことに起因しているためであると考えられている。実際、覚える際や思い出す際に、有効な手がかりや文脈に関する情報が提供されれば、年齢差は小さくなることも確認されている[15]。

2 高齢期の精神障害

　加齢による脳の変化に加えて、身体的機能の低下や疾患への罹患、家族や友人の死去、仕事や社会的役割の喪失、社会的な孤立など多様な要因により、高齢者では精神障害が好発する。一般的に精神障害は、原因不明の内因性精神障害、心理的要因や環境要因によって生じる心因性精神障害、脳血管障害や身体疾患によって引き起こされる身体因性精神障害に分けられる。内因性精神障害と心因性精神障害は機能性精神障害、身体因性精神障害は器質性精神障害と分類されることもある。しかし、高齢者では、不安、抑うつ感といった精神症状が初期のアルツハイマー型認知症でみられたり、幻覚や妄想といった統合失調症でみられる症状が、意識障害や認知症の症状として発現することもあり、明確な弁別や診断が困難な場合もある。このように、老年期の精神障害は、一般成人の精神障害と比べて、❶認知症や脳の機能低下をきたすことが多い、❷慢性身体疾患の合併が多い、❸ストレスに弱い、❹個人差が大きいことなどが特性とされる[16]。以下では、年齢の上昇とともに発症率が高まる認知症と老年期うつ病について触れておきたい。

3 認知症

　認知症は、何らかの脳の病的変化によって、記憶、見当識（日時や場所の認識）、実行機能（自発的・計画的・効果的に行動する能力、問題解

決能力や判断力）などの認知機能が持続的に障害され、それによって日常生活や社会生活に支障が現れた状態をいう。認知症の有病率を調査した研究によれば、2012（平成24）年のデータから推計する2025（令和7）年の有病率は18.5％で、有病者数は675万人と推計され、その数は高齢者の増加とともにさらに増えていく見込みである。また、正常と認知症の中間に位置する軽度認知障害（mild cognitive impairement：MCI）と呼ばれる状態にあるとされる高齢者も相当数存在し、認知症のハイリスク層として予防的な働きかけが求められている。[17]

　認知症の原因となる疾患は多様であるが、アルツハイマー型認知症と血管性認知症が代表的なものである。アルツハイマー型認知症では、脳内に異常なアミロイドたんぱく（老人斑）が蓄積し、神経原繊維変化などが起こることで、進行性かつ全般的に脳萎縮が起こる。進行につれて、記憶障害のほか、見当識障害、実行機能障害、言語機能の低下、基本的ADLの低下などが進み、末期には歩行障害となり、寝たきりになる場合が多い。病因には、遺伝的要因や加齢による諸要因が挙げられているが明確にはなっていない。現在、一時的に認知機能を改善し、その進行速度を和らげる薬剤も開発・処方されているが、抜本的な治療薬がないのが現状である。

　一方、血管性認知症は、脳梗塞や脳出血などの脳血管障害によって引き起こされるものである。脳卒中発作をきっかけに症状が現れ進行するものと、脳卒中発作がなく潜行性に発症し、緩徐に進行するものがある。また、障害された領域に関連する機能は低下するものの、健全な機能も混在することから、「まだら認知症」と呼ばれることもある。血管性認知症の背景には、高血圧、糖尿病、肥満、心臓疾患などの生活習慣病があることが一般的であるため、これらの予防が重要になる。

　ところで認知症では、記憶障害、見当識障害、実行機能障害などの認知機能障害とともに、幻覚、妄想、徘徊、攻撃的言動などの精神症状や行動症状が現れることがある。これらは、「認知症の行動・心理症状」（behavioral and psychological symptoms of dementia：BPSD）と呼ばれる。[18] BPSDは認知機能障害とは区別されるが、両者は密接に関連している。また、BPSDはすべての人に生じるものではなく、周囲の環境やケアのあり方によって緩和・軽減される可能性がある。図1-3は、BPSDが発現するプロセスを示したものである。認知症とともに生きる本人に、身体の不調、不適切な環境、不適切なケアが加わり、不快感や不安が高まることでBPSDが現れ、増悪することがある。認知機

★軽度認知障害
認知症となる手前の状態で、MCIとも呼ばれる。物忘れのような記憶障害はあるものの症状はまだ軽く、正常な状態と認知症の中間にあると考えられる。

★認知症の行動・心理症状
認知症とともに生きる人々に頻繁にみられる知覚、思考内容、気分、行動の症候。行動症状と心理症状に分類されている。1996年に国際老年精神医学会のコンセンサス会議においてこの名称が提案された。

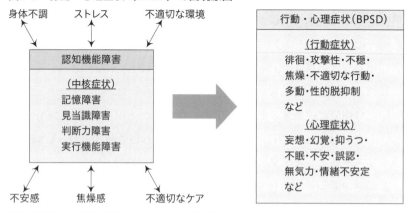

図1-3　行動・心理症状（BPSD）の出現原因

出典：認知症ケア学会編『認知症ケアの基礎 改訂４版』ワールドプランニング，p. 85, 2020.

能障害そのものの治癒や改善は図れなくても、身体的不調を可能な限り取り除き、適切な環境、適切なケアを提供することによって、不快感や不安を低減し、BPSD を除去あるいは緩和することが可能となる。ケアの現場では、認知症とともに生きる本人が、認知機能障害やコミュニケーションの障害のために、自分の状況を正確に伝えることができない場合であっても、本人の視点に立って、本人の意思や希望を把握し、総合的なアセスメントを行い、BPSD の発生プロセスを考え、その要因を除去あるいは軽減することを通して、高齢者の QOL を改善する取り組みが求められる。

4 老年期うつ病

　うつ病は、抑うつ気分、興味・喜びの喪失、気力低下とともに、食欲減退、睡眠障害、精神運動制止または焦燥、罪責感・無価値感、思考力・集中力低下、自殺念慮・自殺企図などの「抑うつ症状」が複合的に出現し、それらが一定期間（例：２週間以上）持続し、日常生活や社会生活に支障をきたすようになった状態である。地域疫学研究の文献レビューによれば、55 歳以上高齢者の有病率の平均値は大うつ病で 1.8 ％、小うつ病で 9.8 ％、抑うつ症候群全体で 13.5 ％と報告されている[19]。年齢が高いこと、女性であること、低い教育レベル、身体的機能障害、新たな病気の罹患、身体面の不調、うつ病の既往、不良な主観的健康感、近親者との死別体験、ソーシャルサポートネットワークの不足は老年期うつ病の危険因子である[20]。脳血管障害やアルツハイマー病などの脳の病的変化は、「抑うつ症状」の出現頻度を高める[21]。さらに、認知機能低下、身体

疾患、要介護状態、社会的孤立は「抑うつ症状」の危険因子であると同時に、「抑うつ症状」によってその出現が促進される[22]。

老年期うつ病では、身体的愁訴や心気症状[*]が目立つもの、不安・焦燥が強いもの、妄想を伴うもの、緊張病症状（無動無言症状）を伴うもの、認知機能障害を伴うものなど、非定型的な臨床像を示す場合が少なくない。身体的愁訴や心気的不安が目立つ場合にはうつ病が見逃されやすいこと（「仮面うつ病」と呼ばれる）、認知機能障害が認められる場合には認知症と見誤られやすいこと（「うつ病性仮性認知症」と呼ばれる）は、古くからよく知られている。一方、認知症の初期症状に「抑うつ症状」が現れることもあるので注意が必要である。

老年期のうつ病は、加齢に伴う身体的要因、心理的要因、社会環境要因の変化とその相互作用から引き起こされる場合が多い。そのほか、生物学的要因や遺伝要因の影響もあり、薬剤の副作用によってうつ状態が出現することもある。老年期うつ病では、これらのさまざまな要因もあり、症状が非定型的で、改善が難しくなる場合もあることから、医療による身体的疾患との鑑別やその治療ときめ細かいモニタリングが重要になる。同時に、高齢者福祉の領域からは、本人を取り巻く社会環境の変化と本人の心身状態の関連をいち早く把握し、本人の気持ちに寄り添いながら本人への相談支援を行い、多職種と協働を図りながら必要なサービスの提供を含めた対応が必要になる。

★心気症状
検査等により重篤な疾患が認められないものの、重い病気ではないかという思い込みや不安がある状態。頭痛、耳鳴り、胃痛、動悸、発汗などの症状が認められることもある。

4 高齢者の総合的理解

1 人生全体からみる高齢期の発達課題

高齢者のもつ特性は、人生という長いライフスパンを通して形成されるものであることから、人生全体を視野に入れて高齢者の今日の状態を理解することが重要である。ここでは、生涯発達という視点から、高齢期の特性を考えてみたい。

生涯発達は、人は死を迎えるまで生涯にわたって発達する存在であることを前提にする[23]。そのうえで、人生を乳児期（あるいは胎児期）から高齢期までいくつかの発達段階に分け、各発達段階には質的に異なる優位な心理社会的な発達課題があり、各発達段階の課題を達成することによって次の段階にスムーズに移行（発達）することが可能になると考える。

たとえば、エリクソン（Erikson, E. H.）は、高齢期の発達課題を「統

合」であるとし、それが達成できなければ「絶望」という危機的状況がもたらされるとする[24]。「統合」とは、これまでの経験を唯一無二の意義ある人生として意味づけ、受け入れることを意味している。また、ハヴィガースト（Havighurst, R. J）は、❶身体的能力と健康の衰退への適応、❷引退と収入の減少への適応、❸同年代の人々との明るい親密な関係の形成、❹社会的、市民的な義務の遂行、❺身体的に満足のいく生活への準備の5項目を高齢期における具体的な発達課題として挙げている[25]。発達段階の境界は必ずしも明瞭ではなく、個人差が大きいことや、時に発達課題が複数の段階に混在したり、未解決の課題が後年になって顕在化する場合もあるといった指摘もなされているが、高齢期における発達課題の達成が、乳児期から続く一連の発達過程の延長線上にあることに異論はないであろう。

2 全人的存在としての人とスピリチュアリティ

高齢者を総合的に理解するにあたり、人生を締めくくる最後の段階ともいえる「死」に向かい合うことは避けられない。長い間、高齢者を前にして死について語ることはタブーとされてきたが、近年は「終活」や「墓じまい」といった考え方が生まれ、比較的元気なうちから身辺を整理し、積極的に死に備える取り組みもみられる。この背景には、一人暮らし高齢者の増加により、孤立死（孤独死）が増えている現状や、死後、頼るべき家族がいなかったり、いても負担をかけたくないという思いがあると考えられる。終活の際によく使用される「エンディング・ノート」には、自分の判断能力が低下した際の医療や介護に対する希望、亡くなったときの葬儀のあり方、預貯金や保険、自分史や家族や大切な人への思いが綴られ、自分の生きてきた証を確かめ、整理しながら納得のいく最期に向けた準備が行われる。また、残された人がそれを見ることによって故人の意思や生き様を理解するとともに、死後のさまざまな手続きを容易とする手立てとしても機能する。

このように、死から目を背けず、生と死の双方に寄り添う支援を考える視点から、近年は身体的、精神的、社会的な側面のみならず、人の「スピリチュアル」な側面に着目する考え方が提起されている。スピリチュアリティは、もともと宗教的な基盤を背景に実践や研究が蓄積されてきたが、近年は実存主義やヒューマニズムなど必ずしも宗教とはかかわらない観点からも議論や実践がなされている[26]。藤井は、スピリチュアリティを「人間存在の根源を支える領域と考えられ、どのような状態にあっ

ても自分の存在をよしとできる、生きることに根拠を与える根源的領域」[27]であるとしている。このように、スピリチュアリティは、高齢者を含めた人間を、身体、精神、社会の各側面に分断させるのではなく、それらを統合させ、「全人的」（ホリスティック）な存在として理解するための鍵概念でもある。人生の集大成ともいえる高齢期は、時間的、空間的な広がりと終焉のダイナミズムが交錯するときである。そうであればこそ、その存在の根源をみつめ、理解し、最期の営みに寄り添う支援が求められる。

★**全人的（ホリスティック）**
人を身体や精神などの一側面から把握するのではなく、社会的あるいはスピリチュアルな側面も含め、それらの全体的な関連性を含めて人をトータルに考えること。

◇引用文献

1）日本老年学会・日本老年医学会「高齢者の定義と区分に関する定義検討ワーキンググループからの提言」2017年1月5日

2）古谷野亘・安藤孝敏編『新社会老年学』ワールドプランニング，pp. 13-26, 2003.

3）谷口幸一・佐藤真一編『エイジング心理学』北大路書房，pp. 19-35, 2007.

4）直井道子「高齢者と家族」直井道子・中野いく子・和気純子編『高齢者福祉の世界』有斐閣，pp. 33-50, 2014.

5）得津慎子『家族主体ソーシャルワーク論』ナカニシヤ出版，p. 211, 2018.

6）古谷野亘・安藤孝敏編『新社会老年学』ワールドプランニング，pp. 109-139, 2003.

7）斎藤雅茂「高齢者の社会的孤立に関する主要な知見と今後の課題」『季刊家計経済研究』第94号，pp. 55-61, 2012.

8）東京都保健福祉局「東京都観察医務院で取り扱った自宅住居で亡くなった単身世帯の者の統計（平成30年）」 https://www.fukushihoken.metro.tokyo.lg.jp/smph/kansatsu/kodokushitoukei/kodokushitoukei30.html

9）認知症ケア学会編『認知症ケアの実際Ⅱ：各論 改訂5版』ワールドプランニング，p. 24, 2018.

10）東京都医師会「介護職員・地域ケアガイドブック」2011. https://www.tokyo.med.or.jp/medical_welfare/kaigo_guide

11）前出3），pp. 166-168

12）竹内孝仁「閉じこもり予防」厚生労働省老健局計画課監『介護予防研修テキスト』社会保険研究所，pp. 128-140, 2001.

13）前出3），pp. 108-119

14）Atkinson, R. C. & Shiffrin, R. M., 'The control of short-term memory', *Scientific American*, 225, pp. 82-90, 1971.

15）前出3），pp. 87-102

16）黒田重利「精神科医にとっての近未来の認知症医学と医療」『老年精神医学雑誌』第11巻第1号，pp. 30-32, 2000.

17）「厚生労働科学研究費補助金（厚生労働科学特別研究事業）日本における認知症の高齢者人口の将来推計に関する研究 平成26年度総括研究報告書（研究代表者：二宮利治）」2017年3月

18）認知症ケア学会編『認知症ケアの基礎 改訂4版』ワールドプランニング，pp. 75-90, 2020.

19）Beekman, A. T. F., Copeland, J. R., et al., 'Review of community prevalence of depression in later life', *British Journal of Psychiatry*, 174, pp. 307-311, 1999.

20）粟田主一「うつ」大内尉義・浦上克哉編『老年医学の基礎と臨床』ワールドプランニング，2008.

21）粟田主一「抑うつ状態」『老年精神医学雑誌』第16巻，pp. 302-309, 2005.

22）前出20）

23）村田孝次『生涯発達心理学の課題』培風館，1989.

24）Erikson, E. H., Erikson, J. M., et al., *Vital Involvement in Old Age*, Norton, 1986.（朝長正徳・朝長梨枝子共訳『老年期——生き生きしたかかわりあい』みすず書房，pp. 31-54, 1990.）

25）Havighurst, R. J., *Developmental Tasks and Education*, 2nded., Longmans, Green and co., pp. 92-98, 1953.（児玉憲典・飯塚裕子訳『ハヴィガーストの発達課題と教育——生涯発達と人間形成』川島書店，1997.）

26）Canda, E. R., & Furman, L. D., *Spiritual Diversity in Social Work Practice:The Heart of Helping*, Oxford University Press, 2010.（木原活信・中川吉晴・藤井美和監訳『ソーシャルワークにおけるスピリチュアリティとは何か——人間の根源性にもとづく援助の革新』ミネルヴァ書房，p. 98, 2014.）

27）藤井美和「スピリチュアルケアの本質——死生学の視点から」『老年社会科学』第31巻第4号，p. 523, 2010.

第 2 節# 少子高齢社会の到来

学習のポイント

● 高齢化とは何か、高齢化はなぜ進むのかについて理解する
● 日本の高齢化の状況について理解する
● 日本の高齢化の特徴を踏まえてどのような課題があるのか考える

1 「高齢化」と「高齢化率」

　「高齢化」とは一般的に、総人口に占める高齢者の割合が増加していくことを指している。「高齢化」の程度を示す指標として、総人口に占める65歳以上人口の割合である「高齢化率」が用いられ、次の計算式を用いて算出される。つまり、「高齢化率」が高いほど高齢化が進んでいる社会といえる。

　　　高齢化率（％）＝（65歳以上人口）／（総人口）×100

　高齢化した社会を表す言葉はいくつかあるが、1956年の国連の報告書「The Aging of Population and Its Economic and Social Implications」のなかで用いられた基準に準拠して、「高齢化率」の水準により、次のように呼ぶことは一般的な認識となっている。

・高齢化率が7％を超えた社会：「高齢化社会」（aging society）
・高齢化率が14％を超えた社会：「高齢社会」（aged society）

　また、高齢化率が7％を超えてからその倍の14％に達するまでの所要年数を「倍加年数[★]」と呼び、高齢化の速度を表す指標とされている。

　なお近年、高齢化率が21％を超えた社会を「超高齢社会」と呼ぶこともあるが、まだ一般的な認識までには至っていない状況である。

★倍加年数
社会の高齢化の速度を表す指標であり、また高齢化に対応した社会づくりのために準備できる時間の長さを意味している。これが短いほど高齢化の速度が速いといえ、短い時間のなかで取り組みを進めることとなる。

2 日本の高齢化の状況

1 高齢化の現状

　日本の高齢化はどの程度進行しているのだろうか。2019（令和元）年10月1日現在、我が国の総人口は1億2617万人で、65歳以上人口は

表1-4　主要国における高齢化率が7％から14％へ要した年数および期間

	日本	韓国	シンガポール	中国	ドイツ	イギリス	アメリカ	スウェーデン	フランス
年数	24年	18年	20年	24年	40年	46年	72年	85年	115年
期間	1970～1994	2000～2018	1999～2019	2001～2025	1932～1972	1929～1975	1942～2014	1887～1972	1864～1979

出典：内閣府編『高齢社会白書 令和元年版』p. 8, 2019.

3589万人となり、高齢化率は28.4％となった。また、65歳以上人口の内訳をみると、「75歳以上人口」が1849万人で、「65～74歳人口」の1740万人を上回っており、65歳以上人口の半数以上となっている。

　現役世代である「15～64歳人口」は7507万人で総人口の59.5％、年少人口である「15歳未満人口」は1521万人で総人口の12.1％となっており、ともに減少傾向が続いている。

2 高齢化率の推移

　日本の高齢化率の推移をみると、1950（昭和25）年には5％に満たなかったが、1970（昭和45）年に7％を超え「高齢化社会」に突入した。さらに、1994（平成6）年には14％を超え「高齢社会」となった。つまり、高齢化の速度を表す指標である「倍加年数」は24年間で、非常に速い速度で高齢化が進んだことがわかる。これに対して先進諸国の倍加年数は、フランス115年、スウェーデン85年、アメリカ72年、イギリス46年、ドイツ40年と、長い期間を経て高齢社会となっている。一方、アジア諸国では、韓国18年、シンガポール20年など、今後、一部の国で日本を上回る速度で高齢化が進むことが見込まれている（表1-4）。

　さらに、1990年代以降も日本の高齢化率は上昇を続け、2005（平成17）年には20％を超え、世界で最も高い水準となった。2013（平成13）年には25.1％となり、総人口の4人に1人が65歳以上なり、そして2019（令和元）年10月1日現在では28.4％となっている。日本が超高齢社会に突入していることに異論を唱える人はいないだろう。

3　高齢化が進む理由

　高齢化率の上昇は、総人口に占める65歳以上人口の割合が増加することによってもたらされる。我が国で「高齢化」が急速に進行している

図1-4　平均寿命の推移

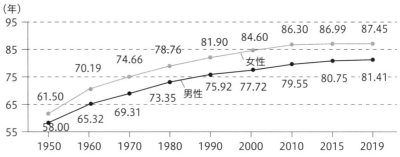

資料：1950年、2019年は「簡易生命表」、1960年〜2015年は「完全生命表」

背景には、❶長寿化の進展による65歳以上人口の増加と❷少子化の進行による若年人口の減少が挙げられる。

■1 長寿化の進展による65歳以上人口の増加

　我が国の平均寿命は、1950（昭和25）年には男女とも60年程度であったが、その後右肩上がりに伸び続け、2019（令和元）年には、女性が87.45年、男性が81.41年となっており、さらに長寿を目指す状況になっている（**図1-4**）。

　我が国で平均寿命が飛躍的に伸びた背景として、公衆衛生水準の向上、栄養改善、医療技術の進歩、公的医療保険制度や医療提供体制の整備などにより、乳幼児や若年者の死亡率が低下し、ほとんどの人が高齢期を迎える社会が実現したことが挙げられる。加えて、国民の健康への配慮が高まったことや目覚ましい医療技術の発達により、中高年における死亡率が改善され、長寿化が進展したことが挙げられる。

　なお、世代の規模が大きいことも高齢化を一気に推し進める。これは、ある短い時期に「ベビーブーム」と呼ばれるほどに出生数が多い世代があると、彼らが65歳を迎えるときに、短期的に65歳以上人口が大幅に増加するためである。我が国では、1947（昭和22）年〜1949（昭和24）年の第一次ベビーブームによる「団塊の世代」が、高齢化の進行にきわめて大きな影響を及ぼしていることが指摘されている。

■2 少子化の進行による若年人口の減少

　我が国の出生状況の推移をみると、出生数は、第一次ベビーブーム（1947（昭和22）年〜1949（昭和24）年）の年間270万人、第二次ベビーブーム（1971（昭和46）年〜1974（昭和49）年）の年間210万

★団塊の世代
1947（昭和22）年〜1949（昭和24）年の３年間に生まれた人たちをいい、この世代が1971（昭和46）年〜1974（昭和49）年にかけての第二次ベビーブーム世代を生み出している。これら二つの大きな人口集団は教育や雇用をはじめ、経済社会にさまざまな影響を及ぼしてきている。

図1-5　出生数および合計特殊出生率の推移

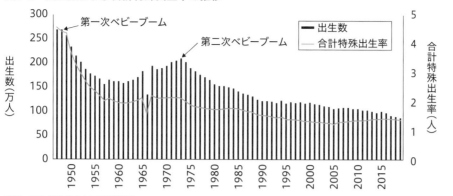

資料：厚生労働省「人口動態統計」

人の二つのピークの後は減少傾向にある。2019（令和元）年の出生数は86万5239人で、2016（平成28）年から100万人を割り込んでいる。

　1人の女性が生涯に産む子どもの数の平均を意味する「合計特殊出生率*」の推移をみると、第一次ベビーブーム期には4人を超えていたが、急速に低下し、1956（昭和31）年に2.22人となった。その後、第二次ベビーブームまでは、人口を維持するために必要な水準を意味する「人口置換水準（約2.1人）」前後で推移してきた。1975（昭和50）年以降穏やかに低下し、2005（平成17）年には過去最低である1.26人まで落ち込んだ後、近年は微増傾向が続いていたが、2019（令和元）年は1.36と前年に続き減少している（図1-5）。

　このように少子化が進行したことが人口減少をもたらし、高齢化を加速させている。

　少子化に至る要因としては、非婚化の進行、晩婚化、夫婦の出生数の減少傾向が挙げられるが、さらにその背景には結婚観や家族観の多様化とともに、非正規雇用の増加など経済雇用環境の変化や保育所整備など子育て支援の不足が指摘されている。

★合計特殊出生率
その年次の15歳から49歳までの女性の年齢別出生率を合計したもので、1人の女性が仮にその年次の年齢別出生率で一生の間に産むとしたときの子どもの数に相当する。年次比較、国際比較、地域比較に用いられている。

4　今後の高齢化の見通し

1　人口構造の変化

　日本の高齢化は今後も進行していくと推計されている。国立社会保障・人口問題研究所「日本の将来推計人口（平成29年推計）」によると、日本の総人口は、長期の減少過程に入っており、2065（令和47）年には

表1-5　高齢化の現状と将来推計

単位：総数（万人）、構成比（％）

		2019（令和元）年		2040（令和22）年		2065（令和47）年	
		総数	構成比	総数	構成比	総数	構成比
総人口		12,617	100.0	11,092	100.0	8,808	100.0
65歳以上人口		3,589	28.4	3,921	35.3	3,381	38.4
	65〜74歳人口	1,740	13.8	1,681	15.2	1,133	12.9
	75歳以上人口	1,849	14.7	2,239	20.2	2,248	25.5
15〜64歳人口		7,507	59.5	5,978	53.9	4,529	51.4
15歳未満人口		1,521	12.1	1,194	10.8	898	10.2

資料：2019（令和元）年は総務省「人口推計」令和元年10月1日確定値、2040（令和22）年および2065（令和47）年は国立社会保障・人口問題研究所「日本の将来推計人口（平成29年推計）」の出生中位・死亡中位仮定による推計結果

約8808万人まで減少すると推計されている。一方、65歳以上人口は増加傾向が続き、2042（令和24）年に3935万人でピークを迎えた後、減少に転じるが、そのうち75歳以上人口は、2059（令和41）年まで増加傾向が続き、2065（令和47）年には総人口の25.5％に達すると推計されている。

　総人口が減少するなかで65歳以上人口が増加するため高齢化率は上昇し、2065（令和47）年には38.4％に達するとされている。それに対して、現役世代である「15〜64歳人口」は急速な減少傾向が続き、2065（令和47）年には4529万人と、2019（令和元）年の7507万人から約3000万人減少し、総人口に占める割合も51.4％にまで低下すると推計されている（表1-5）。

2 地域別にみた高齢化の状況

　都道府県別の高齢化率は地域によって格差がみられる。2019（令和元）年現在、最も高い秋田県で37.2％、最も低い沖縄県で22.2％となっている。今後、すべての都道府県で高齢化率は上昇し、2045（令和27）年には、最も高い秋田県では50.1％、最も低い東京都でも30.7％に達すると見込まれている。総じて、大都市圏に属する都府県では、高齢化率は相対的に低い水準にとどまるが、65歳以上、特に75歳以上人口が急増し、大きな規模となることが見込まれている。

3 世帯の動向

　日常生活を共同に営む小集団である世帯の動向についてみると、厚生

労働省「2019 年 国民生活基礎調査」によれば、2019（令和元）年現在、65 歳以上の者のいる世帯数は 2558 万世帯で、全世帯の 49.4％を占めている。その世帯構造をみると、夫婦のみ世帯が 827 万世帯（32.3％）と最も多く、次いで単独世帯が 737 万世帯（28.8％）で、両者を合わせると過半数を超えている。子ども世帯との同居比率が減少したことから夫婦のみ世帯が増加し、夫婦どちらかの死亡により単独世帯へと移行していくことが多いことから、今後さらに単独世帯が、割合だけでなく実数として顕著に増加していくと見込まれる。

5 日本の高齢化の特徴と課題

1 特徴

日本の高齢化の状況と今後の見通しを踏まえ、高齢化の主な特徴について整理する。

❶ 高齢化率が 28.4％（2019（令和元）年 10 月 1 日現在）と世界最高水準であること。

❷ 長寿化と少子化を背景に非常に速い速度で高齢化が進行してきており、また将来の高齢化率の水準が約 40％（2065（令和 47）年）ときわめて高い予測となっていること。

❸ 「65 歳以上人口」（3589 万人（2019（令和元）年 10 月 1 日現在））の規模が大きいこと。

❹ 今後、現役世代である「15〜64 歳人口」が急激に減少していくなかで、「75 歳以上人口」は急激に増加していくと推計されていること。

❺ 地域により高齢化の状況に違いがみられ、大都市圏に属する都府県や沖縄県では、2045（令和 27）年に向けて、65 歳以上人口、特に 75 歳以上人口が急増していくと推計されていること。

❻ 65 歳以上の一人暮らしの増加が顕著であること。

2 課題

高齢化は、社会保障制度、経済、雇用、地域社会のあり方など、さまざまな分野に影響を及ぼし、多くの課題を提起する。誰もが安心して高齢期を迎え、自分らしく暮らすことができる社会の実現のために、対応が必要な主な課題について整理する。

Active Learning

身近な暮らしのなかで感じる高齢化の影響について考えてみましょう。

❶意欲や能力に応じて活躍できる環境づくり

人は多様であり、一人ひとり、意思や意欲、能力に違いがある。特に高齢期における個人差は大きい。2018（平成30）年2月に閣議決定された「高齢社会対策大綱」においても、「65歳以上を一律に『高齢者』と見る一般的な傾向は、現状に照らせばもはや、現実的なものではなくなりつつある」と指摘されている。超高齢社会においては、年齢ではなく意欲や能力に応じて、誰もが社会や地域の担い手として活躍できる環境づくりを推進していくことが必要である。

❷健康づくりへの社会全体の取り組み

大多数の人が75歳以上のいわゆる「後期高齢者」となり、加齢とともに健康に問題を抱える人が増加することから、一人ひとりができるだけ健康な期間を延ばしていくことが重要となる。そのためには、高齢者自身の取り組みはもちろん、予防や健康づくりに社会全体で取り組み、健康寿命を延ばしていくことが必要となる。

❸医療・介護・福祉サービスの安定的な提供体制

一方で、後期高齢者の増加は医療・介護・福祉サービス等の需要を増大させるため、サービスを安定的に提供できる体制の整備が必要となる。現役世代人口が急激に減少するなかで、増大する需要に対応するためのマンパワーの確保とともに、医療・介護・福祉現場における生産性の向上を図ることが求められる。

❹互いに支えあいながら自分らしく活躍できる地域社会

地縁・血縁の希薄化が進むなかで、一人暮らし高齢者の顕著な増加が見込まれる。地域での自立した生活を維持するためには、見守りや支えあい、社会参加の場と機会が不可欠である。地域のあらゆる住民が役割をもち、互いに支えあいながら、自分らしく活躍できる地域社会をつくっていくことが必要である。

◇参考文献
・厚生労働統計協会編『国民の福祉と介護の動向 2019/2020』2019.
・東京大学高齢社会総合研究機構『東大がつくった高齢社会の教科書』東京大学出版会，2017.
・内閣府編『高齢社会白書 令和元年版』2019.
・内閣府編『少子化社会対策白書 令和元年版』2019.

● おすすめ
・京極髙宣『福祉レジームの転換——社会福祉改革論』中央法規出版，2013.

第2章

高齢者の生活実態とこれを取り巻く社会環境

　高齢者とその家族を支援するソーシャルワークを展開するには、現代社会における高齢者の生活の実態および高齢者を取り巻く社会環境を学ぶ必要がある。一般的に語られる高齢者の生活実態は、必ずしも正確なものであるとは限らない。最新かつ正確な知見を得るためにも、本章では、高齢者の生活の諸側面、および高齢者を取り巻く社会環境に関する知見を概観する。

- 高齢者の生活実態の諸側面（経済・就業、健康、社会参加、生活環境）を理解する
- 高齢者の生活実態の多様性を考える

1 高齢者の経済および就業の状況

1 高齢者の経済状況

「2019年 国民生活基礎調査」（厚生労働省）によると、2018（平成30）年の高齢者世帯（65歳以上の者のみか、これに18歳未満の者が加わる世帯）の所得の状況は、全世帯の平均所得金額552.3万円の6割弱である312.6万円となっている。ただし、世帯員1人当たりの所得をみてみると、平均世帯人数2.48人の全世帯が222.3万円で、平均世帯人数1.56人の高齢者世帯は200.9万円となり、高齢者世帯が著しく所得が低いというわけでもない。さらに、高齢者世帯の60％は、所得に占める公的年金等の割合が80％を超えている。我が国の公的年金制度が充実期を迎え、高齢者の経済状況に一定の安定感を提供しているといえよう。

しかしながら、所得の状況を平均所得金額ではなく所得金額の分布でみてみると、高齢者世帯の半数近くは平均所得金額が250万円以下であり、250万円以下の世帯が約4分の1である全世帯と比較すると、高齢者世帯の所得が低いことがみてとれる（**図2-1**）。また、所得の格差を示す指標の一つであるジニ係数（年金等を所得に含む再分配所得ジニ係数）をみてみると、若年世代よりも高齢世代の値が大きくなっており（35〜39歳0.27、45〜49歳0.28、55〜59歳0.34、65〜69歳0.32、75歳以上0.35）、高齢世代での所得格差が大きいことが示されている（厚生労働省「平成29年所得再分配調査」）。

高齢者の保有する資産の状況を貯蓄残高でみてみると、全世帯（2人以上の世帯）の平均値が1755万円なのに対して60歳以上の世帯主の世帯の平均値は2285万円、中央値は、全世帯が1033万円と60歳以上世帯が1506万円となっている。さらに、**図2-2**に示す貯蓄残高別の

★ジニ係数
所得分布の不平等度を示す係数で、0がまったくの平等で1に近づくほど不平等となる。当初所得ジニ係数と、年金等を所得に含む再分配所得ジニ係数がある。

図2-1 全世帯と高齢者世帯の所得階層別分布

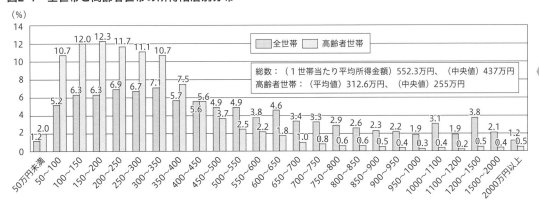

資料：厚生労働省「2019年 国民生活基礎調査」
出典：内閣府編『高齢社会白書 令和2年版』p.17, 2020. を改変

図2-2 貯蓄残高別の世帯数の分布

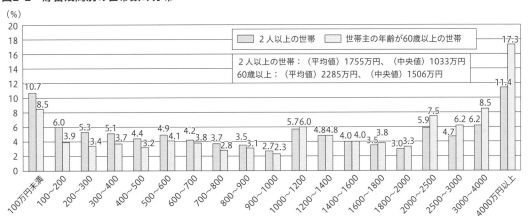

注1：単身世帯は対象外
　2：ゆうちょ銀行、郵便貯金・簡易生命保険管理機構（旧・日本郵政公社）、銀行、その他の金融機関への預貯金、生命保険および積立型生命保険などの掛金、株式・債券・投資信託・金銭信託などの有価証券と社内預金などの金融機関外への貯蓄の合計
　3：中央値とは、貯蓄現在高が「0」の世帯を除いた世帯を貯蓄現在高の低いほうから順番に並べたときに、ちょうど中央に位置する世帯の貯蓄現在高をいう。
資料：総務省「家計調査（二人以上の世帯）」（令和元年）
出典：内閣府編『高齢社会白書 令和2年版』p.19, 2020. を改変

世帯数の分布をみると、2000万円以上の貯蓄残高を保有する世帯数が、全世帯では3割弱なのに対して、60歳以上の世帯主の世帯では約4割で、高齢者の保有する資産のほうが大きいことがわかる。その一方で、生活保護の受給者数は、全体の受給者数が横ばいあるいは減少傾向にあるのに対して、65歳以上の受給者数は毎年増加しており、保護率も全体の1.6％台に比べて2.9％と高くなっている（**図2-3**）。以上のように、高齢者の所得や資産の状況については、ほかの世代と比べると、より多様なものであることがわかる。

図2-3　生活保護受給者の推移

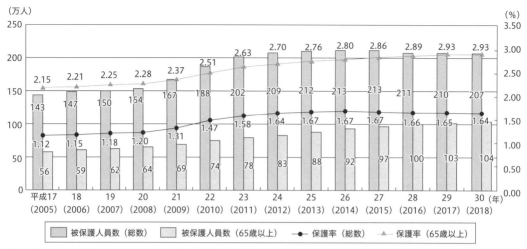

資料：総務省「人口推計」「国勢調査」、厚生労働省「被保護者調査 年次調査」より内閣府作成
出典：内閣府編『高齢社会白書 令和2年版』p. 20, 2020. を改変

図2-4　性年齢階級別の雇用形態

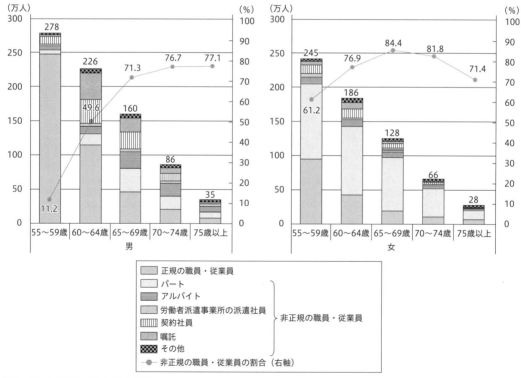

資料：総務省「労働力調査」（令和元年）
出典：内閣府編『高齢社会白書 令和2年版』p. 24, 2020.

2 高齢者の就業状況

　「労働力調査」（総務省）によると、65歳以上の就業者数は増加し続けており、1980（昭和55）年には約275万人であったものが、2019（令和元）年には約890万人に増加している。就業率も延びており、65～69歳では半数近く（48.4%）、70～74歳でもおよそ3割（32.2%）が就業している。また、高齢者の就労への意欲は高く、内閣府の調査（「令和元年度 高齢者の経済生活に関する調査」）では、約6割が65歳を超えての就労を希望している。

　その一方で、自営業や役員等を除く雇用者の雇用形態別でみると、男性では65歳以上の約7割は非正規の雇用であり、女性では約8割が非正規の雇用である（**図2-4**）。特に男性において、60歳台に入ると正規の職員・従業員としての雇用が急減している。今後は、高齢期の就業において、より安定した雇用形態への支援が課題となるであろう。

Active Learning

高齢者の就労の意義について考えてみましょう。生きがい？ 社会貢献？ 収入確保？

2 高齢者の健康および要介護の状況

1 高齢者の健康状況

　2017（平成29）年の「患者調査」（厚生労働省）によると、我が国全体の受療率（人口10万対）は、入院が1036、外来が5675となっている。65歳以上では、入院2734・外来1万369となり、75歳以上では、入院3997・外来1万1820となっている。高齢になると、入院・外来ともに、かなり高くなっているが、近年の動向では、入院・外来ともに低下傾向ではある（**図2-5**）。

　平均寿命は、2019（令和元）年に、男性81.41歳、女性87.45歳（「令和元年簡易生命表」（厚生労働省））に達しており、毎年着実に伸びている。同様に健康寿命も着実に伸びており、2016（平成28）年には、男性72.14歳、女性74.79歳となっている。しかしながら、平均寿命と健康寿命の差、すなわち「健康でない期間」は、2001（平成13）年から2016（平成28）年までの推移でみても、男性が8.67歳から8.84歳、女性が12.28歳から12.35歳と、その差はほとんど縮まっていない。[1]

★健康寿命
健康状態で生活することが期待される平均期間を表す指標。いくつかの指標があるが、我が国では国民生活基礎調査の質問項目から算出される指標が用いられている。

2 要介護者の状況

　65歳以上の要介護者等（介護保険制度において「要介護・要支援」に認定された者）は、2009（平成21）年から2018（平成30）年の10年

図2-5　年齢階級別の受療率の推移

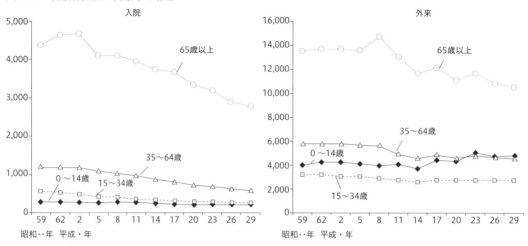

出典：厚生労働省「平成29年（2017）患者調査の概況」p. 8

図2-6　65歳以上の要介護者等の推移

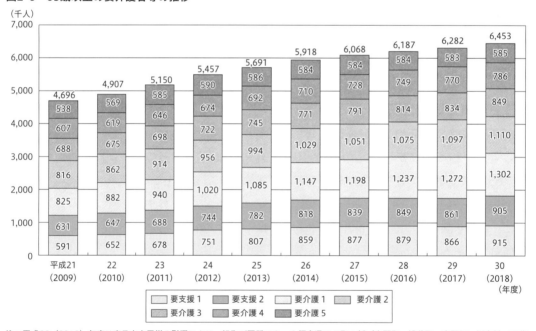

注：平成22（2010）年度は東日本大震災の影響により、報告が困難であった福島県の5町1村（広野町、楢葉町、富岡町、川内村、双葉町、新地町）を除いて集計した値
資料：厚生労働省「介護保険事業状況報告（年報）」
出典：内閣府編『高齢社会白書 令和2年版』p. 31, 2020. を改変

間でみても、469.6万人から645.3万人に増加している（**図2-6**）。要支援1・2や要介護1の軽度の要介護者も、要介護3以上の重度の要介護者のいずれもが増加している。また、2012（平成24）年時点で約460万人と推定されていた認知症の患者数は、2020（令和2）年には600万人を超え、2040（令和22）年には800万人を超えることになり、

図2-7 死亡場所の推移

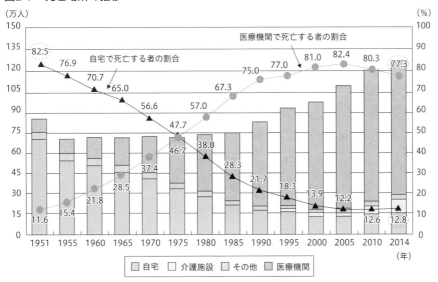

注 1：「介護施設」は、「介護老人保健施設」と「老人ホーム」を合計したもの。
　　2：「医療機関」は、「病院」と「診療所」を合計したもの。
　　3：1990年までは老人ホームでの死亡は、自宅又はその他に含まれる。
資料：厚生労働省政策統括官付人口動態・保健社会統計室「人口動態統計」より厚生労働省政策統括官付政策評価官室作成
出典：厚生労働省編『平成28年版 厚生労働白書』p. 15, 2016.

有病率も 20％を超えると推定されている[2)]。増え続ける要介護者を少なくするには、健康寿命を延ばすことが必要になってくる。そのためには、介護予防やフレイル★予防への取り組みが不可欠になってくるであろう。

3 死亡場所の推移

　死亡場所についてみると、1950 年代頃は 8 割前後が自宅で、医療機関は 1 割程度であった。その後、医療機関での死亡が増加し、1976 (昭和 51) 年には、自宅での死亡者を上回ることになった。2014 (平成 26) 年には、8 割近くが医療機関で死亡し、自宅は 1 割強にまで減少しており、介護施設での死亡が 1 割近くになってきている (**図 2-7**)。一方、厚生労働省の調査 (「平成 29 年度人生の最終段階における医療に関する意識調査」) によると、人生の最期を迎えたい場所としては、7 割近くが自宅を希望しており、医療機関等を希望する者は約 2 割となっている。このようなギャップを埋めるには、自宅で最後を迎えることを可能にする在宅ホスピス・緩和ケアなどの支援を充実させることが必要になる。

★**フレイル**
日本老年医学会が提唱している高齢期の虚弱な状態を表現する用語で、要介護状態に移行する段階として捉えられている。身体的だけでなく、精神・心理的、社会的側面といった多面的要素を含み、介入により再び健常な状態に戻るという可逆性も包含している。

3 高齢者の社会参加の状況

　高齢者と近所の人々の交流は、年々減少している。内閣府の調査では、60歳以上で「親しくつきあっている」と回答した者の割合が、1988（昭和63）年では3分の2であったのが、2014（平成26）年では3分の1以下に減っている（**図2-8**）。また「親しくつきあっている」と回答した者の割合は、居住地によっても異なっている。2014（平成26）年時の調査では、郡部においては4割近くいるのに対して、大都市（東京都と政令指定都市）では2割程度しかいない。

　高齢になって、就労、ボランティア活動、町内会などの地域社会活動、趣味やおけいこごとといった何らかの社会活動への参加状況をみてみると、65歳～75歳では約4割、75歳以上でも3割強が、何らかの社会活動に参加している。[3] 内閣府の調査（「平成25年度 高齢者の地域社会への参加に関する意識調査」）によると、具体的に参加している活動の種類としては、健康・スポーツが3割強、趣味や地域事業が約2割となっている。また、参加している団体・組織は、町内会・自治会が2割強、趣味のサークル・団体、健康・スポーツのサークル・団体が約2割、老人クラブが1割程度となっている。一方で、高齢者が参加したいと思って

図2-8　60歳以上の人の近所の人々との交流

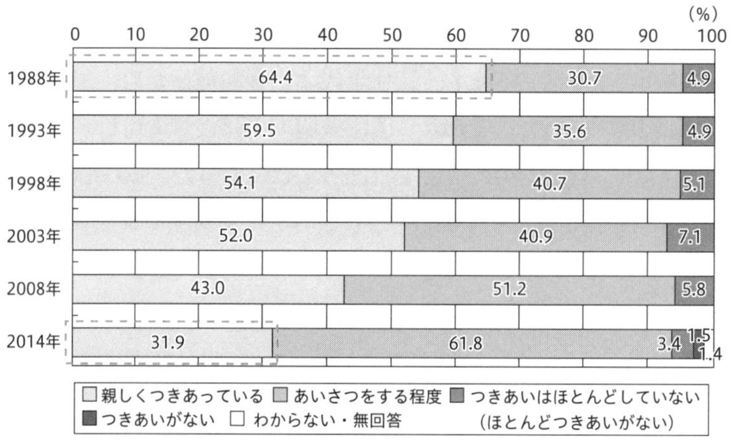

注1：対象は60歳以上の男女
　2：それぞれの調査における選択肢は以下のとおり。
　　高齢者の地域社会への参加に関する意識調査：「親しくつきあっている」「あいさつをする程度」「つきあいはほとんどしていない」
　　高齢者の日常生活に関する意識調査：「親しくつきあっている」「あいさつをする程度」「ほとんどつきあいがない」「つきあいがない」「わからない」「無回答」
資料：2008年以前：内閣府「高齢者の地域社会への参加に関する意識調査」、2014年：内閣府「高齢者の日常生活に関する意識調査」
出典：厚生労働省編『平成28年版 厚生労働白書』p. 27, 2016.

図2-9　高齢者が参加したい団体への実際の参加の状況

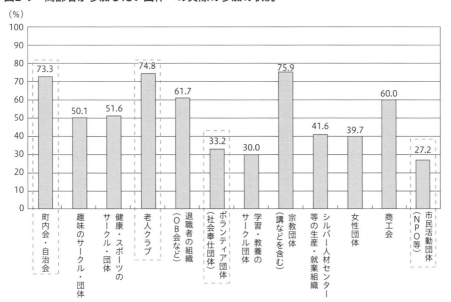

注１：対象は60歳以上の男女
　２：「その他」を除く。
資料：内閣府「平成25年度 高齢者の地域社会への参加に関する意識調査」
出典：厚生労働省編『平成28年版 厚生労働白書』p. 30, 2016.

いる団体への実際の参加状況をみてみると、町内会や自治会、老人クラ
ブといった歴史のある団体への参加状況は７割強と高いが、ボランティ
ア団体やNPO団体への参加状況は３割程度に留まっており、今後はこ
ういった団体への参加の促進が重要になってくる（**図2-9**）。

 4 **高齢者の生活環境の状況**

1 高齢者の住まいの状況

　内閣府の調査（「平成30年度 高齢者の住宅と生活環境に関する調
査」）によると、60歳以上の持家率は９割近く、約８割が一戸建ての持
家である。ただし単身世帯の高齢者のみをみてみると、持家率は７割程
度となり、４人に１人は賃貸の住宅に住んでいる。住まいの状況の今後
の予定では、持家の者は96％がこのまま住み続けることを予定してい
る一方で、賃貸の者は75％と差異がある。身体が虚弱化したときに住
みたい住宅を尋ねたものをみると、「改修せずに住み続ける」と「改修し
て住みやすくする」がともに３割程度で、老人ホームや高齢者住宅など
に入居するといった回答は、２割にも満たない（**図2-10**）。持家か賃貸

図2-10　身体が虚弱になったときに住みたい住宅（複数回答）

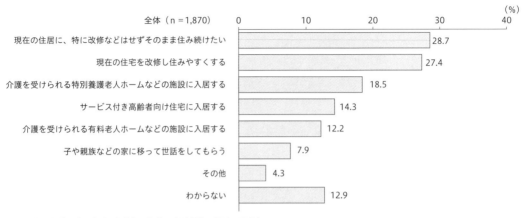

全体（n＝1,870）

	(%)
現在の住居に、特に改修などはせずそのまま住み続けたい	28.7
現在の住宅を改修し住みやすくする	27.4
介護を受けられる特別養護老人ホームなどの施設に入居する	18.5
サービス付き高齢者向け住宅に入居する	14.3
介護を受けられる有料老人ホームなどの施設に入居する	12.2
子や親族などの家に移って世話をしてもらう	7.9
その他	4.3
わからない	12.9

出典：内閣府「平成30年度 高齢者の住宅と生活環境に関する調査」

図2-11　高齢者の外出時の手段

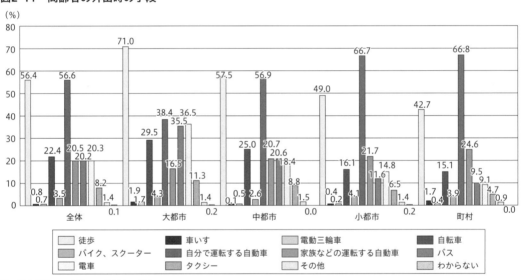

注：調査対象は、全国の60歳以上の男女
資料：内閣府「平成30年度 高齢者の住宅と生活環境に関する調査」
出典：内閣府編『高齢社会白書 令和2年版』p. 44, 2020.

かにかかわらず、生涯良質な住まいを提供することが重要な課題となる
であろう。

2 高齢者の外出手段の状況

　内閣府の調査（「平成30年度 高齢者の住宅と生活環境に関する調査」）では、高齢者が外出の際利用する手段としては、およそ半数が「徒歩」あるいは「自分で運転する自動車」と回答している。公共交通機関のバスや電車は2割程度で、タクシーは1割にもならない（**図2-11**）。さらに、居住地域別にみてみると、大都市では、徒歩が7割で最も多く、

電車やバスも4割近くになっている。その一方で、小都市や町村部では、「自分で運転する自動車」が7割近くで最も多く、公共交通機関は1割前後となっている。大都市以外の地域では、高齢者が自ら運転する自動車が、外出の手段として必要なものであることがわかる。

3 災害弱者としての高齢者

　2011（平成23）年に発生した東日本大震災における岩手、宮城、福島3県の死亡者数においては、およそ3分の2が60歳以上の者であった。[4]さらに、東日本大震災の災害関連死者数では、66歳以上の高齢者が9割近くを占めている。

　近年の台風や豪雨等の災害においても、多数の高齢者の被災状況が報道されている。在宅あるいは施設等への入居にかかわらず、心身の状況および居住・外出手段の状況を考えると、高齢者は災害弱者となる可能性が高い。平時からの、災害弱者にならないための支援を考える必要がある。

★災害関連死
災害により直接死亡に至らなかったが、災害からの避難後の死亡で災害との因果関係が認められた死亡のこと。我が国では、災害弔慰金の対象となる死亡のことを指すことが多い。

◇引用文献
　1）内閣府編『高齢社会白書 令和2年版』p. 28, 2020.
　2）内閣府編『高齢社会白書 平成29年版』p. 21, 2017.
　3）内閣府「令和元年度 高齢者の経済生活に関する調査結果」p. 17, 2019.
　4）前出1），p. 52

●おすすめ
　・広井良典『人口減少社会のデザイン』東洋経済新報社，2019.
　・藤田孝典『続・下流老人』朝日新聞出版，2016.

高齢者を取り巻く社会環境

学習のポイント

- 高齢者介護における家族の役割、抱える問題を理解する
- 多様化する家族介護を理解する
- 家族介護者支援の必要性とソーシャルワーカーの役割を理解する

 高齢者を取り巻く三つの社会環境

　高齢期にはさまざまな生活困難が生じることがあり、その解決には本人の努力だけではなく、周囲、社会のサポートが欠かせない。いわば、いかなる社会環境が存在するかが高齢期における生活の質を左右することになる。高齢者を取り巻く社会環境にはさまざまなものがあるが、主要なものを以下に三つ挙げたい。

　第一に「制度・政策」がある。たとえば、収入の喪失に対しては生活保護制度や年金保険、健康問題には医療保険または後期高齢者医療制度がある。そして、介護など生活上の問題には老人福祉制度、介護保険制度が用意されている。その他、交通、住宅、雇用等に関連する制度・政策も高齢者の生活には欠かせない。

　第二に「地域社会」が挙げられる。近年、特に高齢者が最期まで地域の一員として暮らし続けられることが重要目標の一つとなっている。『高齢社会白書 令和元年版』（内閣府）によると、60歳以上の約9割が現在住んでいる地域に住み続ける予定であると答えており、必要なこととして「近所の人との支え合い」（55.9%）が最も多く挙げられている。高齢者が豊かな人間関係を築くことができ、フォーマル、インフォーマルな支援とそのネットワークが整備された地域社会が必要とされている。

　第三に「家族」もまた高齢者を取り巻く社会環境の一つである。古くは高齢者の介護、世話をするのは、家族の役割、特に嫁の役割とされて

ⅰ　家族とは「夫婦・親子・きょうだいなど少数の近親者を主要な成員とし、成員相互の深い感情的かかわりあいで結ばれた、幸福（well-being）追求の集団である」と、森岡清美らは定義している（森岡清美・望月嵩『新しい家族社会学』培風館, p. 4, 2009.）。

きた。家族のありようが高齢者の健康、生活に直結していたといっても過言ではない。現代では、核家族化、ライフスタイルや介護意識の変化が進み、介護保険制度の導入など制度的な要因も加わり、必ずしも家族が高齢者の介護を担うとは限らなくなってきている。それでもなお、家族は高齢者の生活を支える重要な存在であり続けており、家族という社会環境を抜きにして考えることはできない。

　以上のような高齢者を取り巻く社会環境について、制度・政策、地域社会については後の章でも取り扱われるため、本節では「家族」に着目していきたい。

2　高齢者世帯の特徴

　高齢者の世帯の状況をみると、**図 2-12** が示すように、65 歳以上の者のいる世帯数は増加を続け、1995（平成 7）年に 3 割を超え、2019（令和元）年には 49.4％と約半数を占めている。さらに世帯構造をみると、1995（平成 7）年までは「三世代世帯」が最も多くみられたが、2019（令和元）年では 1 割弱にとどまり、最も多いのが「夫婦のみの世帯」で 32.3％、次いで「単独世帯」（28.8％）となっている。すなわち、65 歳以上の高齢者がいる世帯では、夫婦のみの世帯と一人暮らし世帯で全体の半数を超えることになる。特に高齢者の一人暮らし、いわゆる独居老人の伸びは顕著であり、**図 2-13** をみると、その数、割合ともに増加し続けている。なお、女性の一人暮らし世帯数のほうが多く、男性の 2 倍近くに上る。

　高齢者世帯において、一人暮らし、または夫婦のみという家族形態が増えることは現代社会のライフスタイルの一つともいえ、それ自体が否定されるものではない。ただし、さまざまなリスクをはらむものであることも認識する必要がある。社会的孤立に陥りやすく、身の回りの世話が必要になったときには、家族内でサポートが得られず生活困難に直面しやすい。また、高齢の配偶者が介護を担う老老介護とならざるを得ず、無理な介護による介護倒れに至る可能性もある。このような高齢者世帯の特徴を踏まえ、特に一人暮らし、夫婦のみの世帯への見守り、日常的な支援、交流の場の提供等を展開する必要がある。

★社会的孤立
社会との接点をもたず孤立した状態のことをいう。たとえ家族内での交流があったとしても、家族外との交流が断たれていれば孤立状態にあるといえる。高齢者の社会的孤立は、生活の質の低下、生きがいの喪失、孤独死、虐待、詐欺等消費者トラブルの被害にもつながりやすい。

★老老介護
高齢者が高齢者家族を介護している状態のことをいう。夫婦、親子、きょうだい等の間での介護がある。特に身体的、精神的な負担が大きいため、介護者自身の健康問題が生じやすく、限界状態のなかで虐待や介護心中等に至る場合もある。近年では、認知症の高齢者が認知症の高齢者を介護する「認認介護」の存在も指摘されている。

図2-12　65歳以上の者のいる世帯数および構成割合（世帯構造別）と全世帯に占める65歳以上の者がいる世帯の割合

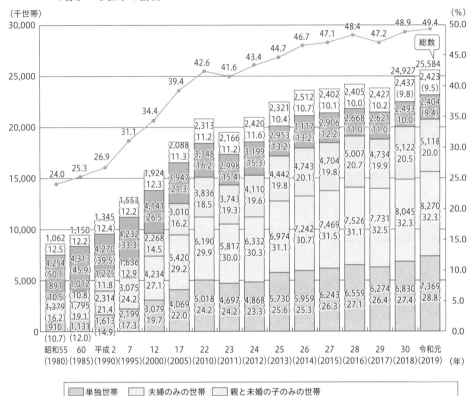

3　家族介護（者）の状況

1 家族介護者の現状

　高齢者世帯の特徴から家族内でのサポートを得にくくなっていることを指摘したが、一方で今なお家族が高齢者介護の主な担い手であるという現実もある。先ほど示したように、高齢者世帯の約3割は夫婦で暮らしており、三世代世帯、親と未婚の子のみの世帯も一定数みられる。また、同居のみならず、別居の家族が介護を担うこともある。以下、データをみながら、家族介護者の姿をとらえていきたい。

　「2019年 国民生活基礎調査」（厚生労働省）によると（**図2-14**）、「主な介護者」は「同居」の者が半分以上（54.4%）を占めており、そ

図2-13　65歳以上の一人暮らしの者の動向

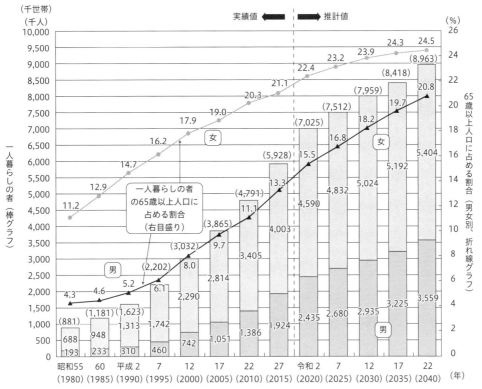

注1：「一人暮らし」とは、上記の調査・推計における「単独世帯」又は「一般世帯（1人）」のことを指す。
　2：棒グラフ上の（　）内は65歳以上の一人暮らしの者の男女計
　3：四捨五入のため合計は必ずしも一致しない。
資料：平成27年までは総務省「国勢調査」による人数、令和2年以降は国立社会保障・人口問題研究所「日本の世帯数の将来推計（全国推計）2018（平成30）年推計」による世帯数
出典：内閣府編『高齢社会白書 令和2年版』p.10, 2020.

図2-14　要介護者等と主な介護者

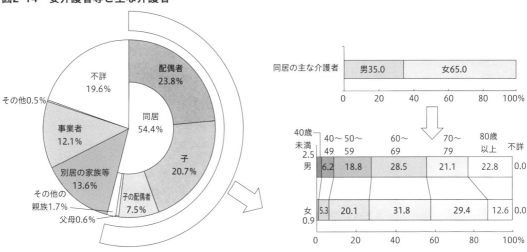

資料：厚生労働省「2019年 国民生活基礎調査の概況」

表2-1 主な介護者の構成割合の推移（性別と続柄別）

(%)

	性別		続柄別							事業者	不詳
			別居の家族等	同居	同居の詳細						
	女性	男性			配偶者	子	子の配偶者	父母	その他の親族		
1998年	84.4	15.6	4.7	86.6	29.9	20.4	28.9	4.6	2.9	−	−
2001年	76.4	23.6	7.5	71.1	25.9	19.9	22.5	0.4	2.3	9.3	9.6
2004年	74.9	25.1	8.7	66.1	24.7	18.8	20.3	0.6	1.7	13.6	5.6
2007年	71.9	28.1	10.7	60.0	25.0	17.9	14.3	0.3	2.5	12.0	16.8
2010年	69.4	30.6	9.8	64.1	25.7	20.9	15.2	0.3	2.0	13.3	12.1
2013年	68.7	31.3	9.6	61.6	26.2	21.8	11.2	0.5	1.8	14.8	13.0
2016年	66.0	34.0	12.2	58.7	25.2	21.8	9.7	0.6	1.3	13.0	15.2
2019年	65.0	35.0	13.6	54.4	23.8	20.7	7.5	0.6	1.7	12.1	19.6

資料：1998（平成10）年～2019（令和元）年の「国民生活基礎調査」（厚生労働省）より作成。

★ジェンダー
ジェンダーとは社会的、文化的な性差を意味し、性別役割分業とは性別によって役割が決められることを意味する。高齢者介護は女性の役割という認識が古くからあり、現在もその認識は根強く残っている。それを背景として、女性が介護のために仕事を辞めざるを得ない、過重な介護を担っていても当然視され、サポートを受けにくい等の問題が指摘されている。

★男性介護
男性介護の増加は近年、注目されている。特に経済的困窮、孤立に陥りやすく、介護を自分の仕事として抱え込んでしまう傾向がある等が指摘されている。家族による高齢者虐待では、女性より男性介護者のほうが多いというデータもある。男性介護者が抱える特有の問題を踏まえた支援が必要とされている。

の内訳は要介護者の「配偶者」（23.8％）、「子」（20.7％）、「子の配偶者」（7.5％）等となっている。なお、「別居の家族等」も13.6％おり、同居、別居を合わせると家族・親族が7割近くを占める。一方、介護保険サービス等の「事業者」は12.1％にとどまっている。年齢別では男性では60代が最も多く（28.5％）、次いで80歳以上（22.8％）、女性でも60代が最も多く（31.8％）、次いで70代（29.4％）である。男女ともに60歳以上の者が7割以上を占め、70歳以上で区切ると、男女とも4割を超えており、老老介護の傾向が顕著に現れている。また性別では、女性が6割以上となっており、ジェンダー[★]（性別役割分業）が根強く残る現状がうかがえる。ただし、男性の割合も1998（平成10）年では15.6％だったが、2010（平成22）年に3割を超え、その後も増え続けている（表2-1）。その他、子の配偶者の減少、子の増加という傾向もみられる。

これらを概観すると、家族が高齢者介護の重要な担い手であり続けていること、老老介護が多数を占め、女性介護者が多い現状がよくわかる。それと同時に、嫁介護の減少、実子介護や男性介護[★]の増加といった、多様化する家族介護の姿もみえてくる。

2 家族介護者の悩みやストレス

たとえ家族が高齢者介護の主な担い手であったとしても、介護を担う家族・親族（以下、家族介護者）に何の困難も生じていないのであれば大きな問題にはならないであろう。しかし、現実には多くの家族介護者

図2-15　性別にみた同居の主な介護者の悩みやストレスの原因の割合（複数回答）

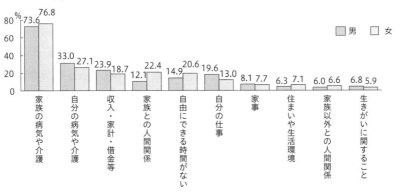

注：熊本県を除いたものである。
資料：厚生労働省「平成28年 国民生活基礎調査の概況」

が何らかの負担、困難を抱えている。

　「平成 28 年 国民生活基礎調査」（厚生労働省）では、同居の主な介護者に対して、日常生活における悩みやストレスの有無を尋ねている。その結果、「ある」と答えた者は全体で約 7 割に上っていた。さらに、悩みやストレスの原因も尋ねている（**図 2-15**）。最も多かったものが「家族の病気や介護」で男女ともに 7 割以上が挙げており、介護そのものが大きな負担になっていることがうかがえる。しかし、それだけではなく、「自分の病気や介護」「収入・家計・借金等」「家族との人間関係」「自由にできる時間がない」「自分の仕事」等も 1 割～ 3 割の者が挙げている。家族介護者自身の健康、家族関係、自由時間、仕事、経済状況など、生活全般にわたって何らかの負担、困難が生じていることがわかる。

　ここでは、特に仕事への影響について考えてみたい。「平成 29 年就業構造基本調査」（総務省）によると、2016（平成 28）年 10 月～ 2017（平成 29）年 9 月の 1 年間で「介護・看護のため」に前職を離職した者が 9 万 9100 人生じており、性別では男性が 2 万 4000 人、女性が 7 万 5100 人となっている。毎年、これだけの人数が介護離職を余儀なくされていることは社会全体にとってのダメージもさることながら、家族介護者自身にとっても死活問題である。収入の減少から経済的困窮に至るケース、介護サービスの利用を制限するケースもある。介護サービスを利用しない分、家族介護を増やして対応し、よりいっそう仕事をすることが難しくなり、経済的困窮がさらに深刻化するといった負のスパイラルに陥るケースもみられる。また、離職により社会との接点がなくなり、孤立状態での介護を促すことにもつながる。介護が終わったとしても再

★**介護離職**
介護・看護のために仕事を辞めること。「雇用動向調査」（厚生労働省）でもその数が示されており、2000（平成 12）年に 4 万人弱であったものが、2006（平成 18）年に 5 万人弱になり、2013（平成 25）年以降は 9 万人前後で推移している。日本政府は2015（平成 27）年に示した主要施策「新・3 本の矢」の一つに「介護離職ゼロ」を掲げている。

第2章
高齢者の生活実態とこれを取り巻く社会環境

就職できないケースも少なくない。離職は現在と将来の生活基盤を揺るがすものである。

　以上のような家族介護者の生活の不安定さは、高齢者の生命、生活を脅かすことにもつながる。たとえば、厚生労働省の高齢者虐待に関する2018（平成30）年度調査によると、高齢者虐待として通報、判断されたケースの多くは家族によるものであるが、虐待の理由として家族の「介護疲れ・ストレス」が首位になっており（25.4%）、経済的困難（10.8%）も挙げられている。また、家族介護者の離職、経済的困窮、孤立状態での介護が介護殺人・心中の一要因であるという指摘がみられる。無論、家族介護は悪いものではなく、家族が自ら進んで、楽しみながら行うケースもある。しかし、過重な負担、困難を抱えるケース、介護によって家族と高齢者の生活が崩壊する場合があることを忘れてはならない。

■3 家族介護者支援の必要性

　ときに高齢者福祉の専門職は家族を資源とみなし、家族によって介護が提供されることを見越したうえで、ケアプラン等支援計画を作成することがある。しかし、彼らはさまざまな困難を抱えた、支援を要する存在でもある。家族に介護を担ってもらうのであれば、家族を支援することは当然であるという共通認識をもつ必要がある。また、高齢者のニーズと家族のニーズは別物である。高齢者のニーズを満たしたとしても、家族介護者自身が抱える悩み、困りごとに耳を傾けることが肝要である。

　現段階では、日本における家族介護者支援は介護保険法が定める地域支援事業のなかの任意事業という位置づけであるため、十分に整備されているとは言い難い。しかし、家族介護者のニーズも踏まえて介護保険制度の利用を検討する、介護休業制度の利用や介護と仕事の両立に関する相談・助言を行う、介護教室や家族介護者の会等の資源を開発、紹介する、ときには（高齢者の様子ではなく）家族自身の話をじっくり聞き、寄り添う等の家族支援が有効であろう。

4 家族介護の多様化
——近年の家族ケア問題

　家族介護の多様化について先述したが、最後に近年、特に注目が集まる家族介護の問題について触れておきたい。

★**介護休業制度**
育児休業、介護休業等育児又は家族介護を行う労働者の福祉に関する法律に基づく制度であり、すべての事業所に適用される。介護・看護を理由として、93日間の休業、年5日までの介護休暇の取得、時間外労働の制限等が認められている。その他、所定労働時間の短縮、フレックスタイム制度、始業・終業時間の繰り上げ・繰り下げ等の措置（いずれか一つ以上）がある。

1 ダブルケアラー（育児と介護を担う家族）

出産・子育てと同時に親の介護を担う「ダブルケア」の問題が着目されている。「育児と介護のダブルケアの実態に関する調査」（内閣府男女共同参画局、2016（平成 28）年）によると、ダブルケアを担う者（以下、ダブルケアラー）は推計 25 万 3000 人程度いるとされ、30～40 代が約 8 割を占め、女性は約半数、男性は約 9 割が有業者であることが示されている。

ダブルケアラーは育児と介護の両方を担うことにより、精神的、体力的な負担、経済的な負担、育児、介護を十分にできないこと等が指摘されている。また、相馬・山下による調査では、ダブルケアラーを支えてくれた人について「私的なサポート中心」（19.3%）、「誰も助けてくれなかった」（12.4%）という回答が上位にみられ、公的なサポートの少なさ、孤立状態であったこと等が指摘されている。その一方で、「ケアマネジャー」（19.3%）、「ホームヘルパー」（13.1%）が支えてくれた人として挙げられていた。高齢者福祉の専門職による支援の重要性とともに、介護と育児の総合的な支援の必要性が指摘できる。

2 ヤングケアラー（ケアを担う子ども・若者たち）

家族のケアを担う子ども、若者たちを「ヤングケアラー」と呼ぶ。ヤングケアラーは広い概念であり、高齢の家族だけでなく、精神疾患の母親や障害を有するきょうだい等のケアをする者も含まれる。日本ケアラー連盟は「家族にケアを要する人がいる場合に、大人が担うようなケア責任を引き受け、家事や家族の世話、介護、感情面のサポートなどを行っている、18 歳未満の子ども」としている。

日本では実態把握が遅れているが、子ども自身に尋ねた調査として濱島・宮川が実施した大阪府立高校 10 校の生徒（約 5000 人）を対象としたものがある。この調査では 5.2% の高校生が家族のケアをしていると回答しており、ケアの相手は祖母が最も多く、高齢者のケアを担うヤングケアラーたちが一定規模で存在することが示されている。また、ケア

ⅱ 相馬らは、ダブルケアを狭義には「育児と介護の同時進行」、広義には「家族や親族等、親密な関係における複数のケア関係、またそれに関連した複合的課題」であり、背景にある「責任の複合化」に焦点を当てた概念であるとしている（相馬直子・山下順子「ダブルケア（ケアの複合化）」『医療と社会』第 27 巻第 1 号,pp. 63-75, 2017.）。なお、ダブルケアは和製英語であり、イギリスではサンドイッチ・ケアラー（Sandwitch Carers）という言葉が用いられている。

ⅲ イギリスでは 18 歳以上をヤングアダルトケアラーと呼ぶ。ただし、オーストラリアでは 25 歳までがヤングケアラーに含まれる。

の内容は家事が最も多く、その他、外出時の付添、感情的サポート等も挙げられていた。なお、国の調査としては、「平成29年就業構造基本調査」（総務省）で、29歳以下の介護者が約21万人いることが示されている。ただし、これは15歳未満の子どもや身体的介助以外のケアを担っている子ども、若者の状況までは捉えきれていない。毎日の家事を担い、認知症の祖父母に寄り添う感情的サポート等も重要なケアである。実際には数値以上のヤングケアラーが存在していると考えられる。

　ヤングケアラーたちには、ケア経験によって得られるプラスの側面（家族の絆、生活能力の向上、障害や疾病への理解等）があるが、さまざまな困難も抱えている。遅刻、欠席が多い、成績が下がる、友人関係がうまくいかないなどの学校生活への影響、心身の疲労、人生選択の制約等が指摘されている。濱島らが実施した高校生を対象とした調査では、ケアを担っていることを誰にも話したことがない者が約半数に及んだ。さまざまな困難を抱えながらも誰にも言えず、理解者もなく孤立し、退学を余儀なくされるケース、精神的、身体的、経済的に追い込まれ虐待にまで至るケースもみられる。

　高齢者福祉の専門職にとって、孫世代のケア役割は一段と把握しにくいものかもしれない。しかし、たとえ若く、体力があるようにみえても、そして補助的なケア役割であっても、ヤングケアラーたちの健康、生活、人生に影響を与えていることがある。彼らもまた支援を要する存在であることを認識する必要がある。

３ 8050問題

　80代の親がひきこもりまたは無職の状態にある50代の子どもと同居する8050問題も近年注目されている。高齢者への支援を開始しようとした際に、ひきこもり状態にある成人した子どもがいることがわかり、高齢者と成人した子どもの支援の両方を検討しなければならないという例はいくつも報告されている。8050の親子が抱える問題は、ひきこもり支援の問題、社会的孤立、経済的困難等、複合的であるが、高齢者介護に関連する事柄としては以下の点を理解しておく必要がある。

　第一に挙げられるのは、介護サービス利用の困難さである。ひきこもり状態にある子どもの社会経験の乏しさ、コミュニケーションの難しさ、家に他者を入れることへの抵抗感から、介護サービスの利用を拒む、または介護保険制度にアクセスすることが困難であるという状況が生じる。また、経済的困窮から介護サービスの利用を拒否するケースもある。

★ 8050問題
学齢期終了後および壮年期の支援の少なさ、社会的理解の低さから、親子ともに孤立していることが多い。また、子どもは成人しても無職のため、親の年金で暮らさざるを得ず、経済的困窮を抱えることも少なくない。そこに、親のケアと子どものケアも加わり、複合的な問題を抱えている。

　第二に、不適切な介護や虐待の問題がある。介護サービスを利用せず、ひきこもり状態にある成人した子どもが介護を担った場合、十分な介護が行えないことは少なくない。また、複合的な問題を抱えるなかで、経済的虐待、心理的虐待、身体的虐待、ネグレクト（介護放棄）等が生じるケースが報告されている。

　一方で、高齢の親は介護サービスにつながっても、ひきこもり状態の成人した子どものほうは、依然として社会参加や支援を拒否するケースもある。この状態が続けば、高齢の親の負担は解消されず、親が亡くなった後の問題も残る。

　高齢者福祉の専門職から、ひきこもり支援につなぐ、またはひきこもり状態にある子どもは精神疾患や障害等を有するケースもあることから障害者福祉や精神科医療につなぐ必要性と、それらと連携しながら包括的に支援する必要性が指摘されている。

5　高齢者と家族の生活保障を目指して

　高齢者福祉の専門職であれば、高齢者の生活保障が第一義的な任務である。しかし、それのみを優先させることは、家族が抱える軋轢、困難を見過ごし、別の人権侵害を生み出すことになる。また、高齢者にとって最も身近な環境である家族の生活の不安定さは、そのまま高齢者の生命、生活を脅かすことにつながり、決して看過してはならない事柄である。高齢者福祉の専門職は、高齢者とともに、その家族の生活保障を視野に入れた支援を行う必要がある。

　現行の介護保険制度は介護の社会化において重要な役割を果たしているが、一定の家族介護を前提とした仕組みであるという指摘は多い。そのため、介護保険のサービスだけで高齢者が生活することは難しく、家族や地域の支援が不可欠といわれている。日本のように、家族がある程度の高齢者介護を担っている国は、ほかにも数多くある。ただし、それらの国々は家族に頼るからこそ、家族への支援を整備しており、今後、日本においても家族介護者支援の充実が必須といえる。2020（令和2）年3月、埼玉県において「ケアラー支援条例」が制定された。大人の介護者だけでなく、ヤングケアラーも含め、家族介護者にターゲットを絞り、支援を進める条例は日本初であり、画期的な取り組みといえる。具体的な支援の事業化、実施はこれからであるが、このような地方自治

Active Learning

高齢者虐待、介護殺人・心中の事例を調べ、背景にある家族介護の問題について議論しましょう。

体の動きが全国に広がることを期待したい。

　最後に、年齢によって対象を分けた社会福祉制度の課題についても触れたい。ダブルケア、ヤングケアラー、8050問題は年齢別に分けられた制度のはざまにあるため対応が遅れているともいえる。子ども・若者の問題と高齢者の問題が家族の問題として連続していることは決して少なくなく、包括的な支援を行わなければ、問題の解決に至らないケースもある。高齢者福祉領域のソーシャルワーカーは、多様な福祉領域に関する知識と、地域のさまざまな資源と有機的に連携するスキルを有することが、今後はよりいっそう期待されるであろう。

Active Learning

家族支援を行うためにソーシャルワーカーが身につけるべき視点、知識、スキルを考えてみましょう。

◇引用文献
1）相馬直子・山下順子「ダブルケア（ケアの複合化）」『医療と社会』第27巻第1号，pp.64-65，2017.
2）濱島淑恵・宮川雅充「高校におけるヤングケアラーの割合とケアの状況——大阪府下の公立高校の生徒を対象とした質問紙調査の結果より」『厚生の指標』第65巻第2号，pp.22-29，2018.

◇参考文献
・相馬直子・山下順子「ダブルケア（ケアの複合化）」『医療と社会』第27巻第1号，2017.
・加藤悦子『介護殺人——司法福祉の視点から』クレス出版，2010.
・厚生労働省「平成30年度『高齢者虐待の防止、高齢者の養護者に対する支援等に関する法律』に基づく対応状況等に関する調査結果」2019.
・厚生労働省「2019年 国民生活基礎調査の概況」2020.
・男女共同参画局「育児と介護のダブルケアの実態に関する調査報告書」2016.
・津止正敏・斎藤真緒『男性介護者白書——家族介護者支援への提言』かもがわ出版，2007.
・KHJひきこもり家族会連合会『地域包括支援センターにおける「8050」事例への対応に関する調査報告書』2019.
・内閣府『高齢社会白書 令和2年版』2020.
・濱島淑恵『家族介護者の生活保障』旬報社，2018.

●おすすめ
・川北稔『8050問題』NHK出版，2019.
・澁谷智子『ヤングケアラー』中央公論新社，2018.

第3章

高齢者福祉の
歴史と理念

　ソーシャルワーカーとして高齢者を理解するためには、社会のなかで人々が抱く高齢者像やイメージ、あるいはさまざまな分野での高齢者の捉えられ方を知ることは重要である。また、これまでの高齢者観の変遷を概観することも有用である。さらには、近代以降の高齢者への支援の歴史をたどることによって、現代の高齢者への支援のあり方を、その歴史的な連続性および必然性という視点から、より深く理解することが可能となる。高齢者観および支援のあり方の変遷を学ぶことを通じて、高齢者とその家族を支援する際の礎となる理念を確認することは、ソーシャルワーカーにとって不可欠なことである。

高齢者観の変遷

学習のポイント

● 社会における高齢者像やイメージの変遷を理解する
● 老年学における高齢者像の変化を理解する
● 高齢者観についての諸概念を理解する

1 社会における高齢者観の変遷

1 近代以前の高齢者観

　平均寿命が現在のように長命でなかった時代においては、長生きすること自体がまれなことであり、長寿であることが尊敬の対象になったことも当然であろう。高齢者は豊富な経験と知恵を蓄積し、それらを若い世代に伝える指導者としての長老や賢者といったイメージがもたれていた。一方、「姥捨て山伝説」にみられるように、高齢者は世話を必要とする者として、家族の重荷になる存在として捉えられた側面もあったであろう。

　現代に比べて生産性の低い社会においては、高齢者も生産に貢献する家族の一員であった。たとえば農繁期の家事や子育ての役割を担う高齢者は、農業生産に多大な貢献をしていることになる。しかしながら、加齢や傷病で身体的・精神的機能が衰えてくると、高齢者は生産に寄与しない、むしろ生産を妨げる存在になる。このように高齢者は、「両義性」をもつ存在ではあったが、近代以前は高齢者の両義性を認めつつ、共同体の一員として統合された存在であった。[1]

2 明治期以降の高齢者観の変遷

　明治期には、旧・民法によって家制度が制度化され、長子の男子が家督を受け継ぎ、すべて実権をもつ代わりに、家督を譲った後の高齢者を扶養する義務を負うことになっていた。また、隠居も制度化され、法的には実権をもたないものの、家督相続後も家族の一員としての場所が定められていた。隠居のイメージは、家を維持する義務から開放され、悠々自適に老後を暮らすという、ある種特権的なものであろう。つまりは、

敬老が制度化されていたわけである。

　戦後、新・民法によって家制度が廃止されると、長子の絶対的義務であった老親扶養もなくなり、制度化された敬老はなくなったが、社会のなかの敬老の価値観がすぐに消失したわけではなかった。しかしながら、戦後の工業化や都市化の進展は、第一次産業中心から第二次、第三次産業中心の産業構造への変換をもたらし、若年世代の都市への流入が加速することになった。その結果、高齢者は、両義性をもつ存在というよりも、生産には貢献しない存在、若年世代がいない過疎化する地域での世話を必要とする存在と捉えられ、社会的弱者としてみなされるようになってきたのである[2]。

3 エイジズム

　高齢であるという理由のみで、偏見や固定観念（ステレオタイプ）を抱き、差別的な言動をとることをエイジズム（agism）という。アメリカの精神科医で、老年学者であるバトラー（Butler, R. N.）が、1970年代に提唱を始めた用語である。当時のアメリカでは、我が国より高齢化率が進んでおり、社会のなかに誤った高齢者観が広がっていることに警鐘を鳴らす意図でつくられた。エイジズムは、個人的な問題であるだけでなく、社会や制度のうえで差別的な対処が行われる制度的エイジズムの存在が、より深刻な問題となる。さらに、ネガティブな高齢者観がエイジズムをもたらすだけでなく、ポジティブな高齢者観もエイジズムの原因となる。たとえば、「高齢者は思慮深いはずだ」というポジティブな思い込みは、逆に高齢者にそのようにあるべきだというプレッシャーになりかねない。

　エイジズムの解消、特に制度的エイジズムの解消は、ほかの差別主義を解消するのと同様に容易ではない。個人的なエイジズムの解消には、何より高齢者に関する事実をよく知ることである。高齢者と実際に接すること、会話を交わすこと、意見や思いを実際に聞くことといった体験が必要である。制度的エイジズムの解消には、個人的な努力も必要ではあるが、地域、地方自治体、国といったレベルでの組織的活動が必要になってくる。ソーシャルワーカーが従事すべき活動の一つであるソーシャルアクション★などは、その一例であろう。

Active Learning

ポジティブなエイジズムには、ほかにどのようなものがあるか考えてみましょう。

★ソーシャルアクション
社会的な排除や抑圧の解消のために、サービス提供についての改善や法令・制度の改革を目指して、行政府や民間の組織・団体に対して働きかけるさまざまな活動のこと。ソーシャルワーカーの重要な介入手法の一つとして位置づけられている。

2 ▶ 老年学における高齢者観の変化

1 生理学的老化モデルの変化

　一般的なイメージと同様に、もともと生理学的分野においても、老化現象とは、加齢とともに、さまざまな生理的機能が低下していくと考えられていた。図3-1 に示すように、死に向かって坂を転げるように落ちていくというイメージである。しかし、1970年代頃から新しい研究からの知見がもたらされるようになり、特に人間の生理的機能は、死の直前まで保つことが可能であることが提唱されるようになってきた。図3-1 に示す新しい老化モデルは、死（限界の寿命）の直前に急激に低下することから、終末低下モデルや直角型老化モデルと呼ばれている。すでに、このモデルの考え方は、介護予防やフレイル予防などの施策やサービスに取り入れられている。

2 発達モデルの変化

　以前は、人間の知能の発達は、成人になってピークを迎えた後は、加齢とともに一様に低下していくというモデルが標準的なものであった。ところが、縦断研究による結果から、結晶性知能は加齢が進んでも維持されることがわかってきた（第1章第1節3参照）。さらに近年では、高齢になっても発達がみられる知能として、「知恵（wisdom）」の研究が進められている。人間の発達モデルにおいては、加齢という要因のみで発達が衰えていく考え方は、主流ではなくなってきている。

★縦断研究
ある時点で1回のみの測定を行う横断研究に対して、時間を変えて2回以上の測定を行う研究。高齢者の研究では、個人や集団を時間の経過とともに繰り返し測定を行うことにより、新しい知見がもたらされることになった。

図3-1　生理学的老化モデルの変化

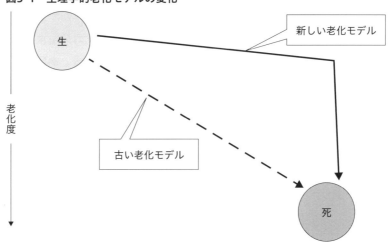

出典：柴田博『中高年健康常識を疑う』講談社, p. 104, 2003.

3 現代における高齢者観の諸概念

1 サクセスフル・エイジング

1960年代から1970年代にかけて、どのような年齢のとり方が最も幸せなのかという論争が活発に行われた。その内容は、活動理論、離脱理論、継続性理論といった考え方の提唱と検証であった。論争の決着はつかなかったが、そういった研究の従属（結果）変数として、サクセスフル・エイジング（幸福な老い）といった概念が登場してきた。高齢者が社会の負担にならないよう自立するためには、寿命が延び、長くなってきた老後にうまく（successfully）適応することが必要だと考えられたのである。

その後の研究で、サクセスフル・エイジングには、どのような条件が不可欠なのかを見出す試みが重ねられた。これまでの知見をまとめたものとして、❶身体的に健康であること、❷精神的に健康であること、❸社会的な機能が保持されていることといったある種自明のものから、❹パーソナル・コントロールが保持されていること、❺主観的幸福感が高いことなどが指摘されている[3]。

2 プロダクティブ・エイジング

近年では、高齢者は自立して社会に迷惑をかけない存在であるということにとどまらず、老後という期間により積極的な意味づけを与え、高齢者も社会に貢献できる存在であることを示そうとする概念がいくつか登場している。高齢者も生産的であるべきだとするプロダクティブ・エイジング（productive aging）は、エイジズムを提唱したバトラーが中心となって、反エイジズムの概念として提唱されたものである。ここでの生産的という意味は、高齢になっても何らかの形で就業し、有償労働を続けることだけを指しているわけではない。家事や育児、親族や近隣住民に対する支援、さまざまなボランティア活動などの無償労働に携わることも、プロダクティブであることに含まれる。また、こういった有償・無償の労働を行うための能力を高めるために教育を受けたり、可能な限り心身の自立が維持できるように、さまざまなセルフケア活動を行うことも含めようとする考え方もある[4]。

個人レベルにおいては、プロダクティブな活動を促進する要因として、健康状態、経済状態、社会関係の豊かさなどが確認され、プロダクティ

★活動理論、離脱理論、継続性理論
活動理論（activity theory）は高齢になってもさまざまな側面で活動的であることが望ましい、離脱理論（disengagement theory）は高齢になるに従って諸活動から退き軟着陸するのが望ましい、継続性理論（continuing theory）は高齢期にもそれまでの人生で培ってきたパターンを維持するのが望ましい、といった老いへの適応に関する理論。論争と検証が繰り返されたが、どれが最も優れているかという結論には達していない。

★パーソナル・コントロール
心理学分野の用語で、コントロール感（sense of control）とも記される。自分の言動を自分で計画立てて実行できること、自分の周りに起きる出来事を自分で律することができることなどが、心理学的によい適応を導くと考えられている。

ブな活動が、高齢者の身体面、心理面、社会面に良好な影響を及ぼすことが確認されつつある。しかしながら、家族、地域、そして社会レベルの規定要因や効果を取り扱った研究は数少なく、知見の蓄積はこれからである。より実践的には、高齢者がプロダクティブな活動に従事できるような社会的環境づくりや条件整備が必要であろう。

■3 アクティブ・エイジング

　1999年の国際高齢者年を契機とし、2002年の第2回高齢者問題世界会議において、WHOが各国に高齢化社会への政策的取り組みを求めた際に、目指すべき理念としてアクティブ・エイジングが掲げられた。WHOの説明では、アクティブ・エイジングとは「人々が歳を重ねても生活の質が向上するように、健康、参加、安全の機会を最適化するプロセス」とされ、ここでのアクティブは、「単に身体的に活動的でいられることや、労働に従事する能力を持っていることだけを指すのではない。仕事から引退した高齢者や病気の人、身体障害を持つ人であっても、自分の家族、仲間、地域社会、国に積極的に貢献し続けることはできる。健康寿命を延ばし、すべての人々が老後に生活の質を上げていけることがアクティブ・エイジングの目的である。これには、体の弱い人、障害を持つ人、ケアを必要とする人も含まれる[5]」と記されている。

　サクセスフル・エイジングやプロダクティブ・エイジングは、どちらかといえば、健康であること、経済的に自立していること、現役世代のように活動的であることといったことに、価値を置いているように解釈されがちである。これに対して、アクティブ・エイジングの考え方は、そのような価値を超えて、すべての高齢者に当てはまる、すべての国や地域が目指すべき、少子高齢社会の目標となり得る概念である。我が国の高齢化対策の計画やプログラムにおいても、しばしば取り上げられている用語である。

◇引用文献
　1）木下康人『老人ケアの社会学』医学書院，p. 25, 1989.
　2）長谷川倫子「高齢者の社会的地位」岡村清子・長谷川倫子編『テキストブックエイジングの社会学』日本評論社，p. 148, 1979.
　3）中谷陽明「サクセスフルエイジング」祖父江逸郎監『長寿科学辞典』医学書院，pp. 1035-1036, 2003.
　4）杉原陽子「プロダクティブ・エイジング」柴田博・長田久雄・杉澤秀博編『老年学要論——老いを理解する』建帛社，pp. 239-254, 2007.
　5）WHO編著，日本生活協同組合連合会医療部会訳編『WHO「アクティブ・エイジング」の提唱』萌文社，p. 15, 2007.

 # 高齢者福祉の発展過程

第2節

学習のポイント

● 明治期から現在までの高齢者福祉の発展過程の流れを理解する
● 高齢者福祉の発展に影響を与える社会情勢の変化について理解する
● これまでの発展過程の理解をもとに、今後の改革の方向性について考える

1 社会福祉の発達前史と高齢者福祉

　我が国の高齢者福祉の本格的な発展は、終戦後であるが、明治以降、社会の情勢に影響を受けながら、貧困・防貧対策を第一義とした活動が行われてきた。その過程を明治の慈善事業期、大正の社会事業期、そして昭和の厚生事業期に分けて概説する。

■1 慈善事業期

　1874（明治7）年、明治政府によって制定された恤救規則は我が国初の救貧法としての位置づけにあるが、その内容は「人民相互の情誼」という家族や近隣による相互扶助を前提とし、そうした助けが得られない少数の「無告の窮民」のみを救済の対象とした。高齢者に対しても、家族の扶養を受けられない70歳以上の老衰者や、70歳以下でも疾病により産業を営めない者という、きわめて限定的な救貧制度であった。

　明治初期から明治30年代にかけては、緊急救護や治安維持を目的とした公的収容救済施設や、民間の慈善家や宗教家により、老人ホームの源流となる施設が誕生するが、救貧事業の一部として高齢者はほかの窮民と合わせて混合収容されていた。たとえば、1872（明治5）年に、のちに病院、研究所、高齢者施設を要する総合施設機関に発展する東京都養育院（現・地方独立行政法人東京都健康長寿医療センター）の前身である東京府養育院が誕生しているが、発端はロシア皇子の来日に際し、東京府下の浮浪者を緊急保護するためであった。また、民間の慈善事業としては、1873（明治6）年に小野太三郎により小野慈善院（現・社会福祉法人陽風園）が開設されている。明治政府による廃藩置県の実施により、従前、加賀藩が実施してきた窮民救護政策の対象者が、保護と生

★恤救規則
1874（明治7）年に明治政府により制定された、我が国初の統一的基準を用いた救貧法。家族や親族による扶養や近隣による相互扶助を前提とし、支援の対象は放置できない者のみに限定されていた。

活の拠点を失い、浮浪者となっていた。そこで、小野は金沢市内に一棟の家屋を購入し、最も困窮した視覚障害者 24 人の収容保護を始め、その活動は 5 年後には老衰者や浮浪者を含め 240 名を超える収容救護活動に発展した。

　高齢者を専門対象とした施設は、1895（明治 28）年に開設された聖ヒルダ養老院（現・社会福祉法人聖ヒルダ会）が始まりである。その後、神戸養老院（現・社会福祉法人神戸老人ホーム）（1899（明治 32）年）、大阪養老院（現・社会福祉法人聖徳会）（1902（明治 35）年）等の施設が開設され、1911（明治 44）年には 17 施設になった。しかし、その運営費用の多くは私費と寄付金で賄われていた。

　明治 20 年代から明治 30 年代にかけて進展した我が国の産業革命は、新たな貧民化を生み出し、さらに濃尾大震災などの大規模災害が行旅病人を増加させるなど、貧困者の救済が大きな社会問題となっていた。そうしたなか、従来の恤救規則では解決できない深刻な貧困問題への対応の必要性が叫ばれるようになっていた。明治 30 年代には恤救法案、救貧税法案、窮民救済法案、救貧法案が提出され、また、1912（明治 45）年には、無収入で保護者のいない貧困高齢者に養老金を給付することを提案する養老法案が提出されたが、いずれの法案も不成立に終わっている。当時の明治政府の救済思想は、慈善救済による救貧よりも、防貧に力を注ぐべきという感化救済の考えが中心であり、都市の労働貧民が被恤救層に転落することを防ぐため、職業紹介事業や無料宿泊事業などの経済保護事業が優先されたためである。

Active Learning

明治期から現在まで、高齢者福祉の発展に影響を与えた社会情勢の変化について考えてみましょう。

■2 社会事業期

　大正時代に入り、第一次世界大戦とその後の戦後恐慌は、国民生活に大きな負担を強いることになった。1918（大正 7）年には米騒動が起きるなど、社会的な公平を求める国民の声が高まり、また労働運動や農民運動の発展など、社会改良の考えが強まっていった。

　こうした背景のなか、大正政府は社会事業の奨励のため、公私社会事業に低利で資金の貸付を始め、地方庁でも施設や団体に奨励金や助成金を交付するようになった。そのため、1923（大正 12）年には、養老院の数が 32 施設となり、明治期と比べ大きく増加している。また、同年に発生した関東大震災により罹災した多くの要救護高齢者を保護する施設として、皇室の下賜金と内外の義援金をもとに、収容人員 500 名規模の浴風園（現・社会福祉法人浴風会）が東京に誕生している。

その後、1929（昭和 4 ）年に、我が国初の公的救済立法である救護法が成立したが、国の財政的理由で先送りされ、 3 年後にようやく実施となった。この制度により、高齢者については 65 歳以上の老衰者で労働に従事することが困難であり、なおかつ貧困で生活できない者に限って、救護を行うことが定められた。ほかの社会事業施設と同じく、養老院も救護施設として認められることにより、私的な施設から公的救済施設へと変化していった。

3 厚生事業期

　昭和恐慌以降、1931（昭和 6 ）年の満州事変を発端に 15 年戦争に突入していった。この間は、戦時体制の下、これまで社会事業の対象とされてきた者が排除され、戦争と軍需生産のための人的資源の確保とその家族の生活困窮の救済、戦災被害者の救済が中心とされた。1940（昭和 15 ）年には、社会事業は厚生事業に改変され、大政翼賛体制に飲み込まれていった。養老院も例外ではなく、収容者数の減少と、新たな収容者は病弱な高齢者に限定された。また、高齢者であっても徴用労働力としての役割が求められた。

　一方で、老後の生活保障として 1941（昭和 16 ）年に一般雇用労働者に対する初の公的年金制度である、労働者年金保険法（1944（昭和 19 ）年に厚生年金保険法に改称）が制定された。しかし、制度創設の直接的な目的は、戦費の獲得と戦争遂行のための紙幣の乱造により発生した、インフレの抑制といった戦時社会政策の一環としてのものであった。

2 第二次世界大戦後から老人福祉法の誕生

1 生活保護制度による貧困高齢者の保護

　1945（昭和 20 ）年に第二次世界大戦が終結し、敗戦国である我が国は混乱の渦中にあり、社会には多くの貧困者、浮浪児者、傷病者などが発生していた。

　そのようななか、翌年の 1946（昭和 21 ）年に日本国憲法が成立し、第 25 条において「すべて国民は、健康で文化的な最低限度の生活を営む権利を有する」「国は、すべての生活部面について、社会福祉、社会保障及び公衆衛生の向上及び増進に努めなければならない」とし、生存権と国民生活の向上に努める国の義務が規定された。そして、1946（昭

★生活保護法
日本国憲法第25条に
規定する理念に基づい
て、生活困窮者に対し
て最低限度の生活保障
と自立の助長をするこ
とを目的とした法律。
1950（昭和25）年に
制定された現行の生活
保護法では、旧・生活
保護法では認められて
いなかった保護請求権
が認められている。ま
た、現在は生活、教育、
住宅、医療、出産、生
業、葬祭、介護の八つ
の扶助が実施されてい
る。

21）年、生存権の保障を具現化するものとして、生活保護法（旧）が成立した。この法律によって、養老院は保護施設として記載され、収容者は基本的に生活保護受給者となり、公的な救貧施設として、費用の多くは公費で賄われることとなった。その後、1950（昭和25）年に現行の生活保護法の制定により、新たに養老施設という名称に変更された。なお、1947（昭和22）年に児童福祉法、1949（昭和24）年に身体障害者福祉法、さらに1951（昭和26）年に社会福祉事業法（現・社会福祉法）が成立している。

2 社会構造の変化と新たなニーズの顕在化——老人福祉法の誕生

日本国憲法の制定により、明治以来、国民の生活を縛ってきた家制度が法的に廃止された。1947（昭和22）年の改正民法では、財産相続は均等相続、親権は未成年者に対するものとし、扶養関係については親子関係よりも夫婦関係が優先された。これにより、明治民法上の、戸籍の筆頭者である戸主が家族に対する権利を有する「戸主権」と「家督相続」を中心とする家制度が事実上崩壊した。家族に関する制度上の大きな変更は、高齢者に生活の不安をもたらした。

一方、1950年代には現在の高齢者福祉につながるさまざまな活動が萌芽している。たとえば、高齢者の孤独の解消ややすらぎの場として、老人クラブが自然発生し、1954（昭和29）年には全国で112か所になっていた。また、孤独な生活を送る高齢者や虚弱高齢者が地域社会から孤立してしまう問題が発生していたが、長野県上田市や大阪市などでは、現在のホームヘルパーの前身である老人家庭奉仕員の活動が始められていた。さらに、1950（昭和25）年に兵庫県が敬老思想の普及と老人福祉の増進を目的に9月15日を「としよりの日」と定めると、翌年から全国社会福祉協議会の呼びかけで全国に広がっていった。

養老施設においては、身体的、精神的障害を抱える高齢者が増加していたため、全国養老事業協会の全国大会等において介護を必要とする高齢者専用施設の設置への要望が高まっていた。

1960年代に入り、ようやく高齢者問題に対して国の制度としてさまざまな施策が講じられるようになる。その根拠となる老人福祉法が1963（昭和38）年に法制化された。同法は、基本的理念としてその第2条において、「老人は、多年にわたり社会の進展に寄与してきた者として、かつ、豊富な知識と経験を有する者として敬愛されるとともに、生きがいを持てる健全で安らかな生活を保障されるもの」とした。また、

★老人福祉法
高齢者の福祉に関する
原理を明らかにするこ
とと、高齢者の心身の
健康の保持と生活の安
定のために必要な措置
を講じ、高齢者の福祉
の増進を図ることを目
的として1963（昭和
38）年に制定された法
律。国および地方公共
団体の責務や福祉の措
置、老人福祉施設など
が規定されている。

老人の日の制定や、高齢者福祉サービスとして、行政の措置による入所施設として、従来の養老施設を養護老人ホーム★とし、高齢者介護に対応する施設として新たに特別養護老人ホーム★を、契約による安価な入所施設として軽費老人ホームがそれぞれ規定された。さらに、老人家庭奉仕員や老人クラブ等もこの法律により規定された。なお、ほかの社会福祉関係法として、精神薄弱者福祉法（現・知的障害者福祉法）が 1960（昭和 35）年に、母子福祉法（現・母子及び父子並びに寡婦福祉法）が 1964（昭和 39）年に成立している。

老後の生活保障や医療問題についても大きな進展があった。現行の国民健康保険法が 1958（昭和 33）年に成立し、翌年施行となった。国民年金法が 1959（昭和 34）年に成立し、1961（昭和 36）年から保険料徴収が開始となっている。なお、当時すでに高齢で国民年金の受給資格を満たせなかった人は、老齢福祉年金により救済された。以上により、1961（昭和 36）年にはすべての国民が医療保険と年金に加入する国民皆保険・皆年金体制が整った。

3 保健福祉サービスの量的拡大と在宅福祉への移行

1 新たなサービスの創設

やがて 1970 年代に入ると、社会福祉施設の不足を解消することを目的として、1970（昭和 45）年厚生省により「社会福祉施設緊急整備 5 カ年計画」が策定され、翌年から 5 年間で特別養護老人ホームなどの施設の量的な整備が進められた。また、1978（昭和 53）年には、短期入所生活介護事業（ショートステイ）、1979（昭和 54）年に日帰り介護事業（デイサービス）が創設された。

医療については、岩手県沢内村（現・西和賀町）が、1960（昭和 35）年に 65 歳以上高齢者の医療費を無料化し、1969（昭和 44）年には東京都が 70 歳以上高齢者の医療費無料化を開始すると、この動きが全国に広がっていった。その流れを受け、1973（昭和 48）年に国の制度として老人医療費の無料化が実施された。

一方で、1980 年代にかけて、老人医療費の増大とともに、入院治療の必要性を終えた高齢者が自宅に帰ることができず、また福祉施設の受け皿がないため、入院が長期化するという社会的入院★の問題、それに関連する寝たきり高齢者の増加といった問題が顕在化する。

★養護老人ホーム
老人福祉法第 20 条の 4 に規定されている高齢者福祉施設。65 歳以上の者で、環境上の理由および経済的理由により居宅において養護を受けることが困難なものが市町村の措置により入所することができる。

★特別養護老人ホーム
1963（昭和 38）年に老人福祉法の制定によって創設された施設。65 歳以上の者で、身体上または精神上著しい障害があるために常時の介護を必要とするものが市町村の措置によって利用できる施設であった。2000（平成 12）年の介護保険制度開始後は介護保険による入所施設（介護老人福祉施設）としての役割が主で、やむを得ない事由による措置入所の施設としての役割を果たしている。

★社会的入院
入院治療の必要性が低い状況にありながらも、家族による介護が困難であることや、地域の福祉施設などの入所先がないため退院できずに入院が長期化してしまうこと。「平成 29 年（2017）患者調査の概況」（厚生労働省）によると、高齢者（65 歳以上）の入院者のうち、13.6％は「受け入れ条件が整えば退院可能」な状況にある。

★老人保健法
高齢者の健康の保持と
適切な医療の確保を図
るため、疾病の予防、
治療、機能訓練等の保
健事業を総合的に実施
し、国民保健の向上お
よび老人福祉の増進を
図ることを目的として
1982（昭和57）年に
制定された法律。
2006（平成18）年の
改正により「高齢者の
医療の確保に関する法
律」に改称された。

それに対し、1982（昭和57）年には老人保健法が制定され、老人医療費の一定額負担の導入、さらに1986（昭和61）年同法の改正によって病状が安定している要介護の高齢者が入所してリハビリテーションや生活介護を受け、在宅復帰を目指す施設として老人保健施設が創設された。

2 サービスの量的拡大

1980年代の中頃になると、我が国の高齢化率は10%に達し高齢者医療、介護の問題はよりいっそう重要な政策課題として取り上げられるようになった。1986（昭和61）年には、「長寿社会対策大綱」が閣議決定され、国をあげての高齢者介護等の問題に取り組む姿勢が明確に示された。それを受け、1989（平成元）年には施設の緊急整備と在宅福祉の推進を掲げ、「高齢者保健福祉推進十か年戦略（ゴールドプラン）」が策定された（表3-1）。これにより、1999（平成11）年までの10年間に特別養護老人ホーム（24万床）、老人保健施設（28万床）などの入所型サービスのほか、デイサービスセンター（1万か所）、ショートステイ（5万床）、ホームヘルパー（10万人）など、在宅サービスの具体的整備に関する数値目標が示された。

1990（平成2）年には、老人福祉法等の改正が行われ、全国の市町村、都道府県に対して、老人保健福祉計画の策定が義務づけられた。これに

★老人保健福祉計画
1991（平成3）年に老
人保健法を含む「老人
福祉法等の一部を改正
する法律」により、都
道府県および市町村に
策定が義務づけられ
た。2008（平成20）
年に老人保健法による
老人保健計画の部分は
廃止となった。現在、
老人福祉法による老人
福祉計画と介護保険法
による介護保険事業
（支援）計画は都道府
県および市町村におい
て一体的に策定するこ
とが義務づけられてい
る。

表3-1 新旧ゴールドプランの主な数値目標

施設、サービス、人材	目標値		増
	旧（1989年）	新（1994年）	
特別養護老人ホーム	24万床	29万人分	＋5万
老人保健施設	28万床	28万人分	
ケアハウス	10万人	10万人分	
デイサービスセンター	1万か所	1.7万か所	＋0.7万
デイケアセンター	―		
ショートステイ	5万床	6万人分	＋1万
高齢者生活福祉センター	400か所	400か所	
ホームヘルパー	10万人	17万人	＋7万
ホームヘルパーステーション	―	1万か所	
在宅介護支援センター	1万か所	1万か所	
老人訪問看護ステーション	―	5000か所	
寮母・介護職員	―	20万人	
看護職員等	―	10万人	
作業療法士・理学療法士	―	1.5万人	

より、市町村による在宅サービスと施設サービスの一元的かつ計画的な提供体制が進められていくこととなった。その後、各市町村および都道府県が作成した計画により、高齢者保健福祉に関する全国の現状とニーズが明らかとなる。当初、国が想定していたよりも、さらに急速に増大する高齢者の介護ニーズに対応する計画の見直しが必要となり、1994（平成6）年に「新・高齢者保健福祉推進十か年戦略（新ゴールドプラン）」が策定された。これは、旧プランで設定されていた10年間の残りの5年を引き継いだものであり、当初目標と比べ、特別養護老人ホームの定員を5万人、ホームヘルパーを7万人増やすなど大幅な数値の変更とともに、新たにホームヘルパーステーション、老人訪問看護ステーションの設置のほか、介護、看護、リハビリテーションにかかわる人材の確保も含まれた。

　翌1995（平成7）年には、高齢社会対策基本法が成立した。この法律により、高齢社会対策の理念の明確化とともに、この対策を就業・所得、健康・福祉、学習参加、生活環境といった多分野、関連制度による連携のもとに進めていく体制が示された。

4　介護保険制度の誕生から地域包括ケアシステムの構築まで

1　介護保険制度の創設

　1990年代には、新旧ゴールドプランの取り組みにより高齢者保健福祉の基盤整備が強力に進められた一方、急速な高齢化の進展に伴う介護を必要とする高齢者の増加と、さらなる核家族化の進行等による家族機能の脆弱化がより顕著となる。このことは、高齢者介護が家族を中心に行われていた時代から、社会が担う時代への転換を必要とするものだった。しかし、当時の介護サービスは行政の措置による提供が中心であり、限られた税金による予算のなかで、支援の対象や内容が決められ、利用者負担も世帯の収入に応じた応能負担であったため、中高所得者には利用しにくいものであった。また、家族機能の脆弱化と低所得者を中心とした限定的な介護サービスの提供は、入院治療が必要なくなった高齢者の社会的入院を増長させ、医療資源の適切な活用を阻害していた。

　そこで、老人保健福祉審議会の検討を経て、新たに高齢者の介護を社会全体で支えあう仕組みとして、介護保険制度が創設された（1997（平成9）年法制化、2000（平成12）年施行）。同制度は、高齢者の自立支

★措置
法令に基づいた行政権限として、自治体が福祉サービスを受ける要件を満たしているかを判断し、サービスの提供と廃止を決めること。

援、利用者本位、社会保険方式という点において、従来の制度と大きく異なる。また、これまでゴールドプラン等で推し進められてきた在宅福祉をいっそう充実化するものであり、要介護高齢者が可能な限り自宅で生活できるよう配慮すること（介護保険法第2条第4項）を理念に掲げている。

1999（平成11）年には、新ゴールドプラン後の高齢者保健福祉施策の方針を示す「今後5か年間の高齢者保健福祉施策の方向（ゴールドプラン21）」が策定され、「活力ある高齢者像の構築」「高齢者の尊厳の確保と自立支援」「支え合う地域社会の形成」「利用者から信頼される介護サービスの確立」を基本的目標とした施策が提示された。

■2 予防重視型システムへの転換

2000（平成12）年に開始となった介護保険制度によって、従来、措置による限定的な介護サービスの提供から、社会保険制度による介護サービスの普遍化が実現した。これにより、介護サービスの利用者は大きく拡大していった。一方で、利用者の状況に応じて適切なサービスが提供できているか、また高齢者の自立支援と尊厳ある生活の継続を可能とするものになっているのか、といった制度の質の問題について検証が必要であった。そこで、厚生労働省老健局長の私的研究会として、2003（平成15）年に高齢者介護研究会が設置され、同年に報告書「2015年の高齢者介護」が提出された。この報告書では、中長期的な介護保険制度の課題や高齢者介護のあり方として、「介護予防・リハビリテーションの充実」「生活の継続性を維持するための新しい介護サービス体系」「新しいケアモデルの確立：痴呆性（現在は、認知症）高齢者ケア」「サービスの質の確保と向上」を柱とする提言がなされた。

こうした提言を踏まえ、社会保障制度審議会介護保険部会において検討が重ねられ、2005（平成17）年に同法が改正、翌年改正法が施行された。同改正によって、「予防重視型システムへの転換」と「施設給付の見直し」が行われた。

前者については、要支援・要介護状態になるおそれのある高齢者に、早期に介入する取り組みを地域支援事業として市町村が行うこととなった。また、介護の必要が軽度の状態である要支援の認定を受けた者に対する介護予防の取り組みが重視された。いずれも、高齢者ができるだけ介護が必要な状態にならないよう、また要支援の状態にあるものが、さらに重度化しないよう、生活機能の向上を目指した介入を行うという、

介護予防支援の取り組みが全国的に開始された。その中心的役割を担った
のが、新たに創設された地域包括支援センター*であり、おおむね中学
校区に一つの単位で設置された。

「施設給付の見直し」については、自宅で生活する要介護者との費用負
担の公平化の観点から、介護保険施設等の食費・居住費が保険給付の対
象外となり、自己負担となった。

その他、認知症高齢者や要介護高齢者が住み慣れた地域での生活をで
きるだけ長く継続できるよう、市町村指定の事業者が、地域に居住する
者に対してサービスを提供する地域密着型サービスが新たに創設され
た。

その他、2005（平成 17）年に高齢者虐待の防止、高齢者の養護者に対
する支援等に関する法律（高齢者虐待防止法*）が成立、翌年施行された。
また、2006（平成 18）年に老人保健法が改正（「高齢者の医療の確保に
関する法律」と改称）、後期高齢者医療制度*が創設され、2008（平成 20）
年実施となった。この制度により、75 歳以上の者は同制度に加入とな
り、増大する医療費の適正化の推進と、制度運営にかかわる費用の世代
間の負担の明確化等が示された。

3 地域包括ケアシステムの構築と今後の課題

2011（平成 23）年には、「介護サービスの基盤強化のための介護保険
法等の一部を改正する法律」により、医療、介護、予防、住まい、生活
支援サービスが連携した、要介護者等への包括的な支援である地域包括
ケアシステムの推進が重点課題として掲げられた。

また、2010 年代は認知症高齢者等に対する施策が大きく前進した時
期でもある。2012（平成 24）年に厚生労働省は「認知症施策推進 5 か
年計画（オレンジプラン）」を策定し、認知症施策に関する具体的数値目
標が示され、さらに内容の改善と数値目標の引き上げが含まれた「認知
症施策推進総合戦略（新オレンジプラン）」が、厚生労働省、内閣官房、
内閣府をはじめとする関係省庁の共同により、2015（平成 27）年に策
定された。その内容は「認知症への理解を深めるための普及・啓発の推
進」「認知症の容態に応じた適時・適切な医療・介護等の提供」「若年性
認知症施策の強化」「認知症の介護者への支援」等を含む七つの柱で構成
された。

一方、2000 年代終わりから、持続可能な社会保障の構築とその安定
財源確保が国の重要な政策課題となっていた。2012（平成 24）年には

★地域包括支援セン
ター
2005（平成 17）年の
介護保険法改正で創設
された相談援助機関。
市町村が設置主体とな
り、保健師・社会福祉
士・主任介護支援専門
員を配置し、住民の保
健医療の向上と福祉の
増進を包括的に支援す
ることを目的としてい
る。

★高齢者虐待防止法
高齢者に対する虐待が
深刻な状況にあること
を背景として、2005
（平成 17）年に制定
された法律。高齢者虐
待防止に向けた国の責
務や虐待を受けた高齢
者に対する保護、養護
者による高齢者虐待の
防止に資する支援のた
めの措置を定め、高齢
者の権利擁護を図るこ
とを目的としている。

★後期高齢者医療制度
2006（平成 18）年の
健康保険法等の改正に
より創設された。75
歳（寝たきり等の一定
の障害がある場合は
65 歳）以上の人が加
入する独立した医療制
度。対象者は個人単位
で保険料を支払う。

第3章 高齢者福祉の歴史と理念

年金、医療、介護、少子化の4分野における改革の基本方針が示された「社会保障制度改革推進法」が成立し、介護保険については介護サービスの効率化・重点化と介護料負担の増大の抑制を図ることが明記された。

その後、2013（平成25）年に「持続可能な社会保障制度の確立を図るための改革の推進に関する法律」（プログラム法）が成立し、同法を具現化するものとして、2014（平成26）年に「地域における医療及び介護の総合的な確保を推進するための関係法律の整備等に関する法律」（医療介護総合確保推進法）が成立した。この法律により介護保険法や医療法など19の法律が一括して改正された。そして、効率的かつ質の高い医療体制の構築と、地域包括ケアシステムの構築により、地域における医療と介護の総合的な確保の推進が図られることとなった。介護保険制度関係では、在宅医療と介護の連携の推進と市町村が実施する地域支援事業の充実化に併せて、介護予防訪問介護と介護予防通所介護を、地域支援事業に移行することが示された。また、従来から入所待ちの待機者が多いことが問題とされていた特別養護老人ホーム（介護老人福祉施設）の入所は中重度者（要介護3以上）に限定された。さらに、低所得者の保険料の軽減を拡充する一方で、一定以上の所得のある者のサービス利用時の自己負担を、従来一律1割であったところを、2割に引き上げるといった、制度の大きな変更が含まれていた。

2017（平成29）年の介護保険法改正では、地域包括ケアシステムの進化・推進と介護保険制度の持続可能性の確保を図ることが示された。新たなサービスとしては、日常的な医学的管理と看取り等の機能と生活施設としての機能を兼ね備えた介護医療院と、高齢者と障害者が同一施設でサービスが受けられる共生型サービスが創設された。一方、制度の持続可能性の確保の目的から、高所得者の負担割合が最大3割に引き上げられた。

厚生労働省の「平成30年度介護保険事業状況報告（年報）」によると、2019（平成31）年3月末時点の要介護（要支援）認定者数は658万人で、2000（平成12）年度の制度開始時の人数256万人より19年間で402万人増加しており（2.6倍）、高齢者の介護にかかわるニーズはいっそう増大している。そのなかで、認知症や一人暮らしを含む要介護高齢者が、できる限り在宅生活を継続できるよう支援する地域包括ケアシステムを団塊の世代が75歳になる2025（令和7）年までに構築すること、人口に占める高齢者の割合が3分の1に迫る、急速な人口構造の変化に対応した持続可能な制度を構築することが喫緊の課題となっている。

表3-2　高齢者福祉の主な流れ（戦後～）

西暦	国の制度等	内容	社会情勢等	時代の特徴
1946（昭和21）年	旧・生活保護法	養老院が救護施設に位置づけられる		
1950（昭和25）年	生活保護法	養老施設に名称変更	高度経済成長（1954～1970年）	
1958（昭和33）年	国民健康保険法	国民皆保険の実現		
1961（昭和36）年	国民年金法	国民皆年金の実現		高齢者福祉制度の確立
1963（昭和38）年	老人福祉法制定 福祉6法体制の確立	養護老人ホーム、特別養護老人ホーム、軽費老人ホーム、老人家庭奉仕員派遣事業、老人クラブ等規定		
1972（昭和47）年	老人福祉法一部改正	老人医療費の無料化（1973年開始）国の補助事業として在宅サービスの創設（日常生活用具給付1969年、ショートステイ1978年、デイサービス1979年）	高齢化社会（高齢化率7%）に到達(1970年) オイルショック（1973年、1979年）	
1982（昭和57）年	老人保健法制定	医療費の一部負担の導入		高齢者保健医療介護の普遍化と在宅主義への転換 サービスの量的整備
1986（昭和61）年	老人保健法改正	老人保健施設の創設		
1989（平成元）年	ゴールドプラン策定	高齢者保健福祉サービスの整備計画を具体的数値目標で提示	バブル崩壊(1991～1993年) 阪神・淡路大震災(1995年) 高齢社会（高齢化率14%）に到達(1995年)	
1990（平成2）年	老人福祉法一部改正	市町村、都道府県の老人保健福祉計画の策定義務化		
1994（平成6）年	新ゴールドプラン策定	ゴールドプランの目標数値の変更		
2000（平成12）年	介護保険法施行（1997年制定）	社会保険方式による介護サービスの提供 措置から契約への転換	アメリカ同時多発テロ（2001年）	社会福祉基礎構造改革の推進
2005（平成17）年	介護保険法改正	予防重視型システムへの転換 地域包括支援センターの創設 地域密着型サービスの創設		予防重視型システムへの転換
	高齢者虐待防止法制定			高齢者介護・医療制度の持続へ向けた取り組み～地域包括ケアシステムの構築
2006（平成18）年	高齢者の医療の確保に関する法律	老人保健法から改正 後期高齢者医療制度（2008年開始）	リーマンショック（2008年）	
2011（平成23）年	介護保険法改正	地域包括ケアシステムの推進	超高齢社会（高齢化率21%）に到達（2010年） 東日本大震災(2011年)	
2012（平成24）年	オレンジプラン策定	認知症施策の推進計画を提示		
2014（平成26）年	介護保険法改正	予防給付の一部を市町村事業に移行 特別養護老人ホームの入所を中重度者に限定 サービス利用時の自己負担割合を一律1割から最大2割に変更（2018年には最大3割に変更）		
2015（平成27）年	新オレンジプラン策定	オレンジプランの内容改善と数値目標の引き上げ		
2017（平成29）年	介護保険法改正	介護医療院、共生型サービスの創設 自己負担を最大3割に引き上げ		

第3章 高齢者福祉の歴史と理念

◇参考文献
・今岡健一郎・星野貞一郎・吉永清『社会福祉発達史』ミネルヴァ書房，1973.
・右田紀久恵・高澤武司・古川孝順編『社会福祉の歴史』有斐閣，1977.
・全国社会福祉協議会老人福祉施設協議会編『老人福祉施設協議会五十年史』全国社会福祉協議会，1984.
・岡本多喜子『老人福祉法の制定』誠信書房，1993.
・冷水豊・浅野仁・宮崎昭夫編『老人福祉 第3版』海声社，1995.
・社会福祉士養成講座編集委員会編『新・社会福祉士養成講座⑬ 高齢者に対する支援と介護保険制度 第6版』中央法規出版，2019.

第3節 高齢者福祉の理念

学習のポイント

● 法律にみられる高齢者福祉の理念を理解する
● 高齢者福祉の理念についての諸概念を理解する
● 高齢者福祉の理念を実現することについて考える

1 高齢者のための国連原則

　1948年の国際連合（国連）総会において採択された世界人権宣言は、高齢者を含むすべての人の社会保障・社会福祉の理念の礎となるものである。さらに、特に高齢者への支援の基礎となる理念として、「高齢者のための国連原則」（国連原則）が示されている。国連は、早くから世界が高齢社会になりつつあることを認識しており、1982年に「世界高齢者問題会議」を開催し、加盟各国に高齢社会への対応策を立案するよう求めた。その後1991年に、各国の高齢者対策の取り組みのなかに盛り込むべき理念として提唱されたのが、この国連原則である。

　国連原則は、「自立（independence）」「参加（participation）」「ケア（care）」「自己実現（self-fulfillment）」「尊厳（dignity）」の五つの原理の下に、18の原則が提唱されている（**表3-3**）。これらの原則は、衣食住の確保といった現実的なレベルでの生活保障から、自己実現の機会の追求といった、より高次な精神的活動のレベルの保障まで、広い範囲にわたって理念が示されている。世界の国々が高齢者への社会保障・社会福祉において、実現すべき理念を示したものとして、現時点における一つの到達点といえよう。

2 我が国の法律にみられる理念

1 老人福祉法の理念

　老人福祉法の理念は、第2条〜第4条に記されている（第5章第2節3・4参照）。第2条において敬老と生活保障、第3条において高齢者自

表3-3 高齢者のための国連原則

自立（independence）

高齢者は、

- 所得、家族とコミュニティーの支援、および、自助を通じ、十分な食糧、水、住まい、衣服および医療へのアクセスを有するべきである。
- 労働の機会、あるいは、その他の所得創出機会へのアクセスを有するべきである。
- 労働力からの撤退をいつ、どのようなペースで行うかの決定に参加できるべきである。
- 適切な教育・訓練プログラムへのアクセスを有するべきである。
- 安全で、個人の嗜好と能力の変化に対応できる環境に住めるべきである。
- できる限り長く自宅に住めるべきである。

参加（participation）

高齢者は、

- 社会への統合状態を持続し、その福祉に直接に影響する政策の形成と実施に積極的に参加し、その知識と技能を若年世代と共有すべきである。
- コミュニティーに奉仕する機会を模索、発掘するとともに、その関心と能力に相応しい立場で、ボランティアの役割を務めることが可能となるべきである。
- 高齢者の運動あるいは団体を形成できるべきである。

介護（care）

高齢者は、

- 各社会の文化価値体系に沿って、家族とコミュニティーのケア、および、保護を享受すべきである。
- 最適レベルの身体的、精神的および感情的福祉の維持あるいは回復を助け、発病を防止あるいは遅延する医療へのアクセスを有するべきである。
- その自立、保護およびケアを向上させる社会・法律サービスへのアクセスを有するべきである。
- 保護、リハビリ、および、人間的かつ安全な環境における社会的・精神的な刺激を提供する施設での適切なレベルのケアを利用できるべきである。
- いかなる居住施設、ケアあるいは治療施設に住む場合でも、その尊厳、信条、ニーズおよびプライバシー、ならびに、その医療および生活の質に関する決定を行う権利の十分な尊重など、人権と基本的な自由を享受できるべきである。

自己実現（self-fulfilment）

高齢者は、

- その潜在能力を十分に開発する機会を追求できるべきである。
- 社会の教育、文化、精神およびレクリエーション資源にアクセスできるべきである。

尊厳（dignity）

高齢者は、

- 尊厳と安全の中で生活し、搾取および身体的あるいは精神的虐待を受けないでいられるべきである。
- 年齢、性別、人種あるいは民族的背景、障害あるいはその他の地位に関わらず、公正な取扱を受け、その経済的貢献に関係なく評価されるべきである。

身による健康維持と社会参加への努力および高齢者への社会参加の機会保障、第4条において国および地方公共団体の高齢者福祉増進の責務および福祉等の事業に携わる事業者の努力が示されている。旧・民法にみられるように、戦前は高齢者への支援を、ほぼすべて私的扶養に任せていた。1963（昭和38）年の制定当時、世界でもあまり例のない高齢者の福祉に特化した法であった老人福祉法により、高齢者の福祉の第一義

的責任が「私」から「公」にあると明確に記されたことは、高く評価すべきである。

　老人福祉法は、高齢者のための単独立法として画期的である反面、1960年代の我が国では、まだ高齢化問題が顕著ではなかったこともあり、現代の視点からみるといくつかの問題を有している。たとえば第2条に示されている「敬老」は、「多年にわたり社会の進展に寄与してきた者として、かつ、豊富な知識と経験を有する者として敬愛される」と表現されており、ある種条件つきの敬老と読み取れないこともない。前述した国連原則の「尊厳」の文章と比較すると、その差異がわかる。また、老人福祉法の理念には、広く高齢者の生活保障を目指すことが示されているのだが、当初は措置制度による救貧的な施設サービスが中心となっていた。

■2 高齢社会対策基本法の理念

　老人福祉法が高齢者のための単独立法であったことから、福祉関連の施策だけでなく、ほかの分野の高齢者向けの施策も老人福祉法を根拠にして行われてきた（医療政策としての「老人医療費支給制度」、住宅政策としての「軽費老人ホーム」など）。しかし、少子高齢化が加速し、さまざまな分野にわたる施策の展開が必要になってきたことから、1995（平成7）年に国としての高齢社会対策の姿勢を示す、高齢社会対策基本法が制定された。また、この法律は、国連が1982年の会議で各加盟国に高齢社会対策への取り組みを示すよう要請したものに、我が国として応えたものでもある。

　高齢社会対策基本法の理念は、第2条に三つの基本理念として記されている（第5章第1節2（p.113）参照）。一つ目の理念は、「社会的活動に参加する機会が確保される公正で活力ある社会」と記され、老人福祉法と同じ社会参加の保障が示されている。二つ目の理念では、「社会を構成する重要な一員として尊重され」という表現になっており、老人福祉法の条件つき敬老とは異なり、国連原則の文章に近いものになっている。またこの項目では、「地域社会が自立と連帯の精神に立脚して形成される社会」という理念が示され、国や地方公共団体からの公助だけではなく、自助や共助の理念が加わっている。三つ目の理念は、「健やかで充実した生活を営むことができる豊かな社会」であり、広く生活保障を目指すことが示されている。なお、国および地方公共団体の責務、高齢者側の努力は、第3条〜第5条に老人福祉法と同様に記されている。

　高齢社会対策基本法では、この三つの理念のもとに、四つの分野（「就業及び所得」「健康及び福祉」「学習及び社会参加」「生活環境」）において、それぞれ別の法令を制定して、基本的施策を展開していくこととなっている。基本法の理念が、目指すべき高齢社会のあり方を示す、どちらかといえば抽象度の高いものであるのは、それら分野別の法令において、より具体的な施策を展開する理念が示されているからである。

3 介護保険法の理念

　現在の我が国の高齢者の福祉に関する法律は、施策・制度の適用範囲からみても、1997（平成9）年に制定された介護保険法が中心となっており、老人福祉法は補完的な役割を果たしている。さらに、介護保険法は、高齢社会対策基本法に示された「健康及び福祉」分野の施策を展開する法律として位置づけられている。介護保険法には、理念と題した条文はないが、第1条の目的において、「これらの者が尊厳を保持し、その有する能力に応じ自立した日常生活を営むことができるよう、（中略）国民の共同連帯の理念に基づき」と記されている。「個人の尊厳の保持」「自立支援」「共同連帯」が、介護保険法で示されている基本理念である。

　1997（平成9）年の制定当初は、「個人の尊厳の保持」は条文には入っていなかったが、2005（平成17）年の改正において、第1条に追加された。国連原則にもみられるように、個人の尊厳保持は非常に重要な理念であることから、追加されたことは大変意義深い。さらに、法改正に先立つ行政の研究会の報告書には、個人の尊厳保持は自立支援と並行して追加されるものではなく、むしろ自立支援を目指す根底には尊厳の保持があると記されている[1]。つまり、介護保険法による施策の展開の第一義的な理念は、「個人の尊厳の保持」にあるといってよい。

3 高齢者福祉の理念となる諸概念

1 個人の尊厳の保持

　高齢者の国連原則、高齢社会対策基本法、介護保険法において基本理念として記されていることからわかるように、特に高齢者への支援を考えるうえでは、最重要の理念である。その源流は、世界人権宣言および日本国憲法に示されている基本的人権の尊重であるのはいうまでもない。人生の最終段階を生きていく高齢者の支援を考える際には、いつで

も、どこでも、どのような状況になっても、個人として尊重され、自分らしく生きていくことが保障されることを第一義的に考えるべきである。

2 自立支援・自律支援

自立支援は、介護保険法の理念であるとともに、介護保険法で導入されたケアマネジメント（居宅介護支援）の目的とされている。可能な限り「自分の力」で生きていけるように支援するという考え方は、介護予防やフレイル予防の観点からも、有意義かつ重要である。しかしながら、介護保険の自立支援での「自分の力」が、ADL や IADL といった身体的能力のことだけを指すことになっており、自立支援を矮小化しているという指摘もある。本来の自立支援は、身体的能力だけでなく、精神的自立、社会的自立、自己決定能力などを含んだ広い自立を指す概念である。特に、主として身体的能力の自立を意味する「independence」と対比して示される「autonomy（自律）」の概念は、身体的能力の維持・向上に限りがある高齢者の支援では重要な概念である。高齢者にとっての自律支援とは、「可能な限り、自分のことおよび自分の周りで起こることは、自分で責任をもって決めていくことへの支援」という意味である。

3 クオリティ・オブ・ライフ（QOL）

一般的に「生活の質」と和訳される 'quality of life' は、近年さまざまな分野で使われており、その定義や内容も定まっていない。高齢者の支援においては、余命を1年でも延ばすことが最良の支援でよいのだろうか、という疑問への答えとして議論されてきた。高齢者にとっては、残された人生を、より豊かに生きることが重要ではないか、つまり寿命（量）の延伸から、豊かさ（質）の向上に目標を変えるべきだという考え方である。QOL に支援の目標を変えることによって、たとえ重度の認知症や寝たきりに近い状態の高齢者でも、残された人生を豊かにする目的でさまざまな支援が可能になる。そのような意味においては、生活の質という訳語よりも、今一つ使われている「生命の質」の訳語のほうが、高齢者支援の理念としては適切かもしれない。

4 ノーマライゼーション

福祉分野にとどまらず、幅広い分野で支援の原則として取り上げられているノーマライゼーションは、高齢者の支援においても重要な理念と

なる。ニィリエ（Nirje, B.）が示した以下の八つの原理は、高齢者を支援する際の目標としても目指すべきものである。[3]

❶ 普通と同じように 1 日のリズムがあること

❷ 普通と同じように 1 週間のリズムがあること

❸ 普通と同じように 1 年間のリズムがあること

❹ ライフサイクルにおける普通と同じ発達経験があること

❺ 普通と同じように個人が尊重され、自己決定できること

❻ 普通と同じように異性がいる生活ができること

❼ 普通と同じような経済的安定が保障されること

❽ 普通と同じような住居・環境が用意されること

Active Learning

老人ホームなどの長期入所施設におけるノーマライゼーションの実現には、どのような工夫があるか考えてみましょう。

5 エンパワメント

　ソーシャルワークの基本理念でもあるエンパワメントは、社会的に無力な状態に置かれている者・集団をその状態から解放することを目指すことであり、高齢者支援の理念としても有用である。コックス（Cox, E. O.）とパーソンズ（Parsons, R. J.）は、エンパワメントを志向した高齢者支援を、四つの次元に分けて整理している。一つ目の次元は個人が力をもてるように介入することで、二つ目の次元は個人が属するグループや集団が力をもてるように介入することである。さらに三つ目の次元は無力な状態の原因となっている組織や環境へ介入し変革を目指すもので、四つ目の次元は無力な状態に置こうとしている社会へ介入し変革を目指すものである。[4] このようにエンパワメントは、ミクロレベルからメゾ・マクロレベルまでの広範囲の支援活動における指針となる理念である。

◇引用文献

1）老人保健福祉法制研究会『高齢者の尊厳を支える介護』法研，p. 45, 2003.

2）白澤政和『ケアマネジメントの本質——生活支援のあり方と実践方法』中央法規出版，p. 116, 2018.

3）ベンクト・ニィリエ，河東田博・橋本由紀子ほか訳編『ノーマライゼーションの原理 新訂版』現代書館，2004.

4）E. O. コックス・R. J. パーソンズ，小松源助監訳『高齢者エンパワーメントの基礎』相川書房，p. 58, 1997.

● おすすめ

・直井道子・中野いく子・和気純子編『高齢者福祉の世界 補訂版』有斐閣，2014.

第4章

介護保険制度

　我々が高齢者の支援を考えるとき、活用できる社会資源の知識が重要であり、介護保険制度の仕組みと活用法を知ることは欠かせない。本章では、制度の仕組み、要介護認定の手順を知り、実際の支援で要となる地域包括支援センターの業務を学ぶ。支援が必要な高齢者の状況によって、どのようなサービスを活用できるかを知るために介護保険サービスの体系を学ぶ。

　2000（平成12）年の介護保険制度スタートから20年を経て、サービスの供給量は向上したものの、介護のために仕事を辞める介護離職や一部施設での身体拘束など、サービスの質での課題もある。制度を知り、活用することによって利用者の権利を擁護できるソーシャルワーカーを目指す。

介護保険制度の概要

学習のポイント
● 介護保険制度の枠組み・制度の仕組みについて学ぶ
● 介護保険制度における保険者、被保険者、保険給付と利用できるサービス、利用手続き、費用負担などを理解する

　2000（平成 12）年 4 月の介護保険制度創設は、戦後の社会保障の歴史に大きな変革をもたらした。

　それまでの税を財源とした措置制度の高齢者福祉は、施設や在宅のサービス量不足のため、多くの人が老人病院での長期入院や無理な家族介護を強いられる状況であった。

　そのようななか、介護保険制度は、社会全体で介護を支える仕組みとして、「介護の社会化*」を目指して誕生した。

1 介護保険制度の枠組み

1 民間保険と社会保険

　保険には、大別して民間保険と社会保険がある。民間保険は、生命保険など民間保険会社が行うもので、加入や加入期間は任意で、給付は保険料に比例している。それに対して、社会保険は、保険者も被保険者も法律によって定められ、加入は任意ではない。保険料は、国民年金保険を除いて原則所得比例であるが、給付は保険料の額に関係なく、内容や基準額が法律により定められている。介護保険は、医療保険、年金保険、雇用保険、労働者災害補償保険に次ぐ、日本で 5 番目の社会保険である。

2 介護保険の仕組み

　保険制度は、制度を運営する保険者、制度に加入する被保険者、保険事故*、つまり保険を給付する条件、保険料などによる財源、制度の運営ルールがあって成り立つ。介護保険制度の基本的な枠組みは以下のとおりである。

★介護の社会化
家族が担ってきた介護を施設や在宅サービスの利用を通じて、外部の介護サービス提供主体に委ねること。介護不安を解消して、安心して生活できる社会をつくり、介護者の負担軽減を図る。

★保険事故
社会保険制度の適用を受けた者、被保険者は、その生活において、法律等で規定された疾病等一定の事由（生活事故）に遭遇した場合、保険給付を受ける権利を有する。これらの給付を受ける権利を発生させる生活上の事故・事由が一般に保険事故と呼ばれている。

❶保険者

　介護保険制度を運営する保険者は、市町村（以下、特別区を含む）である。

❷被保険者

　65歳以上の者が**第1号被保険者**となり、40歳以上65歳未満の医療保険加入者が**第2号被保険者**となる。

❸保険給付の事由

　介護保険で保険が給付されるための事由は、要支援状態または要介護状態になることである。要介護状態などの認定は、保険者が実施する。第2号被保険者については、その原因が加齢に伴って生じる心身の変化に起因する特定の疾病に起因したものに限られている（**表4-2**参照）。

❹保険給付

　要支援者は、予防給付が利用できる。要介護者は、介護給付が利用できる。介護サービスの利用にあたっては、**介護支援専門員**が、心身の状態や要望を踏まえ、必要な援助を行うことが原則である。

　介護支援専門員は、介護保険制度に伴い誕生した専門職である。

❺保険財源

　保険財源は、第1号被保険者と第2号被保険者の保険料と、国・都道府県・市町村の公費を各50％ずつとして賄われている。

❻サービスの申請から利用まで

　被保険者が介護サービスを利用したいときは、市町村に要介護認定を申請する。市町村は、要介護認定調査を行い、主治医意見書を取り寄せ、**介護認定審査会**の審査判定を経て結果を通知する。

　要支援や要介護に認定された人は、介護支援専門員と相談して、ケアプランを作成し、サービス事業者に利用申し込みをし、契約を交わしてサービスを使うことが原則である。

2　介護保険財政

1　介護保険の財源

　介護保険の財源は、保険料が50％、税（公費）が50％になっている。税金の内訳は、居宅給付費では市町村が12.5％、都道府県が12.5％、国が25％となっている。国が負担する25％のうち5％は、「調整交付金」であり、その地域に住む第1号被保険者の所得や後期高齢者の割合など

★調整交付金
介護保険や国民健康保険などにおいて、給付費の一定割合を国が交付することで、市町村間の財政力の格差を調整することを目的として行われる交付金。

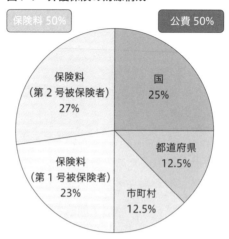

図4-1 介護保険の財源構成

保険料 50%　　　　　　　公費 50%

保険料
（第 2 号被保険者）
27%

国
25%

都道府県
12.5%

保険料
（第 1 号被保険者）
23%

市町村
12.5%

注：介護保険施設・特定施設の給付費については、国が
　　20％、都道府県が17.5％。

を勘案して定めるため、地域によって異なる。

　財源の 50％を占める保険料のうち、2020（令和 2）年度は、第 1 号被保険者が 23％、第 2 号被保険者が 27％を負担している。保険料を負担する割合は、3 年ごとに策定される介護保険事業計画における人口比率によって決まる。

　第 1 号被保険者の保険料は、本人が住んでいる市町村の保険給付などの総事業費に比例するため、地域によって変わる。一方、第 2 号被保険者の保険料は、国全体で調整することとなっている。

　しかし、第 1 号被保険者の保険料は、保険者が徴収するため、予定どおり徴収できなかったり、未支払の発生、あるいはより事業費が増加した場合には、事業費に不足が生じ、介護保険の運営に支障が生じる。これを解決するために、都道府県に財政安定化基金が設けられている。

2 財政安定化基金

　介護保険は、保険料と一般会計（税金）からの拠出金等による「特別会計」で運営されている。事業年度の予算措置を超えて給付が必要になったときには、財政を補填する必要がある。

　そこで、財政を安定的に確保する仕組みとして、財政安定化基金が都道府県に設けられている。財政安定化基金の財源は、国、都道府県、第 1 号被保険者保険料から 3 分の 1 ずつ拠出し、一定の事由により介護保険財政に不足が生じた場合に資金の交付または貸付を行う。

　第 1 号被保険者の保険料に未納が生じて給付費が不足する場合は、財

★特別会計
国や地方自治体の会計のなかで、一般会計とは別に設けられる会計のことで、特定の事業や資金を運用する場合に設置される。受益・負担関係や事業ごとの収支が明確になる、弾力的・効率的な運営ができる。

表4-1 保険給付・地域支援事業の費用負担構造

		国（調整交付金含む）	都道府県	市町村（一般会計）	第1号保険料	第2号保険料
給付費	居宅給付費	25.0%	12.5%	12.5%	23.0%	27.0%
	施設等給付費	20.0%	17.5%	12.5%	23.0%	27.0%
地域支援事業	介護予防・日常生活支援総合事業	25.0%	12.5%	12.5%	23.0%	27.0%
	包括的支援事業（第1号介護予防支援事業を除く）任意事業	38.5%	19.25%	19.25%	23.0%	—

注：負担比率は、2020（令和2）年度の現況による。

図4-2 財政安定化基金

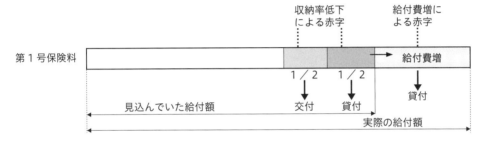

政安定化基金から、その2分の1は貸付、2分の1は交付されて赤字が補てんされる。

　給付費が増加したために財源不足となった場合には、財政安定化基金から貸付を受けることができる。

3 保険者と被保険者

1 保険者とは

　介護保険制度を運営する組織を保険者という。保険者は、市町村および特別区である。小規模な市町村では、事務の効率化や経営の安定化のため、広域連合や一部事務組合などの特別地方公共団体である広域自治体が代わりに保険者となることができる。保険者は、被保険者を把握するとともに、被保険者から介護保険料を徴収し、国、都道府県からの負担金等を財源として、介護保険特別会計にて収入と支出を管理する。

　保険者は、3年を1期とする市町村介護保険事業計画を策定し、介護サービスなどの総事業費を算出し、それをもとに第1号被保険者の保険

料を決める必要がある。

2 被保険者

　介護保険の被保険者は、第1号被保険者（市町村の区域内に住所を有する65歳以上の者）と第2号被保険者（市町村の区域内に住所を有する40歳以上65歳未満の医療保険加入者）の2種類に分けられている（介護保険法第9条）。

　65歳以上の第1号被保険者には、65歳になる誕生日の前日が属する月に介護保険の被保険者証が交付される。被保険者証は被保険者であることの証明であり、介護サービス利用等に必要なものである。

　第2号被保険者では、要介護認定または要支援認定を受けた者に交付される。なお、第2号被保険者は、医療保険の加入者であることが条件

図4-3　介護保険被保険者証

（表面）

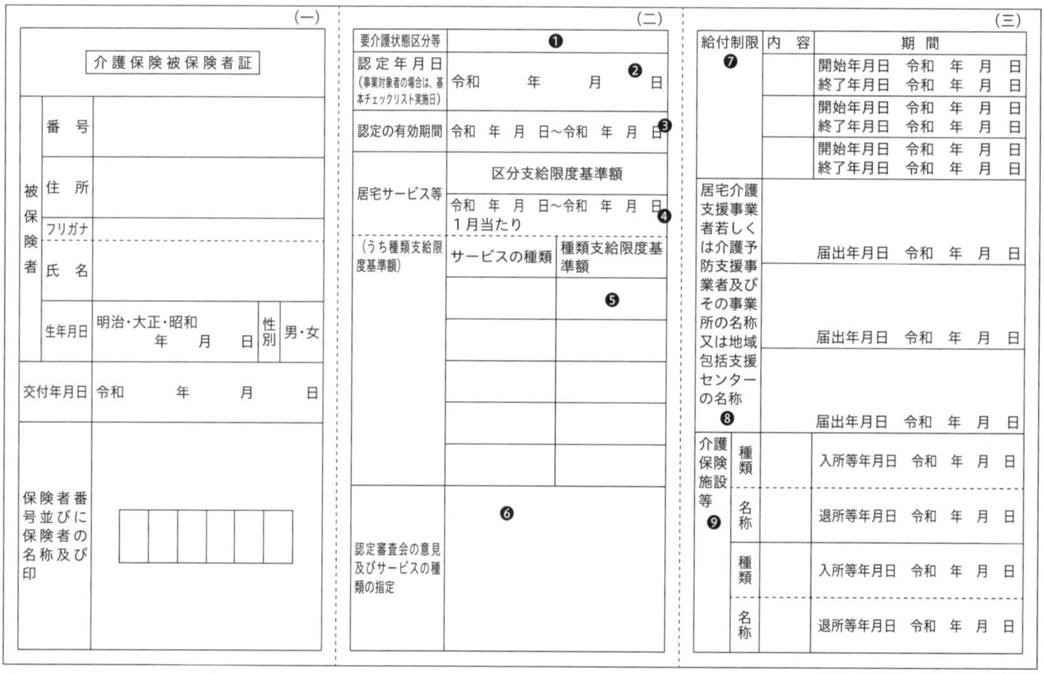

❶認定された要介護状態区分
❷保険者が認定した年月日
❸認定の有効期間
❹居宅サービスの1か月に利用できる単位数
❺個別のサービスの単位数
❻利用できるサービスの指定が記載されている場合はそれ以外の給付は受けられない
❼保険料の滞納などによる給付の制限
❽介護サービス計画の作成を依頼する居宅介護支援事業者名など
❾利用する介護保険施設等の名称や入退所年月日

表4-2　介護保険法で定める特定疾病

❶ がん（医師が一般に認められている医学的知見に基づき回復の見込みがない状態に至ったと判断したものに限る）
❷ 関節リウマチ
❸ 筋萎縮性側索硬化症
❹ 後縦靱帯骨化症
❺ 骨折を伴う骨粗鬆症
❻ 初老期における認知症
❼ 進行性核上性麻痺、大脳皮質基底核変性症およびパーキンソン病
❽ 脊髄小脳変性症
❾ 脊柱管狭窄症
❿ 早老症
⓫ 多系統萎縮症
⓬ 糖尿病性神経障害、糖尿病性腎症および糖尿病性網膜症
⓭ 脳血管疾患
⓮ 閉塞性動脈硬化症
⓯ 慢性閉塞性肺疾患
⓰ 両側の膝関節または股関節に著しい変形を伴う変形性関節症

なので、生活保護を受けていて医療保険に加入していない者は、第2号被保険者にはならない。なお、生活保護受給者には、介護扶助があり、介護サービスを利用することができる。

また、日本国籍をもたないが、長期にわたり日本に居住する在日外国人（**特別永住者**）や3か月を超えて日本に在留する外国人（**中長期在留人**）も被保険者となる。

第1号被保険者は要介護認定または要支援認定を受ければ、原因のいかんを問わず保険給付が受けられるのに対し、第2号被保険者は初老期における認知症など加齢に伴って生ずる特定疾病を原因として要介護状態や要支援状態になった場合に限り保険給付の対象となる。特定疾病には、16種類が指定されている（介護保険法施行令第2条）（**表 4-2**）。

3 住所地特例

自宅の住所がある市町村とは異なる市町村の介護保険施設などに入所して、施設所在地に住所を移した者は、施設に移る前の市町村を保険者とする。これを、住所地特例という。

介護保険施設などがある市町村に入所者が集中し、その市町村の保険給付が急増することを防止するために設けられたものである。

★**介護扶助**
介護保険法の施行に伴い新設された生活保護の扶助の一つ。困窮のため最低限度の生活を維持することのできない要介護者、要支援者に対して、介護保険と同様のサービスを提供する。

第**4**章
介護保険制度

4 保険料

　介護保険は、給付と負担の関係が明確で、国民の理解を得られやすい仕組みである社会保険方式を採用している。

　社会保険であるため、強制的に保険料が徴収され、支払の拒否はできない。保険料の徴収方法は、第1号被保険者と第2号被保険者でそれぞれ異なる。

1 第1号被保険者の保険料

　第1号被保険者の保険料は、3年ごとに各市町村が、定める基準額に、所得段階に応じた割合を乗じて決定され、その額は市町村によって異なる。

❶保険料の納め方

　介護保険料の納め方には、年金から自動的に徴収される「特別徴収」と金融機関等を通じて自分で支払う「普通徴収」がある。特別徴収は、老齢年金、遺族年金または障害年金を年額18万円以上受給している者が対象で、年金の定期支払（年6回）の際に保険料が差し引かれる。普通徴収の支払時期や回数は市町村によって異なる。

❷保険料未納の場合の制約

　保険料の未納が続く場合には、未納期間に応じて給付が一時差し止めになったり、利用者負担が3割または4割になったりする措置がとられる。

　1年間滞納した場合には、サービスを利用したとき、いったん利用料の全額を自己負担しなければならなくなる。保険給付分は後で払い戻される（償還払い）。

　1年6か月滞納した場合には、市町村から払い戻されるはずの給付費の一部または全部を一時的に差し止めるなどの措置がとられる。なお、滞納が続く場合には、差し止められた額から滞納分の保険料が差し引かれる場合もある。

　2年以上滞納した場合には、介護保険料の未納期間に応じて、利用者負担が3割または4割となる、高額介護サービス費が受け取れなくなるなどの措置がとられる。

<aside>

★**特別徴収**
介護保険の第1号被保険者の保険料の徴収方法には、特別徴収と普通徴収の二つの方法がある。特別徴収とは、被保険者が年額18万円以上の老齢年金等を受給している場合に、年金保険者が年金を支払う際に源泉徴収し、それを市町村に納付する方法をいう。市町村の事務負担を軽減し、効率的で確実な保険料徴収ができるという利点がある。

★**普通徴収**
普通徴収とは市町村が被保険者に納入の通知をし、直接保険料を徴収する方法をいう。

Active Learning
あなたの住んでいるまちの介護保険料を調べ、近隣の市町村の介護保険料と比べてみましょう。

</aside>

2 第2号被保険者の保険料

　第2号被保険者の保険料は、加入している医療保険の算定方法により決まる。

　国民健康保険に加入している者は、世帯に属している第2号被保険者の所得や世帯の第2号被保険者の人数などによって決まる。

　健康保険組合など職場の医療保険に加入している者は、加入している医療保険の算定方式により介護保険料率が定められ、保険料が決まり、給与から差し引かれる。原則として事業主が半分を負担する。

5 要介護認定の仕組みとプロセス

1 要介護認定の申請から認定までの流れ

❶申請について

　申請は、申請者が住んでいる市町村に、被保険者証をつけて申請する。申請は本人に代わって、❶家族、❷成年後見人、❸地域包括支援センター、❹居宅介護支援事業者、介護保険施設、❺社会保険労務士、民生委員等が行える。

図4-4　要介護認定の流れ

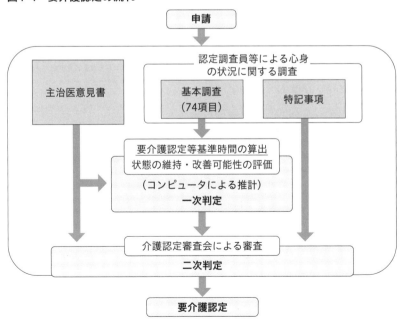

申請には、申請書、被保険者証が必要となる（申請時までに被保険者証の交付を受けていない第2号被保険者は健康保険の保険証が必要）。

申請には、新規申請、区分変更申請（心身の状況が変化した場合）、有効期間を更新する更新申請がある。

認定の有効期間は、新規、変更は6か月（必要と認められる場合は、3～12か月）、更新は12か月（必要と認められる場合は3～36か月）である。

❷認定調査

申請を受けた市町村は、市町村職員（認定調査員）による訪問調査を実施する。

認定調査員は、被保険者宅を訪問し、被保険者の心身の状況を調査する。訪問調査は、新規申請の場合は、市町村職員が行うことが原則であるが、指定市町村事務受託法人に委託することもできる。この指定市町村事務受託法人は、事業者への照会事務や各種の調査を行わせるために都道府県が指定する法人である。

また、更新や区分変更の場合には、市町村は、市町村事務受託法人や指定居宅介護支援事業者、地域密着型介護老人福祉施設、介護保険施設、地域包括支援センター、介護支援専門員に認定調査を委託することができる。

なお、公平公正の観点から、3～4回に1回は、市町村職員が認定調査を行うこととなっている。

同じ観点から、入所・入院している者の認定調査を、当該施設の介護支援専門員や申請者の居宅介護支援計画を作成する介護支援専門員に委託することは、望ましくない。

また、申請した高齢者が遠隔地に住んでいる場合は、その住所地の市町村に調査を依頼することができる。

認定調査で行われる項目は74項目あり、ADLやIADLあるいは認知症の状態についてチェックされる。調査内容は、身体機能・起居動作、生活機能、認知機能、精神・行動障害、社会生活への適応と「過去14日間に受けた特別な医療」で、構成されている。

認定調査の結果は要介護認定の最も基本的な資料であることから、認定調査は全国一律の方法によって、公平公正で客観的かつ正確に行われる必要がある。さらに、認定調査員は、調査対象者の介護の手間を適切に評価し、必要に応じて、特記事項として調査対象者の介護の手間を理解するうえで必要な情報をわかりやすく記載する必要がある。

❸主治医意見書

　申請を受けた市町村は、認定調査と並行して、主治医に対して「主治医意見書」を依頼し入手する。主治医意見書は、被保険者の身体上または精神上の障害（生活機能低下）の原因である疾病または負傷の状況等について記入される書面であり、一次判定および介護認定審査会における審査判定に用いられる資料の一部として位置づけられている。

　主治医意見書は、介護認定審査会における特定疾病に該当するか否かの確認、介護の手間の検討、認定調査結果の確認・修正に活用される。

　また、要介護認定の後、介護支援専門員が認定調査票とともに情報提供を受け、ケアプラン等の作成に活用する。

❹一次判定

　調査をもとにコンピュータが要介護認定等基準時間の推計値を算出し、要支援1、要支援2、要介護1、要介護2、要介護3、要介護4、要介護5の七つに分類される。

　この要介護認定等基準時間とは、介護の必要性を量るコンピュータソフトのなかの「ものさし」であり、実際に必要な介護時間とは関係ない。

　この基準時間を一部紹介すると、要支援1は25分以上32分未満、要介護1は32分以上50分未満、要介護2は50分以上70分未満になる。

❺介護認定審査会（二次判定）

　市町村は、一次判定結果、認定調査票の特記事項および主治医意見書を介護認定審査会に示し、審査判定を依頼する。

　介護認定審査会は、保健、医療、福祉の学識経験者3〜5名で構成され、要介護（要支援）状態区分について審査判定する機関である。設置は市町村であるが、都道府県への業務委託や市町村による一部事務組合などとの共同設置も可能である。

　介護認定審査会は、一次判定結果をもとに、認定調査票の特記事項および主治医意見書に基づき、要介護状態または要支援状態に該当するかどうか、該当するときは要支援1から要介護5のどのレベルに該当するか審査判定する。

　このとき、一次判定よりも要介護状態区分を重くする、もしくは軽くすることもある。また、2006（平成18）年4月から要支援2と要介護1の振り分けは二次判定においてされていたが、2009（平成21）年4月から一次判定において認知症高齢者の日常生活自立度Ⅱ以上の蓋然性、状態の安定性を推計し、振り分けられるようになった。

　介護認定審査会では、要介護認定区分の決定後、特に必要と考えられ

第4章

介護保険制度

表4-3　認定有効期間

申請区分等		原則の認定有効期間	設定可能な認定有効期間の範囲
新規申請		6か月	3〜12か月
区分変更申請		6か月	3〜12か月
更新申請	前回要支援→今回要支援	12か月	3〜36か月
	前回要支援→今回要介護	12か月	3〜36か月
	前回要介護→今回要支援	12か月	3〜36か月
	前回要介護→今回要介護	12か月	3〜36か月

る場合には、以下の2点に関する意見を介護認定審査会の意見として付すことができる。

❶　要介護状態の軽減または悪化の防止のために必要な療養についての意見

　被保険者の状態と要介護状態区分に即した意見を付すことにより、要介護状態区分の認定だけでは対応できない被保険者個々人に固有の状況に対応できる。

❷　認定の有効期間を原則より短くあるいは長くする

　要介護認定の有効期間は、原則として**表4-3**のように定められているが、介護認定審査会では、すべてのケースで適切な有効期間を検討する。

　要介護状態区分の長期にわたる固定は時として被保険者の利益を損なう場合があり、保険財政、利用者負担等の観点から適切な有効期間を設定する。

❻介護認定審査会における審査の簡素化

　2018（平成30）年4月1日以降、第1号被保険者の要介護更新申請または要支援更新申請であって、一次判定（修正・確認後）における要介護度が、前回認定結果の要介護度と同一であるなどの要件を満たすケースでは介護認定審査会の簡素化が可能となっている。簡素化の具体的な方式は、保険者が決定する。

❼保険者による要介護（要支援）認定と認定結果の通知

　市町村は、介護認定審査会の審査判定の結果に基づき、要介護（要支援）認定を行い、申請者に通知する。

　認定結果の通知は、原則として申請から30日以内に行う。認定は、申請日にさかのぼって有効である。

❽介護保険審査会への審査請求

要介護（要支援）認定の結果や、介護保険料などの処分（決定）に不服がある場合は、その処分の取消しを求めて、都道府県に設置されている介護保険審査会に審査請求することができる（介護保険法第183条）。

介護保険審査会は、処分（決定）に違法または不当な点がないかを審査し、違法や不当があると認めたときは、処分の全部または一部を取り消し、市町村があらためて処分をやり直すことになる。したがって、審査請求のなかで、介護保険審査会が独自に認定をやり直すものではない。審査請求は、処分があったことを知った日の翌日から起算して3か月以内に行わなければならない。また、この処分の取消しについての訴えは、審査請求に対する裁定を経た後でなければ提起できない（介護保険法第196条）。

要介護認定だけではなく、一般に行政庁が行った決定に不服がある場合の異議申立てなどは、行政不服審査法によって定められている。

また、行政庁の処分（決定）について、審査請求できる場合でも、いきなり取消訴訟を起こせることに原則なっている（行政事件訴訟法第8条）が、介護保険法のように個別の法律で審査請求に対する採決を経た後でなければ、取消しの訴えを起こせないと定めていることを審査請求前置主義（不服申立前置主義）という。

6 保険給付

■1 介護給付・予防給付と支給限度額

介護保険法は保険給付の種類を、介護給付、予防給付、市町村特別給付に分けている（第18条）。

❶介護給付と予防給付

要介護1以上の認定を受けた被保険者は、介護給付を受けられる。そのサービスの種類と内容は第3節で述べる。要支援1、要支援2の認定を受けた被保険者は、予防給付を利用する。要支援者には歩ける人も多く、入所施設など重度の要介護者に向けたサービスは使う必要がないため、サービスの種類はやや少ない。

❷支給限度額

介護保険制度が、以前の公費（税）による福祉と違う大きな特徴は、支給限度額の範囲内であれば、利用者がケアマネジャーと相談のうえ、

表4-4 要支援および要介護状態区分
ごとの支給限度基準額

	区分	限度額（単位数）
予防給付	要支援1	5,032
	要支援2	10,531
介護給付	要介護1	16,765
	要介護2	19,705
	要介護3	27,048
	要介護4	30,938
	要介護5	36,217

注：2019（令和元）年10月現在。

自由にサービスを選び、自分に必要なサービスを組み立てることができる点にある。**表4-4**のように要支援と要介護の状態区分ごとに、支給限度額が月額で定められている。なお、支給限度額を超えて介護サービスを使った分は自己負担になる。

❸市町村特別給付

　市町村（保険者）は、独自に支給限度額を上乗せしたり（上乗せサービス*）、介護保険法にはない移送サービスなど独自サービスを付け加える（横出しサービス*）ことができる。しかし、その財源は第1号保険料だけで賄うことが条件なので、保険料の値上がりを抑えたい市町村は**市町村特別給付**をほとんど行っていない。移送サービス、配食サービス、緊急通報システムなど介護保険にはないが必要なサービスは、公費（税）を財源とした市町村の単独事業として行われることが多い。子どもなど他の福祉サービスは公費で賄われるのに、高齢者にだけ保険料で賄うよう求めるのは公平でなく、高齢者にも市町村単独事業があるのは妥当といえる。

2 指定サービスと特例サービス

　介護保険法では介護給付の種類に特例居宅介護サービス費、特例施設介護サービス費等の特例介護サービス費がある（第42条等）。予防給付にも同様の規定があり、市町村は、次の三つの**特例サービス**を受けた場合に必要と認めれば、特例介護サービス費を支給できる。

❶　要介護認定の効力が生じた日（申請日）より前に、緊急その他やむを得ない理由により介護サービスを受けた場合。

❷　人員、設備及び運営に関する基準のすべてを満たしてはいないが、一定の基準を満たしている事業者のサービス（基準該当サービス）を

★上乗せサービス
たとえば要介護5の独居高齢者が支給限度額の超過分を多額の自費で賄っていることに関して、市町村は市町村特別給付を条例で定め、区分支給限度額の上限の単位数に上乗せできる。なお、市町村が単独事業で住宅改修費を上乗せするのは市町村特別給付の上乗せではない。

★横出しサービス
要介護高齢者が地域で暮らし続けるには、移動支援など多様なサービスが必要だが、介護保険法の保険給付には限りがある。市町村は布団乾燥事業や紙おむつ支給など必要と判断したサービスを市町村特別給付にできる。介護保険のサービスの幅を独自に広げるので、これを横出しサービスという。

受けた場合。

❸　指定サービスや基準該当サービスの確保が著しく困難な離島や中山間地などで、指定サービスおよび基準該当サービス以外のサービスまたはこれに相当するサービス（相当サービスと呼ぶ）を受けた場合。

介護保険法での指定を受けるために必要な人員、設備及び運営に関する基準を満たし、都道府県知事または市町村長の指定を受けた事業者が提供するサービス（❷❸でない）を指定サービスと呼ぶ。

3　介護報酬

介護報酬とは、介護サービスを提供した事業者・施設に支払われる対価であり、サービスの種類ごとに国が定め、3年ごとに見直し（改定）されている。事業者は、月ごとにサービスを提供した利用者から1割（一定以上の所得がある第1号被保険者は2割または3割負担）の自己負担分を受け取り、9割（または8割または7割）を保険者（市町村）の代わりに審査支払を代行する国民健康保険団体連合会（国保連）に請求する。被保険者が自己負担分だけを支払い、残りを事業者が請求する方式を代理受領と呼ぶ。法制度上は被保険者に支払われる保険給付費を、事業者が代わりに受け取るので代理という。訪問介護での介護報酬の例を表4-5に示す。都市部は物価と人件費がほかの地域に比べて高いのを補うために、全国を1級地からその他まで八つに分けて、1単位10円に乗じる割合がサービス種類ごとに決まっている。訪問介護での例を表4-6に示す。

介護報酬には基本の単位数のほかに加算と減算があり、サービスを望ましい方向に向ける役割をもつ。たとえば、ケアマネジャーが働く居宅介護支援事業者には個人開業の独立型は少なく、訪問介護や通所介護などと併設されることが多い。ケアマネジャーの独立性を促すために居宅介護支援の介護報酬には「特定事業所集中減算」があり、自社のサービスだけを売り込むのを防ぐ働きがある。一方、主任介護支援専門員を2名以上配置、常勤で専従のケアマネジャーが3人以上など質の高さにつながる複数の条件を満たす居宅介護支援事業者には「特定事業所加算」がある。

Active Learning

介護報酬の加算減算にはどのようなものがあるか、介護老人福祉施設か居宅介護支援で調べてみましょう。ここからどのようなサービスが求められているかを考えましょう。

★加算
介護報酬の加算とは、通常の仕事の報酬に加え、望ましいまたは通常業務を超えた仕事をしたことを評価して単位をプラスすることをいう。居宅介護支援では、家で終末期を迎える悪性腫瘍の患者に、ケアマネジャーが24時間連絡できるなどの条件を満たすとターミナルケアマネジメント加算を算定できる。

★減算
介護報酬の減算とは、守るべき運営基準に反したり、望ましくない仕事に対して負の評価として単位を減らすことをいう。たとえば集合住宅に入居した利用者に、ケアマネジャーが自社の訪問介護しか紹介せず、公正中立を定めた運営基準に反した場合、居宅介護支援費は50％減算になる。

i　被保険者が使った介護サービスの費用全額を支払い、事業者の領収書を付けて9割（または8割または7割）を保険者に請求し受け取る方式は償還払いと呼ぶ。

表4-5　訪問介護の単位数

イ	身体介護が中心である場合	
(1)	所要時間20分未満の場合	166単位
(2)	所要時間20分以上30分未満の場合	249単位
(3)	所要時間30分以上1時間未満の場合	395単位
(4)	所要時間1時間以上の場合	577単位に所要時間1時間から計算して所要時間30分を増すごとに83単位を加算した単位数
ロ	生活援助が中心である場合	
(1)	所要時間20分以上45分未満の場合	182単位
(2)	所要時間45分以上の場合	224単位
ハ	通院等のための乗車または降車の介助が中心である場合	
		98単位

注1：訪問介護の介護報酬は、要介護度別ではない。
　2：上記のほか、初回加算、生活機能向上連携加算などの加算制度がある。
　3：2019（令和元）年度現在。

表4-6　介護報酬1単位の単価に乗じる割合（訪問介護の例）

地域区分（3級地からの地名は例）	乗じる割合
1級地（東京都特別区）	1000分の1140
2級地（東京都町田市、狛江市、多摩市/神奈川県横浜市、川崎市/大阪市）	1000分の1112
3級地（東京都八王子市ほか/千葉市/神奈川県鎌倉市/埼玉県さいたま市/愛知県名古屋市/大阪府守口市ほか/兵庫県西宮市ほか）	1000分の1105
4級地（東京都立川市ほか/千葉県船橋市ほか/神奈川県藤沢市ほか/埼玉県朝霞市/茨城県牛久市/大阪府豊中市ほか/兵庫県神戸市）	1000分の1084
5級地（東京都東久留米市ほか/千葉県市川市ほか/神奈川県横須賀市ほか/埼玉県志木市ほか/京都市/大阪府堺市ほか/ほか）	1000分の1070
6級地（東京都福生市ほか/千葉県野田市ほか/埼玉県川越市ほか/神奈川県三浦市ほか/岐阜市/静岡市/三重県津市/奈良市/和歌山市/ほか）	1000分の1042
7級地（北海道札幌市/栃木市ほか/群馬県前橋市ほか/長野市ほか/富山市/石川県金沢市ほか/兵庫県姫路市ほか/岡山市/福岡県北九州市ほか/長崎市/ほか）	1000分の1021
その他	1000分の1000

▌4 利用者の費用負担

❶1割～3割の負担

　介護サービスを利用した場合、要介護（要支援）者本人の所得によって費用の1割～3割を利用者が負担する。2015（平成27）年8月から、本人の年間合計所得金額が160万円以上の第1号被保険者は2割負担

になった。さらに2018（平成30）年8月からは、本人の年間合計所得金額が160万円以上220万円未満が2割負担、220万円以上は3割負担になった。第2号被保険者は1割負担のままである。

　市町村は、毎年負担割合を記した「介護保険負担割合証」を要介護（要支援）認定を受けた要介護被保険者と居宅要支援被保険者（要支援認定を受けた被保険者のうち居宅において支援を受ける者）に送る。なお、介護保険は個人を単位にしているので、同じ世帯でも人によって負担割合が異なる場合がある。また、介護予防訪問介護と介護予防通所介護が廃止され、代わりに介護予防・日常生活支援総合事業の訪問サービスや通いの場を使う要支援者にも1～3割負担を適用し、公平を図る市町村が多い。また、要支援認定を受けていないサービス事業対象者にも、1～3割負担を適用する市町村もあり、その場合は事業対象者にも負担割合を示す書類が送られる。

❷食費・部屋代などの負担

　2005（平成17）年6月の介護保険法改正によって同年10月から施設サービスと短期入所では、食費と居住費（部屋代）と日常生活費などいわゆる「ホテルコスト」が自己負担になった。在宅の要介護者は、これらが自費なので公平性を保ち、介護費用に純化するためとされた。同時に通所介護と通所リハビリテーションの食費も自己負担になった。2005（平成17）年当初、多床室（4人部屋）には部屋代がなかったが、2015（平成27）年8月から低所得者を除き負担するようになった。部屋代や食費は施設との契約事項なので金額は個々に違うが、多床室（4人部屋）は1日855円、食費は1日1392円が国の基準費用（2020（令和2）年現在）なので、30日分に日常生活費（月1万円と仮定）を加えると約7万7000円がかかり、これに支給限度額の1割～3割の負担が加わる。低所得者には厳しいため、次の補足給付がある。

❸低所得者への補足給付（特定入所者介護サービス費）

　介護保険施設と短期入所の利用者のうち低所得者の負担を軽減するため、食費と居住費（部屋代）について、所得階層ごとに利用者が払う額を設定し、国が決めた基準費用額との差額を特定入所者介護サービス費として施設に給付する。たとえば第2段階の人は、食費が1日390円で済むように、国の決めた食費の標準的な額（基準費用額という）1392

★ホテルコスト
自宅やアパートなどで暮らせば、食費、部屋代・光熱水費などの居住費、日用品の費用は自費で賄う。これらをホテルコストと呼び、介護保険施設では在宅との負担を公平にするため、2005（平成17）年から施設サービス等から除外し、通所介護なども食費が自己負担になった。

ⅲ　第1段階は生活保護受給者等、第2段階は世帯全員が市町村民税非課税で本人の合計所得金額と年金額の合計が80万円以下。

円との差額を施設に給付する。対象となる介護サービスは、介護保険施設、地域密着型介護老人福祉施設、短期入所生活介護と短期入所療養介護（介護予防を含む）である。

7 介護保険事業計画

　市町村は3年を1期とする介護保険事業計画をつくり、向こう3年間で必要となるであろう介護サービスの量と費用を計算し、被保険者から集める介護保険料を決める。介護保険事業計画※は、その市町村が使う介護サービス費用3年分の見積書ともいえ、計画で予定した費用と実際の費用が異なった場合には、介護保険財政が不足することも生じる。市町村は、介護保険事業計画をつくるために向こう3年間の高齢者数、被保険者数、要介護認定者数などを予想し、各サービスの利用実績と要介護者等のニーズ調査をもとに、一つひとつの介護サービス（介護予防や地域支援事業を含む）について必要なサービス量を見積もり、その費用をかけて総額を算出する。

　公費（税）による福祉は、財政事情によって左右され福祉予算の制約が多かったのに対し、介護保険制度では、介護サービスの必要量が先に見積もられ、それを賄う保険料が算出される。必要な支出に合わせて財政の収入を決めるという点は福祉では画期的といえるが、制度の仕組みが働くことが前提である。介護保険料は、医療保険や公的年金に比べれば、まだ高額ではないが、高くなりすぎれば被保険者が払えない。制度を持続可能にしていくために、利用者負担を増やし、軽度者への給付を制限する制度改正が積み重ねられている。市町村は、介護保険事業計画を定めるときに被保険者の意見を反映させるため（介護保険法第117条第11項）、介護保険運営協議会を設置し、計画案を検討する。また、介護保険事業計画は老人福祉法の老人福祉計画と一体のものとして作成される（同条第6項）。なお、国（厚生労働大臣）は「介護保険事業に係る保険給付の円滑な実施を確保するための基本的な指針」を定め、都道府県は国の「基本指針」に即して介護保険事業支援計画※をつくる。

★介護保険事業計画
介護保険事業計画は、市町村が介護給付等対象サービスの種類ごとの量の見込みを計算し、年間総額のうち第1号被保険者の負担分を出す（介護保険の財源構成、p.72参照）。それをその市町村の第1号被保険者の人数で割り、基準となる第1号保険料が出る。計画期間の初年度には国が保険料基準額の全国平均を公表している。

★老人福祉計画
老人福祉法第20条の8で、市町村は必要な在宅と施設のサービス目標量を示す市町村老人福祉計画を定めること、市町村介護保険事業計画と一体のものとして作成することが規定されている。市町村は介護保険サービスの目標を記す部分に加えて、移送サービスや見守りネットワークなど老人福祉の施策を記す部分を盛り込んでいる。

★介護保険事業支援計画
介護保険法第118条で都道府県は介護保険事業支援計画をつくることが定められている。この計画は圏域ごとに介護保険施設と介護専用型特定施設入居者生活介護など居住系の居宅サービスと地域密着型サービスの定員総量を決める。いわゆる「総量規制」を都道府県が決め、種別での定員が超える圏域では当該種別の新設は困難になる。

第2節 地域支援事業

学習のポイント
● 地域支援事業の目的と事業内容を通じた介護予防の取り組みを理解する
● 地域包括支援センターの設置目的や設置体制を理解する
● 地域包括支援センターの業務内容と三職種の役割を理解する

1 地域支援事業の内容

1 地域支援事業の創設

　2000（平成12）年4月に施行された介護保険法は、制度の持続可能性の検討から予防重視型システムへの転換に向け、2006（平成18）年、老人保健事業・保健福祉事業等の再編も合わせ、介護保険法に地域支援事業を創設した。要支援者への給付を「予防給付」とし、地域包括支援センターが設置され、介護予防ケアマネジメントの実施が開始された。

2 地域支援事業の改正と事業内容

　日本の社会は、都市部では後期高齢者の増加、町村部では生産年齢人口の減少など、地域によって人口構造が異なる。そのため、全国一律のサービスだけでなく、地域の実情に応じた介護予防への取り組みが重要となる。2012（平成24）年には、任意事業として地域支援事業における介護予防事業と介護予防・日常生活支援総合事業（以下、総合事業）が創設された。そして、2015（平成27）年4月施行の法改正では地域支援事業の内容が大幅に変更され、予防給付のうち介護予防訪問介護および介護予防通所介護は地域支援事業へ移行し、同年6月には国から公表された「介護予防・日常生活支援総合事業ガイドライン」をもとに市町村は独自に多様な生活支援を充実し、高齢者の社会参加への取り組みを進めている。

3 総合事業

　総合事業は、介護保険で居宅要支援被保険者および基本チェックリスト（**表4-7**）該当者に必要な支援を行う「介護予防・生活支援サービス事

Active Learning

介護予防ケアマネジメントにおいて総合事業がどのように活用されているかについて調べてみましょう。

表4-7　基本チェックリスト一部抜粋

No.	質問事項	回答 （いずれかに○をお付け ください）			
6	階段を手すりや壁をつたわらずに昇っていますか	0	はい	1	いいえ
7	椅子に座った状態から何もつかまらずに立ち上がっていますか	0	はい	1	いいえ
8	15分位続けて歩いていますか	0	はい	1	いいえ
9	この1年間に転んだことがありますか	1	はい	0	いいえ
10	転倒に対する不安は大きいですか	1	はい	0	いいえ
11	6か月間で2〜3kg以上の体重減少がありましたか	1	はい	0	いいえ
12	身長　　cm　　体重　　kg（BMI ＝　　）（注）				
13	半年前に比べて固いものが食べにくくなりましたか	1	はい	0	いいえ
14	お茶や汁物等でむせることがありますか	1	はい	0	いいえ
15	口の渇きが気になりますか	1	はい	0	いいえ

（注）BMI（＝体重（kg）÷身長（m）÷身長（m））が18.5未満の場合に該当とする。
注：全25項目で構成され、項目ごとに評価基準が設けられている。
出典：「地域支援事業の実施について」（平成18年6月9日老発第0609001号）

業（第1号事業）」と第1号被保険者のすべてとその関係者を対象とした「一般介護予防事業」がある。総合事業利用等の判断は、相談者の意向・身体状況、生活状況・利用サービスの必要性等を地域包括支援センター職員等がアセスメントを行い、専門的に判断し相談を進める。

　表4-7の基本チェックリストは、市町村や地域包括支援センターが生活機能の低下がみられ、要支援状態となるおそれがある高齢者に実施し、評価項目に該当した場合は「事業対象者」となり、介護保険認定を受けなくとも介護予防・生活支援サービスが利用できる。

4　総合事業の利用

　総合事業等を利用する場合、図4-5の青い矢印の流れになる。

5　総合事業のサービス類型

　市町村は、要支援者等の多様な生活支援のニーズに対して、総合事業で多様なサービスの提供を図るため、表4-8のように国がガイドラインで示したサービス類型を参考にして基準や単価を定める。また、表4-9のように既存以外のサービスは市町村の実情が大きく反映される。

6　一般介護予防事業

　表4-10のように、市町村は住民主体の通いの場を充実させ、参加者

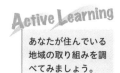

Active Learning
あなたが住んでいる
地域の取り組みを調
べてみましょう。

図4-5　介護サービス・総合事業等サービス利用の流れ

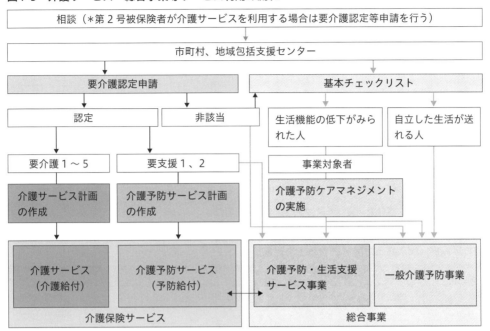

表4-8　総合事業のサービス類型

訪問型サービス	既存の訪問介護サービス	指定事業者による専門的なサービスの提供	第1号訪問事業
	基準緩和の訪問型サービス	NPO・民間事業者等による調理、掃除等や重い物の買い物代行や同行等	
	住民主体の訪問型サービス	有償・無償のボランティア等によるごみ出し、布団干し、電球の交換等	
	短期集中の訪問型サービス	保健・医療専門職が3〜6か月の短期間に社会参加を高めるために必要な相談、指導を実施	
	移動支援の訪問型サービス	通院等をする場合の送迎前後の付き添い支援	
通所型サービス	既存の通所介護サービス	指定事業者による専門的なサービスの提供	第1号通所事業
	基準緩和の通所型サービス	NPO・民間事業者等によるミニデイサービス、レクリエーション活動等	
	住民主体の通所型サービス	有償・無償のボランティア等による趣味活動を通じた居場所づくり、サロン等	
	短期集中の通所型サービス	保健・医療専門職が3〜6か月の短期間に生活行為の改善を目的とした介護予防プログラムを実施	
その他生活支援サービス	配食	栄養改善を目的とした配食や一人暮らし高齢者等への見守りとともに行う配食等	第1号生活支援事業
	定期的な安否確認や緊急的対応	住民ボランティア等が行う訪問による見守り	
	市町村が定める生活支援	訪問・通所型サービスの一体的提供等	
介護予防ケアマネジメント	要支援者等に対し、総合事業によるサービス等が提供されるよう行われるケアマネジメント	高齢者の状態や置かれている環境に応じて本人が自立した生活を送ることができるようケアプランを作成	第1号介護予防支援事業

出典：「地域支援事業の実施について」（平成18年6月9日老発第0609001号）より作成

表4-9 取り組み例（東京都荒川区・要支援1、2、事業対象者を対象）

事業名	内容	頻度等
訪問型サービス	ホームヘルパーが訪問し、調理や掃除等を一緒に行い自身でできることが増えるよう支援	週1〜2回
おうちでリハビリ	理学療法士等から助言を受け、ホームヘルパーと一緒に生活機能向上に取り組む	3か月間
おうちで栄養診断	管理栄養士が状況に合った食生活を指導	全3回
通所型サービス	通所介護事業所にて食事・入浴・生活機能向上に向けた体操・筋トレを行う	週1〜2回
まるごと元気アップ教室	運動を中心に栄養・口腔機能向上・認知症予防に取り組む	4か月程度
おげんきランチ	運動プログラムに参加し元気に生活するための方法を一緒に実践していく	週1回
その他	口腔保健教室、低栄養予防教室などを開催	

表4-10 取り組み例（東京都足立区・65歳以上を対象）

事業名	内容	費用
パークで筋トレ	公園や広場で筋トレ、ストレッチ等を行う	無料
ウォーキング教室	公園や遊歩道にてウォーキングを行う	無料
はつらつ教室	施設やプールにて筋力向上トレ、軽体操を行う	無料
ふれあい遊湯う	銭湯にてレクリエーションや入浴を行う	入浴料あり
高齢者体力測定会	体力測定を行いリハビリ職からの助言を受ける	無料
みんなで元気あっぷ教室	運動・口腔・栄養について学ぶ。参加後は介護予防の自主グループ活動をすることを目指す	無料
元気アップサポーター養成研修	運動、口腔、栄養の内容を含んだ介護予防の自主グループ等で役に立つ内容の研修	無料
その他	「健康寿命をのばす10の活動」の配布、「おはよう！あだち・らくらく体操」を放映	

や通いの場が継続的に拡大していくような地域づくりを行う。また、リハビリテーション専門職が住民主体の通いの場にかかわり、介護予防を推進する。

7 包括的支援事業

　市町村は包括的支援事業の社会保障充実分として、次の事業を行う。

❶ 在宅医療・介護連携推進事業

　　在宅医療や介護の資源把握、連携にかかわる相談、提供体制の構築等

❷ 認知症総合支援事業

　　認知症初期集中支援チーム*の設置や認知症地域支援推進員*の設置等

❸生活支援体制整備事業

市町村は、生活支援・介護予防サービスの充実と高齢者の社会参加を図るため生活支援コーディネーター（地域支え合い推進員）を、市町村区域（第一層）と日常生活圏域（第二層）に配置（配置先例：社会福祉協議会・地域包括支援センター等）する。活動は住民同士の助けあいを基本とした生活を支援するサービスが創出されるよう地域包括支援センターとの連携を前提として活動を展開する（活動例は、高齢者ボランティア等の養成、いきいきサロン等活動支援等）。生活支援コーディネーターの機能は、資源開発（地域に不足するサービスの創出・サービスの担い手の養成・担い手の活動する場を確保等）、ネットワーク構築（関係者間の情報共有・サービス提供主体間の連携体制づくり等）、ニーズと取り組みのマッチング（地域の支援ニーズとサービス提供主体の活動をマッチング等）がある。[1]

★認知症地域支援推進員

市町村と共働し地域の実情に応じた、医療・介護等の支援ネットワークの構築、認知症対応力向上のための支援、相談支援・支援体制の構築を行う。地域包括支援センター、認知症疾患医療センター等に配置され、認知症初期集中チームとも連携を図る。

8 任意事業

市町村は任意事業として、地域の実情に応じ、各種事業を行う。

❶ 介護給付等費用適正化事業

認定調査状況チェックやケアプラン点検等を実施。

❷ 家族介護支援事業

介護教室の開催や認知症高齢者見守り事業、介護者同士の交流機会の開催等を実施。

❸ その他の事業

成年後見制度利用支援事業、福祉用具・住宅改修支援事業や認知症サポーター等養成事業等を実施。

2 地域包括支援センター

1 設置目的

地域包括支援センターは、市町村が設置主体となり、包括的支援事業等を実施することで地域住民の心身の健康の保持および生活の安定のため必要な援助を行い、保健医療の向上及び福祉の増進を包括的に支援する（介護保険法第115条の46第1項）。

2 設置主体・体制

担当圏域設定は、おおむね人口2万～3万人の圏域ごとに設置され、

❶市町村が直営する直営方式、❷市町村から法人委託する委託方式、❸単数または複数の直営と委託が混合する方式の三つの設置体制に分かれる。委託の場合は社会福祉法人等に委託することができる。

　事業を実施するにあたり、保健師（または準ずる者（以下同）、保健師では経験ある看護師）・社会福祉士・主任介護支援専門員が、担当圏域内の第1号被保険者数おおむね3000人以上6000人未満ごとに各1名の三職種が配置される（介護保険法施行規則第140条の66第1号イ）。

▌3 事業に基づく業務内容

　地域包括支援センターは、包括的支援事業等、および指定介護予防支援事業者として介護予防サービス計画の作成を行う。

❶地域支援事業

❶　総合相談支援業務

　複合化・複雑化した課題を抱える人に初期段階での相談および継続的・専門的な支援を行い、相談者自らの解決に資する支援を行う。

❷　権利擁護業務

　高齢者虐待の防止および対応、成年後見制度の周知および利用支援、消費者被害の防止啓発に対して、諸制度を活用し生活の維持を図る。

❸　包括的・継続的ケアマネジメント支援業務

　地域ケア会議等を通じた自立支援のケアマネジメント支援、包括的・継続的なケア体制の構築、介護支援専門員のネットワーク構築・活用、介護支援専門員に対する日常的個別指導・相談、多くの課題があり、解決が難しい事例等への助言・指導を行う。

❹　介護予防ケアマネジメント（第1号介護予防支援事業）

　総合事業において、居宅要支援被保険者・基本チェックリスト該当者に対して介護予防および日常生活支援等の必要なマネジメントを行う。

　このほかに、多職種協働による地域包括支援ネットワークの構築、地域ケア会議を実施する。**表4-11** の委託可能事業等を実施する場合もある。

❷指定介護予防支援事業

　要支援と認定された介護予防サービスの利用を希望する人に計画を作成する。総合事業における介護予防・生活支援サービスとは、共通の考えに基づき一体的に実施する（例：介護予防・生活支援サービスを利用していた人が、予防給付サービスを追加して利用する場合は予防給付に

★**主任介護支援専門員**
介護支援専門員資質向上事業実施要綱に該当し、主任介護支援専門員研修を修了した者。地域包括支援センターや居宅介護支援事業所に所属し、主に介護支援専門員への助言や指導を行う。居宅介護支援事業所の管理者要件ともされている。

★**地域ケア会議**
個別ケースの課題解決により、高齢者個人への支援の充実を図るとともに、地域課題を抽出し、その地域課題を地域づくり・社会資源の開発や施策等の充実によって解決していくことで、高齢者支援の土台となる社会基盤の整備を図っていく会議。

表4-11 地域包括支援センター業務・事業分類

事業内容	地域支援事業									介護保険
	包括的支援事業				介護予防・日常生活支援総合事業		任意事業	一体的		一体的
	総合相談支援業務	権利擁護業務	包括的・継続的ケアマネジメント支援業務	在宅医療・介護連携推進事業／生活支援体制整備事業／認知症総合支援事業	介護予防ケアマネジメント（第1号介護予防支援事業）＊業務の一部を居宅介護支援事業者に委託ができる	一般介護予防事業	介護給付等費用適正化事業／家族介護支援事業／その他の事業	多職種協働による地域包括支援ネットワークの構築	地域ケア会議の実施	指定介護予防支援事業（介護予防給付）＊業務の一部を居宅介護支援事業者に委託ができる
	必須			市町村が委託可能	必須	市町村が委託可能	市町村が委託可能	必須	必須	必須
根拠法 介護保険法	法第115条の45第2項第1号	法第115条の45第2項第2号	法第115条の45第2項第3号	法第115条の45第2項第4号〜第6号	法第115条の45第1項第1号ニ	法第115条の45第1項第2号	法第115条の45第3項	法第115条の46第7項	法第115条の48第1項	法第115条の22

注：総合相談支援業務等を通じて把握した内容は、各業務の基盤となり、どの事業にも密接に関連しており複合的に対応していく。

出典：地域包括支援センター運営マニュアル検討委員会編『地域包括支援センター運営マニュアル 2訂』長寿社会開発センター，p.51，2018. をもとに作成

移行し対応される）。

4 三職種のチームアプローチ

　総合相談支援業務において把握された内容をスクリーニングしたり、支援の方法を検討する際に、必要に応じて三職種で協議する。相談支援は課題の内容、担当地区等を勘案し、担当者を決めて対応する。支援を展開していくうえで随時進捗状況の確認を行い、専門的見解の提供や助言を通じチームアプローチを行う。各職種の業務はその専門性により、おおよそ次のように分けられる。

❶ 保健師の主な業務役割
　第1号介護予防支援事業（介護予防ケアマネジメント）を行う。

❷ 社会福祉士の主な業務役割
　成年後見制度の活用促進や高齢者虐待への対応を行う。

❸ 主任介護支援専門員の主な業務役割
　介護支援専門員への個別相談や助言・指導、地域ケア会議等を通じた自立支援型ケアマネジメントの支援を行う。

5 地域ケア会議の開催

　医療、介護等の専門職、民生委員、自治会長、各種法人等の多様な関係者が適宜協働し、高齢者の地域生活を地域全体で支援していくことを

目的とし、市町村と地域包括支援センターが連携し開催する。会議は五つの機能を有し、各機能は相互に関係しあう。また、目的により参加者や役割の範囲が異なる規模の会議を設ける。[2)]

❶地域ケア会議の機能

❶ 個別課題解決機能

地域の支援者が多角的視点にて検討を行い、個別課題の解決を図る。

❷ 地域包括支援ネットワーク構築機能

関係機関の連携強化やネットワークの構築を図る。

❸ 地域課題発見機能

個別課題から地域の共通課題を明らかにしていく。

❹ 地域づくり・資源開発機能

地域で不足する資源や必要な資源を開発する。

❺ 施策形成機能

地域に必要な取り組みを明確にし、施策立案・提言を行う。

❷地域ケア会議の規模

❶ 個別ケースの地域ケア会議（主に地域包括支援センターが主催）

個別事例ごとに開催。個別事例の課題解決を蓄積し、地域課題を明らかにし普遍化する。

❷ 圏域ごとの地域ケア会議（地域包括支援センター・市町村が主催）

日常生活圏域ごとに開催。市町村範囲での検討がスムーズに進むよう圏域内の課題を整理する。

❸ 市町村レベルの地域ケア会議（主に市町村が主催）

市町村・地域全体で開催。地域のネットワークを支える関係機関・関係職種の代表者が住民ニーズとケア資源の現状を共有し対策を検討する。地域ケア推進会議と称する場合もある。

▌6 地域包括支援センター運営協議会

市町村長が選定した福祉関係者、職能団体、学識経験者等で構成される。地域包括支援業務が適正かつ公正・中立性が確保できるよう運営方針への意見や運営評価、人員確保に関する調整、地域包括ケア等に関する事項に対して協議を行う。

◇**引用文献**

1）社会保障審議会介護保険部会「地域支援事業の推進（参考資料）」平成28年 5 月25日，p. 1, p. 14

2）同上，p. 29, p. 30

◇**参考文献**

・「介護予防・日常生活支援総合事業のガイドラインについて」（平成27年 6 月 5 日老発0605第 5 号）

・厚生労働省老健局振興課・老人保健課『介護保険最新情報』第715号，2019.

・「地域包括支援センターの設置運営について」（平成18年10月18日老計発第1018001号・老振発第1018001号・老老発第1018001号）

・「地域支援事業の実施について」（平成18年 6 月 9 日老発第0609001号）

・社会保障審議会介護保険部会「地域支援事業の推進（参考資料）」平成28年 5 月25日

・地域包括支援センター運営マニュアル検討委員会編『地域包括支援センター運営マニュアル 2 訂』長寿社会開発センター，2018.

・長寿社会開発センター「地域ケア会議運営マニュアル」2013.

・三菱 UFJ リサーチ＆コンサルティング「新しい総合事業の移行戦略——地域づくりに向けたロードマップ」

・東京都荒川区「介護保険利用の手引き」

・東京都足立区「介護保険利用の手引き」

● **おすすめ**

・三菱 UFJ リサーチ＆コンサルティング「新しい総合事業の移行戦略——地域づくりに向けたロードマップ」

・厚生労働省老健局振興課・老人保健課「これからの地域づくりの戦略」『介護保険最新情報』第715号，2019.

学習のポイント

● 介護保険サービスでよく利用されるサービスの特徴を理解する
● 介護保険3施設の特徴を理解する

　介護保険で給付されるサービスの種類は、居宅サービス、介護予防サービス、地域密着型サービス、施設サービスの四つに分けると理解しやすい（介護保険法第8条、第8条の2）。居宅サービスと施設サービスは介護給付として給付され、要介護者が使える。介護予防サービスは要支援者に向けた予防給付として給付され、地域密着型サービスは介護給付として、地域密着型介護予防サービスは予防給付として給付される。

 居宅サービス

1 訪問介護

　自宅で身の回りのことができなくなった場合、介護支援専門員（ケアマネジャー）を通じて訪問介護を頼むことができる。訪問介護事業者は、ケアマネジャーから連絡（発注）を受け、サービス提供責任者が利用者宅を訪問して不自由している家事や介護を聞き取り、ニーズと意向を把握する。ケアマネジャーが居宅サービス計画（ケアプラン）で訪問介護の回数と時間を示し、サービス提供責任者が訪問介護計画書に援助目標とサービス内容などを書いて利用者に渡す。コーディネーターであるサービス提供責任者は、利用者のニーズに対応できる訪問介護員（ホームヘルパー）を職員のなかから選んで初回訪問に同行し、必要な場合には担当ホームヘルパーにケア方法を指導する。

　訪問介護には家事援助（介護報酬では生活援助という）と身体介護がある。たとえば寝たきり状態の夫を虚弱な妻が介護している世帯で、入浴介助と寝衣・シーツ交換をすれば大量の洗濯物が出る。介護負担を軽減するには、身体介護だけでなく家事援助も必要になる。訪問介護員は1回の訪問が介護報酬の区分で身体介護2生活援助2なら60＋60＝約2時間で、必要な身体介護と家事をこなしている。

★**サービス提供責任者**
利用の申し込みにかかる調整、訪問介護計画の作成、利用者の状態変化の定期的な把握、関係者との連携、訪問介護員の技術指導・研修などを業務とする。利用者・介護支援専門員・訪問介護員の三者の間の必要な調整を行う。

2 訪問入浴介護

一人で入浴できなくなった場合、❶訪問介護員の介助で入浴する、❷通所介護などの施設で入浴する、❸訪問入浴介護を使うという三つから選べるが、実際には自宅でも通所の入浴でも難しい寝たきり状態などの要介護者が訪問入浴介護を使うことが多い。

ボイラーと給排水用ポンプを備えた訪問入浴車が、利用者の居室に持ち込める専用の浴槽を載せて、看護師 1 名と介護職員 2 名の 3 名が同乗してサービスに来る。看護師が血圧や体温などをチェックし、主治医が認める範囲内であれば、脱衣など一連の入浴介護を行う。高齢者の体調によって全身浴でなく部分浴や清拭になることもある。入浴後にも健康状態をチェックする。所要時間は、準備と後片づけにそれぞれ約 20 分、浴槽での入浴が約 10 分、全体で約 50 分ほどだが、麻痺や拘縮のため不衛生になりがちな部位もよく洗え、清潔になる。

3 訪問看護

訪問看護には医療保険によるものと介護保険によるものがあり、介護保険では、医師の指示書と居宅サービス計画に沿って必要な看護がされる。介護保険での回数制限はないが、支給限度額との関係で週 1 回（30 分程度）になることも多い。看護師は、医師の指示により点滴や褥瘡の処置、経管栄養、留置カテーテルの管理などを行うほか、健康状態の把握、服薬管理、清拭や入浴、食事や水分の摂取、排泄の看護などを行う。

支給限度額との関係で、ケアプランでの訪問看護を増やせない場合でも、終末期など国が定める疾病・状態等であれば、医療保険によって毎日の訪問もできる。24 時間対応で終末期ケアに取り組む訪問看護事業所も多い。なお、訪問看護として理学療法士などが訪問し、リハビリテーションを行うことができる。

4 訪問リハビリテーション

主治医が指示書を出し、ケアプランに沿って理学療法士等がリハビリテーション計画書をつくり、実施後に評価し、医師が定期的に見直す。病院・診療所や介護老人保健施設がこの事業所を併設することが多いが、事業所が少なく地域によって偏りもある。原則「通院が困難な利用者」が対象なため、ほかの居宅サービスに比べ利用が少ない。なお、訪問看護として理学療法士が訪問することは、訪問リハビリテーションではない。

★リハビリテーション計画書
理学療法士等は医師の指示書を受けて、訪問リハビリテーション計画を作成する。計画書には利用者の病状、心身の状況、希望、その環境を踏まえて、目標、目標を達成するための具体的なサービスの内容を記載して利用者に交付する。

5 居宅療養管理指導

　通院ができない要介護１以上の高齢者に対し、医師、歯科医師、薬剤師、歯科衛生士、保健師、看護師、准看護師、管理栄養士が、その人の自宅を訪問して療養上の管理と指導を行うサービスである。要介護度ごとの支給限度額の枠外なので、ケアプランをつくるときの上限を意識しなくてよいが、利用者の自己負担額は１割（所得により２〜３割）なので負担額には影響する。

　医師が患者の自宅を訪問する制度に往診や訪問診療があるが、居宅療養管理指導での医師は、「医学的管理と指導」を行うためなので、往診や訪問診療と違い、治療は行わない。なお、訪問診療は在宅で療養する通院が困難な患者に対して「定期的」に訪問して診療するのに対し、往診は急に具合が悪くなったなどの連絡によって医師が患者宅に行き、診療を行うことなので、これらの違いも知っておく必要がある。

　薬剤師は、高齢者が薬を飲み忘れないような工夫をしたり、医師との調整などの服薬管理をする。

　管理栄養士は、糖尿病など食事制限のある人のおいしく食べられる食事や嚥下（飲み込む力）が低下した高齢者に合う食の相談に応じ、栄養バランスに配慮した献立などを指導する。

　歯科医師は通院できない高齢者に歯科診療の必要などの医学的管理を行い、本人や家族に義歯や口腔ケアの指導や助言をする。これらの内容をケアマネジャーに情報提供する。

　歯科衛生士は、歯科医師の指示に基づき口腔内や入れ歯の清掃のほか、「口から食べる楽しみ」を実現するための指導もする。

　職種によって違うが、原則月２回から４回の訪問ができる。

6 通所介護

　老人福祉法の老人デイサービスセンター等に通い、入浴、排泄、食事等の介護を利用することで、デイサービスとも呼ばれる。介護が必要になった人が家にひきこもるのを防ぐだけでなく、介護する家族が本人の通所中に自分の時間をもてるようにする役割もある。自宅での入浴が困難な人は、看護師がいて入浴の前後に血圧など健康状態を確認できる通所介護で入浴することが多い。送迎サービスがあるので、認知症の人も通えるが、より認知症に合わせたサービスとして地域密着型サービスに認知症対応型通所介護がある。

7 通所リハビリテーション

　主治医が厚生労働省令の基準に適すると認めた要介護者に対し、介護老人保健施設や介護医療院、病院、診療所などに通い、心身の機能の回復と日常生活の自立を助けるために行われる理学療法、作業療法などのリハビリテーションをいう。事業所は介護老人保健施設などに併設されることも多く、デイケアとも呼ばれる。

8 短期入所生活介護

　特別養護老人ホームの多くは、入所者の定員とは別に、短期入所生活介護の定員を設けており、フロアのなかに短期入所生活介護用の部屋がある。介護している家族が冠婚葬祭などで家を空ける場合や休養が必要なときに（レスパイト・ケア）、要介護者が短い期間、入所する。ショートステイと呼ばれることもある。家で暮らし続けるために定期的に利用している要介護者もいる。

★レスパイト・ケア
レスパイトは休息・息抜きなどを意味し、介護する家族は、要介護者が通所介護などに行っている時間や短期入所中に自分の時間をもつことができる。家族のストレスを減らすことによって要介護者にもよい影響が生まれる。

9 短期入所療養介護

　特別養護老人ホーム等でのショートステイを短期入所生活介護と呼ぶのに対し、介護老人保健施設や介護医療院などに短期入所することを短期入所療養介護という。医師が常駐し、看護師も多いので、医学的な管理などが必要な人に適している。

10 特定施設入居者生活介護

❶特定施設

　特定施設入居者生活介護とは、特定施設の入居者への介護などをいい、有料老人ホーム、軽費老人ホーム、養護老人ホームの3施設が対象である。居住系サービスと呼ばれる居宅サービスの一つである。サービス付き高齢者向け住宅（サ高住）も、有料老人ホームに該当すれば特定施設の扱いになる。有料老人ホーム（老人福祉法第29条第1項）とは、老人を入居させ、❶介護、❷食事の提供、❸洗濯・掃除等の家事の提供、❹健康管理のうちどれか一つ以上を提供する施設や住宅である。

❷「一般型」と「外部サービス利用型」

　特定施設入居者生活介護は二つに分かれ、その施設の職員が介護する「一般型」と、職員は特定施設サービス計画だけをつくり、外部の訪問介護事業者などが介護する「外部サービス利用型」がある。「外部」とは制度上、別の事業者になるだけで同じ法人が経営することもある。サ高

★サービス付き高齢者
　向け住宅
❶バリアフリーなどの設備、❷ケアの専門家による見守り、❸事業者側からの解約を防ぐ契約、これらを満たす高齢者向け住宅を都道府県に登録する制度。食事の提供などがあれば有料老人ホームに該当し、特定施設入居者生活介護の指定を受けることもできる。

表4-12　貸与される福祉用具13品目

1	車いす
2	車いす付属品
3	特殊寝台
4	特殊寝台付属品
5	床ずれ防止用具
6	体位変換器
7	手すり
8	スロープ
9	歩行器
10	歩行補助杖
11	認知症老人徘徊感知機器
12	移動用リフト（つり具の部分を除く）
13	自動排泄処理装置

住などでは、訪問介護事業所が同じ建物にある物件も多く、この場合、訪問介護の介護報酬は減算される。

11 福祉用具貸与

　福祉用具とは、日常生活上の便宜を図るための用具および機能訓練のための用具であって、日常生活の自立を助けるためのもの（介護保険法第8条第12項）で、**表4-12**の品目がレンタルできる。たとえば特殊寝台は、上半身を起こしたいとき、ボタンを押せばベッドの上半分が上がり、食事の姿勢をとることができる。**表4-12**の1〜6、11、12は、原則として要介護2以上が対象になっている。

　福祉用具貸与は、介護報酬の単価がない市場価格であるため、同じ商品でも貸与事業者で値段が違う。利用者が適正な価格で使えるように、同じ製品の全国平均の貸与価格が公表され、貸与価格の上限が平均値のやや上の額で設定されている。事業者が利用者に貸与を提案する場合、同じ種目の価格の違う製品の情報を示すとともに、全国のレンタル平均価格と自社の貸与価格を書いた「福祉用具サービス計画書（選定提案）」を渡し、内諾が得られれば、福祉用具が必要な理由とその目標、製品の選定理由を書いた「福祉用具サービス計画書（利用計画）」を利用者に渡して同意をもらう。

表4-13 福祉用具購入費で買える特定福祉用具

1	腰掛け便座	和式便器の上に置き腰掛け式にする便座、ポータブルトイレなど
2	自動排泄処理装置の交換可能部品	尿を吸引する機械のチューブ、タンク等
3	入浴補助用具	入浴用いす、浴槽の手すりなど
4	簡易浴槽	空気式や折りたたみ式で居室内に運べる浴槽
5	移動用リフトのつり具の部分	

12 特定福祉用具販売

ポータブルトイレなど貸与に向かない 5 品目は、都道府県の指定を受けている特定福祉用具販売（介護保険法第 8 条第 13 項）の事業者から買えば、一度全額を支払ったあと市町村に申請し、自己負担分を除いて福祉用具購入費が支給される（介護保険法第 44 条）。まず全額を支払い、あとで保険者に請求するやり方を「償還払い」という。なお、市町村によっては「代理受領」方式を採用している。福祉用具購入の限度額は、毎年 4 月から翌年 3 月までの 1 年間、自己負担分も含め合計 10 万円までであり、破損を除き、同じものを同じ年度で 2 回は買えない。

2 介護予防サービス

要介護認定によって要支援 1、要支援 2 になった人には、予防給付が給付される。要支援者には自分で歩ける人も多いので、重度者向けのサービスはないが、特定施設入居者生活介護（有料老人ホームなど）や認知症対応型共同生活介護（認知症グループホーム）などの居住系サービスに相当するサービスも予防給付にある。

介護予防訪問介護と介護予防通所介護は、2015（平成 27）年施行の介護保険法改正によって 2017（平成 29）年度末までに介護予防・日常生活支援総合事業に移行することになり、予防給付から削除された。

表 4-14 で介護給付と予防給付でのサービスの対応を示した。介護給付の施設を除く居宅サービスなどと介護予防サービスを比べ、予防給付にないサービスを×で示した。サービスは介護給付で説明した内容と同様なので、留意点のみ書く。

介護予防訪問入浴介護は、自宅に浴室がない場合や感染症などで通所

表4-14　介護給付と予防給付でのサービスの対応

	介護給付		予防給付
居宅サービス	訪問介護	介護予防サービス	×
	訪問入浴介護		介護予防訪問入浴介護
	訪問看護		介護予防訪問看護
	訪問リハビリテーション		介護予防訪問リハビリテーション
	居宅療養管理指導		介護予防居宅療養管理指導
	通所介護		×
	通所リハビリテーション		介護予防通所リハビリテーション
	短期入所生活介護		介護予防短期入所生活介護
	短期入所療養介護		介護予防短期入所療養介護
	特定施設入居者生活介護		介護予防特定施設入居者生活介護
	福祉用具貸与		介護予防福祉用具貸与
	特定福祉用具販売		特定介護予防福祉用具販売
地域密着型サービス	定期巡回・随時対応型訪問介護看護	地域密着型介護予防サービス	×
	夜間対応型訪問介護		×
	地域密着型通所介護		×
	認知症対応型通所介護		介護予防認知症対応型通所介護
	小規模多機能型居宅介護		介護予防小規模多機能型居宅介護
	認知症対応型共同生活介護		介護予防認知症対応型共同生活介護
	地域密着型特定施設入居者生活介護		×
	地域密着型介護老人福祉施設		×
	複合型サービス（看護小規模多機能型居宅介護）		×
	住宅改修		介護予防住宅改修
	居宅介護支援		介護予防支援

の入浴が使えないなど特別な事情がある場合に使うことが多い。ケアマネジメント（要介護では居宅介護支援）は、要支援者では介護予防支援という名称になり、地域包括支援センターが予防ケアプラン（介護予防サービス計画）を作成する。特定施設入居者生活介護に相当するサービスとして介護予防特定施設入居者生活介護があるのに対して、地域密着型特定施設入居者生活介護は要介護1以上が条件であり、要支援者には相当するサービスがない点は注意を要する。

3 地域密着型サービス

　2006（平成18）年の介護保険制度の改定により地域密着型サービスという区分ができ、当初からあった認知症対応型共同生活介護が移され、新たに小規模多機能型居宅介護など五つがつくられた。2012（平成24）年に定期巡回・随時対応型訪問介護看護、複合型サービス（看護小規模多機能型居宅介護）の二つがつくられ、2016（平成28）年に小規模な通所介護が地域密着型通所介護となり、介護給付では九つの地域密着型サービスがある。

　地域密着型サービスは、事業所のある市町村の住民（被保険者）だけが利用できる。ただし、ほかの市町村も指定すれば、その住民も利用できる（事業所のある市町村の承認が前提）。介護保険サービスの多くは、都道府県に指定の権限があるが、地域密着型サービスは市町村（保険者）が指定し、指導監督も市町村が行う。

1 小規模多機能型居宅介護

　家での介護が困難になれば施設に入るしかなかったが、日中は通所介護に行き、早朝や夜間は訪問介護を使い、短期入所もすることによって、地域での生活を継続できる。短期入所も訪問介護も通所介護と同じ職員ならば、認知症でも混乱せず安心できる。通所介護と訪問介護と短期入所生活介護に相当するサービスを一つの施設で提供するのが小規模多機能型居宅介護である。通いと訪問と宿泊を柔軟に運用するため介護報酬は回数等の実績ではなく、登録者（登録定員29人以下）の要介護度ごとの包括払いになっている。このケアプランをつくる小規模多機能事業所の介護支援専門員がおり、このサービスを使うために介護支援専門員を変更することとなる。

2 複合型サービス（看護小規模多機能型居宅介護）

　住み慣れた家で終末期まで暮らすためには、介護と看護を一体で提供する必要がある。小規模多機能型居宅介護と訪問看護を一つの事業所で行う看護小規模多機能型居宅介護が2012（平成24）年に制度化された。気管切開をして人工呼吸器をつけているなど医療依存度の高い要介護者が利用できる。また、病院で最期を迎えるのではなく、残り少ない時を自宅で家族とともに過ごしたいと願っても、家族の介護力がなければ不

Active Learning

小規模多機能型居宅介護があなたの市町村にいくつあるかを調べてみましょう。訪問介護などのサービスと比べて少ない場合には、なぜ多くないのかを考えてみましょう。

★包括払い
通所介護の通所回数のように、サービスの提供回数を月単位に集計して介護報酬を払う出来高払いではなく、一括して月ごとに支払う方式。小規模多機能型居宅介護、看護小規模多機能型居宅介護、夜間対応型訪問介護、定期巡回・随時対応型訪問介護看護などに適用される。

可能だったが、看護小規模多機能型居宅介護を使えば終末期も自宅で暮らすことができる。なお、2015（平成27）年に「看護小規模多機能型居宅介護という」とされた。

3 定期巡回・随時対応型訪問介護看護

　独居や高齢者世帯の要介護者には、もし夜に転倒したら、急に具合が悪くなったらという不安は大きい。この不安がないなら、施設ではなく家にいたいと思う人は多い。日中・夜間を通じて、訪問介護と訪問看護の各サービスに相当するサービスを一体で提供し、定期巡回だけでなく、急な要望にも対応するのが、定期巡回・随時対応型訪問介護看護である。一つの事業所でサービスを提供する「一体型」と、訪問介護の事業者が訪問看護と連携する「連携型」がある。❶訪問介護員が定期的に利用者を巡回して介護する定期巡回サービス、❷事業所のオペレーターが通報を受け状況に応じて対応する随時対応サービス、❸いつでも連絡に応じて訪問介護員が訪問する随時訪問サービス、❹訪問看護サービス、以上の四つを組み合わせて行う。

　一日に何回も訪問できるため、病状が不安定な退院直後や終末期にも適している。通常ではケアプランが決めた回数しか訪問できないが、定期巡回・随時対応型訪問介護看護計画を作成する責任者が、サービスの日時を柔軟に決定でき、居宅サービス計画からの変更をケアマネジャーに報告する規定になっている。

4 夜間対応型訪問介護

　夜間の訪問介護のみを実施する事業で、日中の訪問は含まない。訪問介護員が18時から翌朝8時の夜間に定期的に利用者を訪問し、排泄介助などを行う「定期巡回」と、利用者の求めに応じて訪問する「随時対応」を行う。ベッドから転落して起き上がれない場合や夜間に体調が急変した場合、事業所のオペレーターに連絡すれば、訪問介護員が来たり、救急車の手配等を行う。定期巡回・随時対応型訪問介護看護とは、❶18時〜翌8時だけに限定、❷訪問看護がない、❸呼び出し回数に応じた料金（自己負担）がかかる点で違いがある。

5 認知症対応型共同生活介護
❶認知症の高齢者が安心できるかかわり
　認知症で見当識が失われると「ここがどこだかわからない」ので不安

になる。安心できる家に帰ろうとしても、どう帰るかもわからない。不安のあまり歩きだせば迷ってしまう。不安なときに職員が優しく声をかけ相手をしてくれるならば、「私は大切にされている、ここにいてもよいのだ」と感じて落ち着く。安心できるような職員のかかわりが最も大切で、それを少人数の家庭的な環境で行うために、認知症対応型共同生活介護（以下、グループホーム）ができた。

❷利用できる人とユニットケア

入居できる人は、❶認知症の診断を受け、❷要介護 1 以上、❸著しい精神症状や行動障害がなく共同生活が送れる、❹事業者と同じ市町村に住んでいるという条件を満たす人である。要支援 2 ならば、介護予防認知症対応型共同生活介護を利用できるが、要支援 1 では利用できない。

グループホームは、共同生活住居（ユニット）を置き、1 事業所当たり 1 または 2 のユニットで、1 ユニットの定員は 5 人以上 9 人以下と規定されている。少ない人数で「なじみの関係」をつくり、家庭的な環境のなかで隠れた力を引き出そうとする。調理など体で覚えた「手続き記憶」は失われにくいので、食事の支度、洗濯物たたみなどを職員の声かけで行うことによって人の役に立っているという実感が得られ、自尊感情の低下を防ぐことができる。

❸年 1 回の外部評価が義務

グループホームは普通の家に近い環境が望ましいが、実際は民家型、アパート型、ミニ施設型などがあり、介護保険の開始から急速に数が増えている。認知症ケアは専門的な知識技術が必要なので、人材が急増に対応できるかが課題であり、小規模なホームはボランティアなど外の目も入りにくいため、年 1 回の外部評価が義務づけられている。外部評価の結果は、事業者の自己評価と合わせて公表することが義務づけられている。

★**手続き記憶**
記憶障害によりピアノを習っていたことを忘れても、ピアノを弾くことができる。このような実際に習得した技能を手続き記憶という。認知症が進んでも調理やそば打ちなど過去に得意だったことをしてもらい、その人らしさを活かすこともできる。

┃6┃ 認知症対応型通所介護

認知症の人を対象とした定員 12 人以下の通所介護を指す。一般の通所介護では虚弱な高齢者を対象にしたプログラムが多いのに対し、過去の思い出を語る回想法や、言葉が出ない人でも楽しめる音楽療法など認知症に適したプログラムがある。施設に併設される併設型と、単独で設置される単独型、グループホームの共用スペースを使う共用型があり、それぞれ介護報酬が違う。

★**回想法**
人は過去を思い出すとき、自分に大切な出来事を選ぶ。回想は過去を思い出すだけでなく、その時に感じた感情や「我ながらよく頑張った」など自分への評価も追体験する。これが心のケアになり、気分を安定させる効果がある。

▌7 地域密着型通所介護

　定員 19 人未満の通所介護が 2016（平成 28）年 4 月から地域密着型サービスになった。それまでの介護報酬の区分で小規模型通所介護費にあたる事業所のサービスに種別の名前がついたもの。

▌8 地域密着型介護老人福祉施設入所者生活介護

　地域密着型介護老人福祉施設とは、入所定員 29 人以下の特別養護老人ホームを指し、そのケアを地域密着型介護老人福祉施設入所者生活介護という。介護老人福祉施設が施設サービス計画をつくるのと同様、地域密着型施設サービス計画をつくる。小規模なため人口密集地でもつくることができ、ユニットケアが行われることも多い。地域密着型サービスなので、原則、施設のある市町村の住民だけ、要介護 3 以上で入所できる。

▌9 地域密着型特定施設入居者生活介護

　特定施設とは有料老人ホーム、軽費老人ホーム、養護老人ホームを指し、このうち入居定員が 29 人以下のものを地域密着型特定施設と呼び、そのケアを地域密着型特定施設入居者生活介護という。軽費老人ホーム（ケアハウス）は定員 29 人以下が多く、これに該当する。

▶4　居宅介護住宅改修費

▌1 住宅改修費が使える工事の種類

　歩行が不安定になっても、手すりをつけたり、段差をなくせば、安全に移動できるようになる。居宅介護住宅改修費（介護保険法第 45 条）が、要介護度別の支給限度額とは別枠で 20 万円を限度に利用できる。20 万円を超える工事の超過分は自己負担になる。工事が 20 万円未満の場合、残額を年度が変わっても後で使うことができる。住宅改修費は 1 回のみだが（残額を使うのは別）、要介護状態区分が 3 段階上昇した場合、別の住宅に引越した場合は、もう 1 回使うことができる。

　住宅改修の種類は、❶手すりの取付け、❷段差の解消、❸滑りの防止および移動の円滑化等のための床または通路面の材料の変更、❹引き戸等への扉の取り替え、❺洋式便器等への便器の取り替え、❻その他❶〜❺の住宅改修に付帯して必要となる住宅改修の六つである。

2 住宅改修の手順

　住宅改修は、工事をする前に、介護支援専門員などに「申請書」および「住宅改修が必要な理由書」をつくってもらい、改修前の写真、業者の見積書などを付けて市町村（保険者）に申請する（介護支援専門員や工事業者の代理申請が可能）。市町村の決定が下りてから工事を行い、終了後に全額を業者に支払い、その領収書と住宅改修費支給申請書などを市町村に出し、自己負担分を除いた９割（所得により８～７割）が支給される。工事の事業者が市町村に「受領委任」登録をしているならば「償還払い」ではなく、自己負担分（１～３割）だけの支払いになるが、市町村により違う。

5　居宅介護支援

　介護保険では制度上の名称より通称が使われるときがある。居宅介護支援は、ケアマネジメントであり、居宅介護支援事業者はケアマネジャーが所属する法人や会社を意味する。また、居宅サービス計画は、ケアプランといわれ、介護支援専門員はケアマネジャーと呼ばれている。居宅介護支援とは、在宅の要介護者の状態と意向を踏まえ、必要なサービスの種類と内容などをケアプラン（居宅サービス計画）の書式にして渡し、そのサービスを利用できるように各サービス事業者と連絡調整を行うことをいう（介護保険法第８条第24項）。

　居宅介護支援は10割給付であり、利用者の自己負担はない。これは要介護状態にありながらサービスを使わない人が今でもいるなかで、初めに相談にのるケアマネジャーの支援が有料になれば、相談しない人がより増えるおそれがあるためである。

6　施設サービス

1 介護老人福祉施設

❶入所できる人と「生活の場」としての特徴

　介護老人福祉施設とは、老人福祉法による特別養護老人ホームのうち入所定員30人以上のものを介護保険法の指定施設にしたもので、「身体上又は精神上著しい障害があるために常時の介護を必要とし、かつ、居

Active Learning

介護老人福祉施設で提供される食事の形態には、どのような種類があるのかを調べてみましょう。また、施設による違いを考えましょう。

宅においてこれを受けることが困難なもの」（老人福祉法第11条）が入所する。介護保険制度においても「指定介護老人福祉施設の人員、設備及び運営に関する基準」第7条で、入所者を同じ表現で定めている。

介護保険法施行の当初は、どの施設にも自由に申し込めると利点が強調されていたが、申し込み者が多く都市部は3年待ちといわれるようになり、2002（平成14）年から「介護の必要度と家族の状況から必要性が高い者を優先的に入所させる」という優先入所が制度化された。2015（平成27）年からは要介護3以上が原則となったが、認知症や虐待などで必要性が高い場合は要介護1、2でも「特例入所」ができる。

介護老人福祉施設は、居宅での介護が困難になった人のための「生活の場」であり、終生暮らすことができる。入所者の生活を豊かにするために、季節の行事やクラブ活動などが行われている。

❷設備と人員配置の基準

指定介護老人福祉施設の人員、設備及び運営に関する基準（以下、運営基準）によって、居室の広さは1人あたり$10.65m^2$以上や職員の人員配置などが決められ、これを満たさなければ介護保険法の指定を受けられない。介護職員は（看護職も含めて）、入所者数に対して3対1と定められている。配置すべき職種は、入所退所などの相談援助を行う生活相談員、施設サービス計画をつくる介護支援専門員、栄養士、機能訓練指導員（理学療法士等の有資格者でなくても可）、医務室を担う看護師または准看護師、医師（非常勤で可）が運営基準に規定され、このほかに施設長、事務職員がいる。

❸ユニットケアの意義

介護老人福祉施設は、2011（平成23）年まで4人以下の居室が基準であったが、2012（平成24）年4月から新設する施設は1人（ただし、必要な場合2人にできる）と個室が基本になった。これより前2003（平成15）年にユニット型介護老人福祉施設が制度化され、その運営基準では個室になった。「ユニット」とは居室（個室）と共同生活室で構成される場所で、1ユニットをおおむね10人以下とし、個室には自宅で使っていた家具などを持ち込み、生活の連続性を保つようにした。共同生活室には「簡易な流しと調理設備」をつくり、「食事の下準備や後片づけのなかに参加したり、その音やにおいを感じたりできる家庭的な環境」のなかで、個々の入居者が配膳などの役割をもてるようにし、自律的な生活ができることを基本方針にしている。

❹生活相談員の仕事

★優先入所
指定介護老人福祉施設の人員、設備及び運営に関する基準第7条第2項で優先入所が定められ、通知で入所に関する指針が示されている。入所の必要性の高さを判断する基準は「介護の必要の程度」「家族の状況」「その他」からなり、市町村と共同で指針を作成すること、入所判定には生活相談員を含む委員会を設置し記録を残すなどを施設に求めている。

★特例入所
要介護1および2であっても、❶認知症あるいは知的障害・精神障害のため日常生活に支障をきたす症状・行動などがある場合、❷虐待、❸単身または家族が病弱かつ介護サービス供給が不十分な場合には入所できる特例がある。

　介護職員が日常生活を介護するのに対し、生活相談員は入所者の状況を把握して相談に応じるだけでなく、入所・退所や入院など生活が変わる節目となる状況での相談援助を行う。入所待機者のなかから「優先入所」に該当する人に連絡をとり、面接して状況を調査するとともに、入所後の生活や自己負担などを説明する。入所者が入院する場合、家族に連絡し、また入院に同行して医師などから病気の予後と退院の見込みを聞くことによって、短期の入院ならば利用者が戻れるように施設のベッドを空けておくようにする。終末期が近い場合には、本人だけでなく家族が施設での看取りを望むのか、延命治療などについてよく話しあうことが大切になる。ボランティアや実習生の受け入れ、家族や行政への連絡など対外的な仕事も多く、業務範囲は広い。

■2 介護老人保健施設

❶入所者と「在宅復帰施設」としての特徴

　介護老人保健施設は「心身の機能の維持回復を図り、居宅における生活を営むことができるようにするための支援が必要」な要介護者が入所する（介護保険法第 8 条第 28 項）。脳梗塞などで入院し病状が安定しても、麻痺が残り、歩けなければ自分でトイレに行くことができない。病院から自宅に戻れない場合、麻痺を補う補装具をつくり、リハビリテーションをして歩けるようになれば自宅に帰ることができる。病院・施設と家庭との間で在宅復帰を助ける施設を「中間施設」と呼ぶが、1986（昭和 61）年、このための老人保健施設が老人保健法改正で創設された。介護保険法の成立により、根拠法が介護保険法とされ、介護老人保健施設となった。さらに、2018（平成 30）年度の介護報酬改定から、「在宅強化型」と「加算型」が従来型に比べて厚く評価され、在宅復帰のための施設としての役割をより強めている。

❷設備と人員の基準

　介護老人福祉施設が生活の場であるため常勤の医師はまれなのに対し、介護老人保健施設では常勤の医師が必ずいる（入所者 100 人に対し 1 人以上）。介護老人保健施設の人員、施設及び設備並びに運営に関する基準によって、療養室の定員は 4 人以下、1 人当たりの床面積は 8m^{2}以上などが決められている。看護・介護職員は入所者数に対し 3 対 1 と定められ、看護職員は看護・介護職員総数の 7 分の 2、介護職員は 7 分の 5 程度が標準とされている。その他、配置する職種は、支援相談員、施設サービス計画をつくる介護支援専門員、理学療法士・作業療法士・

言語聴覚士などのリハビリテーション職、栄養士で、入所者100人に対し各1人以上と規定されているが、リハビリテーション職は基準以上に置く施設が多い。

▌3 介護医療院

　2017（平成29）年度末で廃止となった介護療養型医療施設に代わり2018（平成30）年に新設された施設で、介護療養型医療施設は2018（平成30）年〜2024（令和6）年3月までの6年間のうちに介護医療院などに転換することが定められている。

　介護医療院は、経管栄養や膀胱カテーテル、喀痰吸引など医療と介護の両方を長期に必要とする要介護者を対象にしている。二つの型があり、I型は重篤な身体疾患を有する者および身体合併症を有する認知症高齢者等、II型はI型に比べて比較的安定した容体の人が対象になる。介護医療院の人員、施設及び設備並びに運営に関する基準では、療養室は4人以下で1人当たりの床面積は8m^{2}以上（転換を促す経過措置あり）、機能訓練室、談話室、食堂、浴室などが決められている。また、医療機関と住居スペースの併設型も認められている。

▌4 介護療養型医療施設

　医療法による病院または診療所のうち長期の療養が必要な患者が入院するものには、医療保険による「医療療養病床」と介護保険による「介護療養病床」があり、後者を介護保険で介護療養型医療施設とした（旧介護保険法第8条第26項）。2006（平成18）年の介護保険法改正で介護療養型医療施設は法から削除され、2012（平成24）年3月までに医療療養病床や介護老人保健施設に転換する計画であったが、転換は進まず、2011（平成23）年改正で廃止を2017（平成29）年3月に延期し、2017（平成29）年の介護保険改正によって介護医療院を新設して、2024（令和6）年3月までに転換することにした。

　介護療養型医療施設は、福祉施設のように施設の名前があることはまれで、病院名のなかで一般病棟○床、介護療養型病棟○床と示すことが多い。病院なので終身制ではなく退所を求められることもあり、病室は4人部屋が多い。介護療養型医療施設は、重度の認知症高齢者向けの「老人性認知症疾患療養病棟」と認知症のBPSDのない患者向けの「介護療養病床」に分かれる。2012（平成24）年以降新設は認められないため施設数は減っている。

第5章

高齢者に対する
関連諸制度

　本章では、高齢者を支援する法体系について触れる。とかく介護保険法が意識されがちであるが、老人福祉法にはじまり、多くの法体系が存在する。これらの目的と意義について解説し、総合的な高齢者支援の体系の理解を深めることをねらいとしている。それによって、社会保険と福祉の差異についても認識することができるだろう。

高齢者保健福祉の法体系

学習のポイント

● 将来の日本の高齢化に対応していくための社会づくりの必要性を理解する
● 高齢者を取り巻く各サービスにおいて、それらの根拠法を理解する
● 福祉・保健・社会保険を認識しながら、高齢者を取り巻くサービス体系を学ぶ

　本章では、高齢社会対策基本法から始まって、高齢者の生活に関する法体系について触れる。そこで、重要なのが保健・福祉といった公費（税金）に基づく制度なのか、社会保険といった保険料などが主軸となっている制度なのかを、大枠ながら見極めて、法体系を学んでいかなければならない。

　たとえば、老人福祉法や高齢者、障害者等の移動等の円滑化の促進に関する法律（バリアフリー法）などは保健・福祉の分野に当てはまるが、介護保険法や高齢者の医療の確保に関する法律は、社会保険に当てはまる。ただし、高齢者の医療の確保に関する法律は、一部、保健分野にも当てはまるため、少し複雑である。

　いずれにしろ、高齢者を取り巻く法体系を整理しながら、保健・福祉と社会保険といった差を認識しながら学んでいく必要がある。

　なぜなら、社会保険には「負担と給付」といった考え方があり、保険料を負担することでリスクが生じた際にサービスを享受できる。それに対して、保健や福祉は一定の条件・環境に当てはまれば利用できる。この差を意識しながら高齢者を取り巻く法体系を学ぶことで、利用者の権利といった側面についても理解できるであろう。

　また、制度・政策は、必ず根拠法に基づいているため、本章では高齢者を取り巻くサービス概要を学ぶだけでなく、根拠法を踏まえたうえで理解する。

1 福祉と保健

1 関連する法律

　高齢者を支える制度としては、福祉的側面と保健的側面がある。福祉

的側面としては、たとえば、施設入所、生活支援サービスなど、市町村
が中心となって提供されることが多い。具体的な関連する法律として
は、介護保険法、老人福祉法、高齢者虐待の防止、高齢者の養護者に対
する支援等に関する法律（高齢者虐待防止法）、バリアフリー法、高齢者
の居住の安定確保に関する法律（高齢者住まい法）などが挙げられる。

　一方、保健的サービスは、たとえば、介護予防、栄養教室、健康相談
などが挙げられる。具体的な関連する法律は、介護保険法、高齢者の医
療の確保に関する法律（高齢者医療確保法）などが挙げられる。

2　高齢社会対策基本法は総合施策の源

1 高齢社会対策基本法の成立

　将来の日本の高齢化に対応していくための社会づくりを目指すため、
1995（平成7）年11月、議員立法によって高齢社会対策基本法が成立
し、公布され、同年12月に施行された。高齢者だけではなく、国民全体
が幸福な生活を送るために、どのような社会にしていくべきかの指針を
示すことが目的とされた。

　この法律に記載されている内容は、介護保険法、老人福祉法、高齢者
虐待防止法、バリアフリー法、高齢者住まい法、高齢者医療確保法など
に具現化されており、いわば高齢者関連の総合施策の源となる法律と
いっていいであろう。

2 基本理念

　高齢社会対策基本法第2条において、「高齢社会対策は、次の各号に掲
げる社会が構築されることを基本理念として、行われなければならない」
と規定されている。

第2条各号
一　国民が生涯にわたって就業その他の多様な社会的活動に参加する機
　会が確保される公正で活力ある社会
二　国民が生涯にわたって社会を構成する重要な一員として尊重され、
　地域社会が自立と連帯の精神に立脚して形成される社会
三　国民が生涯にわたって健やかで充実した生活を営むことができる豊
　かな社会

国は、これら三つの基本理念に基づいて高齢社会対策を総合的に策定し実施する責務を有することになっている（法第3条）。そして、地方公共団体においては同じく基本理念に基づいて、国と協力しつつ、当該地域の社会的、経済的状況に応じた高齢社会対策のための施策を策定し、それらを実施する責任がある（法第4条）。

なお、国民においては、高齢化が進む状況を踏まえ、経済・社会の変化についての理解を深め、相互の連帯をいっそう強めていくこととされている。そして、国民自らが高齢期において健やかで充実した生活を営むことができるよう、努力していくことが求められている（法第5条）。

▌3 施策の具体的内容

高齢社会対策基本法では、国が行うべき具体的な施策として以下の6項目に分けて取り組むべきこととなっている（第9条〜第14条）。

❶就業および所得

国は、国民が高齢者になっても働き続けられる環境づくりに努めなければならないとされている。具体的には、高齢者自身の意欲と能力に応じて就業することができる、多様な機会を確保しなければならない。高齢者は長期にわたる職業生活を通じて職業能力を開発しており、その能力を社会で発揮できるようにしていく必要な施策を講ずることとされている。

なお、国は公的年金制度について雇用との連携を図りつつ、適正な給付水準を確保するよう必要な施策を講じることが必要である。そして、高齢期の豊かな生活の実現に資するため、国民の自主的な努力による資産の形成等を支援するような施策を講ずることとなっている。

❷健康および福祉

国は、国民が生涯にわたって自らの健康の保持増進に努めることができる総合的な施策を講じなければならない。そして、高齢者の保健および医療ならびに福祉に関する多様な需要に的確に対応するため、福祉・保健・医療サービスを総合的に提供する体制整備を図ることとなっている。そして、適切な介護のサービスを受けることができる基盤整備を推進し必要な施策を図ることとなっている。

なお、民間事業者が提供する保健医療サービスおよび福祉サービスにおいても、健全な育成および活用を図るような施策を講じなければならない。

Active Learning

国が具体的に実施している高齢社会対策基本法における六つの項目を理解しましょう。そして、各施策の関連する法律も調べてみましょう。

❸学習および社会参加

国民が生きがいをもって豊かな生活を営むことができるように、国は生涯学習[★]の機会を確保しなければならない。そして、高齢者の社会的活動への参加を促し、ボランティア活動の基盤を整備するよう必要な施策を講ずることとなっている。

❹生活環境

高齢者が自立した日常生活を営むことができるように、国は高齢者に適した住宅等の整備を促し、高齢者のための住宅を確保しなければならない。そして、高齢者の円滑な利用に配慮された公共的施設の整備を促進するよう、必要な施策を講ずることとなっている。

また、国は、高齢者の交通の安全を確保するとともに、高齢者を犯罪の被害、災害等から保護する体制を整備するよう必要な施策を講じなければならない。

❺調査研究等の推進

国は、高齢者の健康の確保、自立した日常生活への支援等を図るため、さまざまな調査研究に努めなければならない。たとえば、「高齢者の住宅と生活環境に関する調査」「高齢者の健康に関する調査」「高齢者の経済・生活環境に関する調査」などがある。

❻国民の意見の反映

国は、高齢社会対策の適正な策定および実施に資するため、国民の意見を施策に反映させるため、必要な施策を講ずることとなっている。

4 高齢社会対策会議

これら高齢社会対策基本法を推進する機関として、内閣府に内閣総理大臣を会長として、高齢社会対策会議を設置することが法律上義務づけられている。そして、これらの委員は、内閣官房長官、関係行政機関の長および内閣府設置法に規定する特命担当大臣のうちから内閣総理大臣が任命するとされ、会議の組織および運営に関し必要な事項は、政令で定めることとなっている（法第15条〜第16条）。

なお、高齢社会対策基本法に基づき、1996（平成8）年から毎年政府が国会に提出している年次報告書として「高齢社会白書」があり、高齢化の状況や政府が講じた高齢社会対策の実施の状況、また高齢化の状況を考慮して講じる施策について明らかにされている。

★生涯学習
教育基本法第3条では、「その生涯にわたって、あらゆる機会に、あらゆる場所において学習することができ」とされ、学校教育、社会教育、文化活動、スポーツ活動、レクリエーション活動、ボランティア活動、企業内教育、趣味などの場で学習活動が展開されること。

5 高齢社会対策大綱

❶高齢社会対策の中長期的な指針

高齢社会対策基本法第6条において、「政府は、政府が推進すべき高齢社会対策の指針として、基本的かつ総合的な高齢社会対策の大綱を定めなければならない」とされている。最初の高齢社会対策大綱の策定は1996（平成8）年7月5日に閣議決定され、これまで数回改定されている。現行のものは2018（平成30）年2月16日に閣議決定されたもので、前回2012（平成24）年9月7日閣議決定された高齢社会対策大綱を改定したものである。これらは中長期的な指針としての性格に鑑み、経済社会情勢の変化等を踏まえて、おおむね5年を目途に必要があると認めるときに見直される。

❷基本的な考え方

現行の高齢社会対策大綱においては、70歳以降でも個々人の意欲・能力に応じた力を発揮できる現代社会を前提に、「高齢者を支える」発想とともに、それらの能力発揮を可能にする社会環境を整えることが目指されている[1]。

そのため、❶年齢による画一化を見直し、すべての年代の人々が希望に応じて意欲・能力を活かして活躍できるエイジレス社会を目指す、❷地域における生活基盤を整備し、人生のどの段階でも高齢期の暮らしを具体的に描ける地域コミュニティをつくる、❸技術革新の成果が可能にする新しい高齢社会対策を志向する、といった3点の考え方がコンセプトとして位置づけられている[2]。

❸分野別の基本的施策

高齢社会対策大綱では、分野別基本施策として中期にわたる指針項目が以下のとおり盛りこまれている[3]。また、本大綱を実効性のあるものとするため、各分野において「数値目標」および「参照指標」が示されている（**表5-1**）。

① 就業・所得

(1) エイジレスに働ける社会の実現に向けた環境整備

❶ 多様な形態による就業機会・勤務形態の確保

❷ 高齢者等の再就職の支援・促進

❸ 高齢期の起業の支援

❹ 知識、経験を活用した高齢期の雇用の確保

❺ 勤労者の職業生活の全期間を通じた能力の開発

❻ ゆとりある職業生活の実現等

表5-1　高齢社会対策大綱における主な数値目標

①就業・所得	・60〜64歳の就業率を63.6%（2016年）→67.0%（2020年） ・テレワーク導入企業を2012年度（11.5%）→3倍（2020年） ・テレワーク制度等に基づく雇用型テレワーカーの割合2016年度（7.7%）→倍増（2020年）
②健康・福祉	・健診受診率（40〜74歳）71.0%（2016年）→80.0%（2020年） ・65歳以上の運動習慣者の割合：男性52.5%（2015年）→58.0%（2022年度）、女性38.0%（2015年）→48.0%（2022年度） ・介護職員数183.1万人（2015年度）→231万人（2020年代初頭） ・介護施設・サービスを利用できないことを理由とする介護離職者数10.1万人（2012年）→解消（2020年代初頭）
③学習・社会参加	・社会的な活動を行っている高齢者の割合：男性62.4%（2016年）→80.0%（2020年）、女性55.0%（2016年）→80.0%（2020年）
④生活環境	・高齢者人口に対する高齢者向け住宅の割合2.2%（2014年）→4.0%（2025年） ・鉄軌道車両のバリアフリー化率67.7%（2016年度）→約70%（2020年度） ・福祉タクシーの導入数1万5128台（2016年度）→約2万8000台（2020年度） ・80歳以上の高齢運転者による交通事故死者数266人（2016年）→200人以下（2020年）
⑤研究開発・国際社会への貢献等	・ロボット介護機器の市場規模24.4億円（2015年）→約500億円（2020年） ・医療機器の輸出額6000億円（2015年度）→約1兆円（2020年） ・国内医療機器市場規模2.7兆円（2015年）→3.2兆円（2020年）

出典：内閣府「高齢社会対策大綱」平成30年2月16日より作成

(2)　公的年金制度の安定的運営

❶　持続可能で安定的な公的年金制度の運営

❷　高齢期における職業生活の多様性に対応した年金制度の構築

❸　働き方に中立的な年金制度の構築

(3)　資産形成等の支援

❶　資産形成等の促進のための環境整備

❷　資産の有効活用のための環境整備

②　**健康・福祉**

(1)　健康づくりの総合的推進

❶　生涯にわたる健康づくりの推進

❷　介護予防の推進

(2)　持続可能な介護保険制度の運営

(3)　介護サービスの充実（介護離職ゼロの実現）

❶　必要な介護サービスの確保

❷　介護サービスの質の向上

❸　地域における包括的かつ持続的な在宅医療・介護の提供

❹　介護と仕事の両立支援

(4)　持続可能な高齢者医療制度の運営

(5)　認知症高齢者支援施策の推進

★**介護離職ゼロ**
政府は「一億総活躍社会」として、「安心につながる社会保障」の具現化のために2020年代初頭までに家族の介護を理由とした離職の防止等を図ることとしている。そのため、介護サービスの確保と、働く環境改善・家族支援策を図っている。介護職員が離職する「介護離職」とは異なる概念。

(6)　人生の最終段階における医療のあり方

(7)　住民等を中心とした地域の支えあいの仕組みづくりの促進

③　学習・社会参加

(1)　学習活動の促進

❶　学校における多様な学習機会の提供

❷　社会における多様な学習機会の提供

❸　社会保障等の理解促進

❹　ICT リテラシーの向上

❺　ライフステージに応じた消費者教育の取り組みの促進

(2)　社会参加活動の促進

❶　多世代による社会参加活動の促進

❷　市民や NPO 等の担い手の活動環境の整備

④　生活環境

(1)　豊かで安定した住生活の確保

❶　次世代へ継承可能な良質な住宅の供給促進

❷　循環型の住宅市場の実現

❸　高齢者の居住の安定確保

(2)　高齢社会に適したまちづくりの総合的推進

❶　多世代に配慮したまちづくり・地域づくりの総合的推進

❷　公共交通機関等の移動空間のバリアフリー化

❸　建築物・公共施設等のバリアフリー化

❹　活力ある農山漁村の再生

(3)　交通安全の確保と犯罪、災害等からの保護

❶　交通安全の確保

❷　犯罪、人権侵害、悪質商法等からの保護

❸　防災施策の推進

(4)　成年後見制度の利用促進

⑤　研究開発・国際社会への貢献等

(1)　先進技術の活用および高齢者向け市場の活性化

(2)　研究開発等の推進と基盤整備

❶　高齢者に特有の疾病および健康増進に関する調査研究等

❷　医療・リハビリテーション・介護関連機器等に関する研究開発

❸　情報通信の活用等に関する研究開発

❹　高齢社会対策の総合的な推進のための調査分析

❺　データ等活用のための環境整備

★ ICT リテラシー
そもそも ICT とは、情報（information）通信（communication）に関する技術（technology）を意味する。また、リテラシーとは、「特定分野の知識」を指す。つまり、これら ICT の知識を仕事で十分に活用し、併せて自分にとって必要な情報だけを判断する能力といえる。

(3) 諸外国との知見や課題の共有

❶ 日本の知見の国際社会への展開

❷ 国際社会での課題の共有および連携強化

⑥ すべての世代の活躍推進

高齢社会対策大綱のとりまとめ議論とは別に、少子高齢化と同時にライフスタイルが多様となるなかで、誰もが安心できる社会保障制度にかかわる検討を行うため、政府は 2019（令和元）年 9 月から全世代型社会保障検討会議を開催している。

★**全世代型社会保障検討会議**
政府主催の会議で、消費税 5 ％から 10%の引き上げに伴う財源使途の議論と併せて、「人生 100 年時代」を迎えようとする日本社会で、子どもから高齢者まで、どのような社会保障体系および働き方などがふさわしいかを議論する。具体的には 2040（令和 22）年の超高齢化・少子化時代を想定した社会のあり方が議論される。

第**5**章 高齢者に対する関連諸制度

◇引用文献
1）内閣府「高齢社会対策大綱」p. 1，平成30年 2 月16日
2）同上，pp. 3〜4
3）同上，pp. 6〜34

● **おすすめ**
・川北稔『8050問題の深層』NHK 出版，2019.
・結城康博『介護職がいなくなる』岩波書店，2019.

第 2 節　老人福祉法

学習のポイント

- 老人福祉法の目的や理念について理解する
- 老人福祉法と介護保険法との関係性について理解する
- 地域包括ケアの実現に向けた老人福祉法の改正について理解する

1　老人福祉法成立の背景

　日本における高齢者福祉に関する制度の起源としては、近代国家の体制が整備されつつあった 1874（明治 7）年の恤救規則が挙げられる。この制度は高齢者のみならず貧困者も救済する救貧制度で、対象は「無告の窮民」とされ、極貧の独身障害者、70 歳以上の高齢者、13 歳以下の児童など労働力のない者とした。その後、1929（昭和 4）年に制定された救護法は、65 歳以上の老衰者、❷ 13 歳以下の幼者、❸妊産婦、❹心身の障害により働くことができない者を対象とした。居宅保護を原則としていたが、養老院や孤児院、病院なども利用され、国家がその責任において生活困窮者を救護したのである。

　このように、1900 年代前半に公的扶助や社会保険を中心とした政策が展開されたが、社会福祉を含めた社会保障制度が発達するのは、1945（昭和 20）年の第二次世界大戦終戦以降となる。

　1940 年代後半には、児童福祉法（1947（昭和 22）年）や身体障害者福祉法（1949（昭和 24）年）が成立し、児童や身体障害者を対象とした福祉制度が設けられた。そして、1960 年代に入ると、戦後の状況から復興を遂げ、高度経済成長期に入った時期であり、産業化に伴う地方から都市部への人口流入や過疎化、核家族化や老親扶養の意識低下に伴う家族機能の衰退など高齢者を取り巻く社会環境は大きく変化していった。こうして「高齢者の暮らしへの不安」が社会問題化していくなかで、高齢者福祉施策を体系的に整備し総合的に推進する基本法として、1963（昭和 38）年に老人福祉法が成立したのである。同法は、1950（昭和 25）年に制定された（新）生活保護法のもと救貧対策中心であったこれまでの高齢者福祉施策から脱却し、高齢者を対象とした固有の制度と

★**無告の窮民**
「身寄りのない貧困者」のことを指す。恤救規則は、国家主導の慈恵主義的な救済であった。血縁・地縁関係による相互扶助による救済（人民相互の情誼）を前提とし、それらに頼ることのできない者を対象とした。

なった。なお、当時の高齢化率は約 6 ％であり、それが 7 ％を超えて「高齢化社会」となったのは 1970（昭和 45）年である。

老人福祉法の改正経過

　1963（昭和 38）年に老人福祉法が制定された当時、65 歳以上の高齢者に対する健康診査が設けられたほか、老人医療費の支給や老人ホームへの入所、老人クラブへの助成、老人宅へ家庭奉仕員の派遣などが行われた。そして 1970（昭和 45）年に「社会福祉施設緊急整備 5 か年計画」が掲げられ、老人ホームの設立が相次いだ。加えて 1973（昭和 48）年には老人福祉法が一部改正され、70 歳以上の高齢者に対して「老人医療の無料化」が実施された。しかし、老人保健法（1982（昭和 57）年）の制定により、この無料化は廃止され、国民が高齢者医療に係る費用を公平に負担するという考えのもと、高齢者にも医療費の一部負担が導入されていった。

　その後、高齢者の保健福祉サービスの量と質の充実、そして利用者の選択を尊重する福祉施策への転換を図るべく 1989（平成元）年「高齢者保健福祉推進十か年戦略（ゴールドプラン）」が掲げられ、市町村における特別養護老人ホーム、デイサービス、ショートステイなどの施設の緊急整備、ホームヘルパーの養成など在宅福祉の推進が進められた。1994（平成 6）年には、自治体の老人保健福祉計画の内容を踏まえ、計画の目標値を引き上げた「新・高齢者保健福祉推進十か年戦略（新ゴールドプラン）」が策定された。同計画は在宅介護のさらなる充実に重点を置き、ヘルパー数の確保、訪問看護ステーションを設置するなどの目標が盛り込まれた。さらに 1999（平成 11）年「今後 5 か年間の高齢者保健福祉施策の方向（ゴールドプラン 21）」では、介護サービスの基盤整備と生活支援対策などが盛り込まれ、高齢者ができる限り「若々しい高齢者（ヤング・オールド）」として、健康で生き生きとした生活を送れるよう、社会参画の仕組みづくりが進められていった。

　また、この頃ゴールドプランの流れを受けて、老人福祉法（1990（平成 2）年）を含む福祉関係八法改正が行われ、市町村が在宅福祉と施設福祉を一元的かつ計画的に提供できる体制の整備や、市町村および都道府県への「老人保健福祉計画」の策定の義務が設けられた。

　こうしてゴールドプラン、新ゴールドプラン、ゴールドプラン 21 と

★健康診査
高齢者の疾病予防、早期発見・早期治療を目的として市町村長が 65 歳以上の高齢者に対して年 1 回の診査を実施するものであった。その後、1969（昭和 44）年には集団検診が受診できない寝たきりなどの高齢者に対して、居宅において医師、看護師を派遣する訪問診査が創設された。

★福祉関係八法改正
老人福祉法等の一部を改正する法律（平成 2 年法律第 58 号）。老人福祉法、身体障害者福祉法、精神薄弱者福祉法（現・知的障害者福祉法）、児童福祉法、母子及び寡婦福祉法（現・母子及び父子並びに寡婦福祉法）、社会福祉事業法（現・社会福祉法）、老人保健法（現・高齢者の医療の確保に関する法律）、社会福祉・医療事業団法（廃止）の八つの法が一部改正となった。

改定しながら特別養護老人ホームなどの施設入所を中心とした高齢者福祉の時代から、住み慣れた地域や在宅でのサービス提供を可能とした高齢者保健福祉施策の時代へと福祉政策全体の方向転換が図られていった。

 3 老人福祉法の目的と理念

┃1 目的

老人福祉法第1条において「この法律は、老人の福祉に関する原理を明らかにするとともに、老人に対し、その心身の健康の保持及び生活の安定のために必要な措置を講じ、もって老人の福祉を図ることを目的とする」と定められている。

つまり、同法の目的は、❶高齢者の福祉に関する原理を明らかにすること、❷高齢者の心身の健康の保持および生活の安定のために必要な措置を講じること、この二つといえる。

┃2 基本的理念

老人福祉法の基本的理念は、老人福祉法第2条において「老人は、多年にわたり社会の進展に寄与してきた者として、かつ、豊富な知識と経験を有する者として敬愛されるとともに、生きがいを持てる健全で安らかな生活を保障されるものとする」と定められている。

法第3条において「老人は、老齢に伴って生ずる心身の変化を自覚して、常に心身の健康を保持し、又は、その知識と経験を活用して、社会的活動に参加するように努めるものとする」、そして「老人は、その希望と能力とに応じ、適当な仕事に従事する機会その他社会的活動に参加する機会を与えられるものとする」と定められている。

4 老人福祉法の構成と内容

┃1 構成

老人福祉法は、「総則」「福祉の措置」「事業及び施設」「老人福祉計画」「費用」「有料老人ホーム」「雑則」「罰則」の八つから構成される。

2 主な内容

❶老人福祉増進の責務

　法第4条第1項では「国及び地方公共団体は、老人の福祉を増進する責務を有する」と定め、高齢者福祉の増進には国および地方公共団体に責任と義務があることを示した。また、事業者に対しても責務があるとし、「老人の生活に直接影響を及ぼす事業を営む者は、その事業の運営に当たっては、老人の福祉が増進されるように努めなければならない」（法第4条第3項）とした。

❷老人の日および老人週間

　法第5条では「国民の間に広く老人の福祉についての関心と理解を深めるとともに、老人に対し自らの生活の向上に努める意欲を促すため、老人の日及び老人週間を設ける」として、老人の日を9月15日、老人週間を9月15日から同月21日までと定めた。

❸老人福祉法に規定される老人居宅生活支援事業

　「老人居宅生活支援事業」とは老人居宅介護等事業、老人デイサービス事業、老人短期入所事業、小規模多機能型居宅介護事業、認知症対応型老人共同生活援助事業および複合型サービス福祉事業の六つであると定めた（法第5条の2）。

❹老人福祉法に規定される老人福祉施設（**表5-2**）

　「老人福祉施設」とは、老人デイサービスセンター、老人短期入所施設、養護老人ホーム、特別養護老人ホーム、軽費老人ホーム、老人福祉センターおよび老人介護支援センターの七つであると定めた（法第5条の3）。

❺関係機関などの協力

　保健所や民生委員との協力を定めており、法第8条では「保健所は、老人の福祉に関し、老人福祉施設等に対し、栄養の改善その他衛生に関する事項について必要な協力を行うものとする」とし、法第9条では「民生委員は、この法律の施行について、市町村長、福祉事務所長又は社会福祉主事の事務の執行に協力するもの」とした。

❻老人福祉計画

　老人福祉法では、市町村および都道府県に対して老人福祉計画を定めるよう求めている（第20条の8、第20条の9）。市町村では「市町村老人福祉計画」にて老人居宅生活支援事業および老人福祉施設による事業（老人福祉事業）の供給体制の確保に関する計画を定めている。一方、都道府県では「都道府県老人福祉計画」にて老人福祉事業の供給体制の

★民生委員
都道府県知事の推薦によって厚生労働大臣から委嘱される。それぞれの地域において、常に住民の立場に立って相談に応じ、必要な援助を行い、社会福祉の増進に努める。児童委員を兼ねる。

表5-2　老人福祉法に規定される老人福祉施設

分類	施設	利用形態	概要
入所施設	養護老人ホーム	措置	・対象：原則65歳以上、環境上および経済的理由から居宅で養護を受けることが難しい者 ・内容：養護および社会復帰の促進、自立のために必要な指導や訓練、その他の援助
	特別養護老人ホーム	措置	・対象：原則65歳以上、身体上または精神上著しい障害のため、常時の介護を居宅で受けることが難しい者 ・内容：やむを得ない事由により介護保険法の介護老人福祉施設等に入所することが著しく困難な者等を養護
	軽費老人ホーム	契約	・対象：原則60歳以上、身体機能の低下等により自立した日常生活を営むことについて不安があると認められた者で家族による援助が難しい者 ・内容：無料または低額な料金で入居させ、日常生活上必要な便宜を提供する
短期入所施設	老人短期入所施設	措置	・対象：原則65歳以上、介護者の疾病、その他の理由により居宅で介護を受けることが一時的に困難になった者 ・内容：やむを得ない事由により介護保険法の短期入所生活介護等を利用することが著しく困難な者等を短期間入居させ日常生活の介護を提供する
通所	老人デイサービスセンター	措置	・対象：原則65歳以上、身体上または精神上の障害があるため日常生活を営むのに支障がある者 ・内容：やむを得ない事由により介護保険法の通所介護等を利用することが著しく困難な者等を施設に通わせて入浴、排せつ、食事などの介護、機能訓練、介護方法の指導その他の便宜を提供する
利用	老人福祉センター		・無料または低額な料金で相談、健康増進、教養の向上、レクリエーションの提供
	老人介護支援センター（在宅介護支援センター）		・地域の要援護高齢者の介護ニーズに対応して市町村や関係機関との連絡調整を行う ・高齢者福祉に関する情報の提供、相談、指導、介護の措置など総合的援助を行う ＊介護保険法の改正（2005（平成17）年）によりその大半は、地域包括支援センターに再編

Active Learning

あなたの住む町で老人福祉法に基づく施設を調べて、地域資源マップを作成してみましょう。

確保に関する計画を定めている。

その他、近年の動向として、2011（平成 23）年の法改正により、市町村に市民後見人の育成および活用のために必要な措置を講じるよう努力義務が設けられた（法第 32 条の 2 第 1 項）。

★市民後見人
一般の市民による後見人を指す。市民後見人の場合には、日常的な金銭管理や本人宅への定期訪問など安定的な身上保護の事務を行うことが一般的である。

5 老人福祉法に基づく措置

日本における福祉制度は、長期にわたって措置という仕組みによって営まれてきたが 2000（平成 12）年の介護保険制度の導入に伴い、高齢者福祉サービスは、これまでの措置制度から原則、利用契約の方式へと変化した。これには、利用者による自由なサービスの選択と自己決定の尊重が根底にある。しかし、介護保険法施行後も、老人福祉法において虐待など「やむを得ない事由」で介護保険サービスの利用や居宅において養護を受けることが困難な高齢者に対し、市町村が職権をもって必要なサービスを提供できるよう措置は現在もなお存続している。この老人福祉法における措置制度に関する規定は、❶居宅サービス（第 10 条の 4 第 1 項）、❷養護老人ホームへの入所（第 11 条第 1 項第 1 号）、❸特別養護老人ホームへの入所（第 11 条第 1 項第 2 号）等に定められている。特に、養護老人ホームへの入所措置では、高齢者が 65 歳以上であって表 5-3 の環境上の理由および経済的理由のいずれにも該当し、居宅で養護を受けられなくなった場合に行うとした。

また「やむを得ない事由」に関しては、通知「老人ホームへの入所措置等の指針について」により介護サービスの契約や介護保険認定の申請を期待できず、介護サービスを利用することができない場合や高齢者虐

Active Learning
老人福祉法に関する具体的なサービス項目を確認しておきましょう。そして、措置制度の意義や目的など、介護保険法との違いについても調べてみましょう。

表5-3　養護老人ホームへの入所措置の基準

措置基準		内容
環境上の理由（①および②該当）	①健康状態	・入院や加療を必要とする状態でない ・感染性疾患を有し他の被措置者（措置を受けた者）に感染させるおそれがない
	②環境状況	・家族や住居の状況など、現在置かれている環境の下では在宅において生活することが困難
経済的理由		・高齢者の属する世帯が生活保護法による保護世帯など

出典：埼玉県三郷市「老人福祉法第11条第 1 項の規定に基づく入所等に係る措置に関する規則」

待などからの保護、養護者支援のために必要性がある場合とされている。この事由は高齢者の生命または身体の安全を最優先としたものであり、各市町村において要綱、要領や施行細則等によって老人福祉法の措置に関する取り決めを設けている。

6 有料老人ホーム

高齢者を入居させ、入浴、排泄もしくは食事の介護、食事の提供またはその他の日常生活上必要な便宜などを供与する事業を行う施設である（老人福祉法第29条第1項）。また、高齢者の多様なニーズに対応できるよう目的別にさまざまなタイプを備えている（**表5-4**）。

これらの施設は、老人福祉法に規定されているが「老人福祉施設」には含まれていない一方で、介護保険制度における「特定施設入居者生活介護」として、介護保険の給付対象に位置づけられている。高齢者を特定施設（有料老人ホーム、養護老人ホーム、軽費老人ホーム）に入居させ、特定施設サービス計画に基づき、①入浴、排泄または食事の介護、②食事の提供、③洗濯、掃除等の家事、④健康管理のいずれかの（複数も可能）サービスを提供している。

介護保険制度の施行以降、有料老人ホームは民間企業の参入や2006

表5-4　有料老人ホームの類型

類型	類型の説明
介護付有料老人ホーム（一般型特定施設入居者生活介護）	介護等のサービスが付いた高齢者向けの居住施設。 介護が必要となっても、当該有料老人ホームが提供する特定施設入居者生活介護を利用しながら当該有料老人ホームの居室で生活を継続することが可能（介護サービスは有料老人ホームの職員が提供する。特定施設入居者生活介護の指定を受けていない有料老人ホームについては介護付と表示することはできない）。
介護付有料老人ホーム（外部サービス利用型特定施設入居者生活介護）	介護等のサービスが付いた高齢者向けの居住施設。 介護が必要となっても、当該有料老人ホームが提供する特定施設入居者生活介護を利用しながら当該有料老人ホームの居室で生活を継続することが可能（有料老人ホームの職員が安否確認や計画作成等を実施し、介護サービスは委託先の介護サービス事業所が提供する。特定施設入居者生活介護の指定を受けていない有料老人ホームについては介護付と表示することはできない）。
住宅型有料老人ホーム	生活支援等のサービスが付いた高齢者向けの居住施設。 介護が必要となった場合、入居者自身の選択により、地域の訪問介護等の介護サービスを利用しながら当該有料老人ホームの居室での生活を継続することが可能。
健康型有料老人ホーム	食事等のサービスが付いた高齢者向けの居住施設。 介護が必要となった場合には、契約を解除し退去しなければならない。

出典：「有料老人ホームの設置運営標準指導指針について」平成14年7月18日老発第0718003号，別表を一部改変

（平成18）年に従来の定員要件が廃止され、対象サービスの拡大に伴い施設数が急増した。しかし、施設利用に関する契約・解約の消費者トラブルが相次ぎ、社会問題となった。

　こうした社会情勢を背景に、有料老人ホームを対象とした指導の強化が図られ、有料老人ホーム設置運営標準指導指針の幾度かの改定を経て、2018（平成30）年「地域包括ケアシステムの強化のための介護保険法等の一部を改正する法律」施行に係る老人福祉法の一部改正（第29条の改正）が行われた。それに伴い有料老人ホームの設置者は、有料老人ホームにおいて介護等の内容および運営状況に関する必要な情報を都道府県知事に報告することが義務づけられた。さらに、都道府県知事は、その情報公開や老人福祉法その他老人の福祉に関する法律等に違反した場合、設置者に対して、事業の制限又は停止を命ずることができる。また、入居者の生活の安定等を図るため必要があるときは、当該入居者に対し、介護等の供与を継続的に受けるために必要な助言等の援助に努めることが示された。

◇参考文献
・「有料老人ホームの設置運営標準指導指針について」（平成14年7月18日老発第0718003号）
・「老人福祉法の施行について」（昭和38年7月15日発社第235号）
・古川孝順『社会福祉学』誠信書房，2002.
・池田敬正『日本における社会福祉のあゆみ』法律文化社，1996.
・牧野篤監，飯間敏弘・佐藤智子編『市民後見入門』誠信書房，2017.
・斉藤雅茂『高齢者の社会的孤立と地域福祉——計量的アプローチによる測定・評価・予防策』明石書店，2018.

●おすすめ
・中田雅美『高齢者の「住まいとケア」からみた地域包括ケアシステム』明石書店，2015.
・高山義浩『地域医療と暮らしのゆくえ——超高齢社会をともに生きる』医学書院，2016.
・リンダ・グラットン・アンドリュー・スコット，池村千秋訳『LIFE SHIFT（ライフ・シフト）』東洋経済新報社，2016.

高齢者医療確保法

学習のポイント

● 高齢者医療確保法の概要について学ぶ
● 旧・老人保健法の流れについて理解する
● 後期高齢者医療制度について理解する
● 特定健康診査、特定保健指導について理解する

1 増え続ける国民医療費の抑制を目指して

　高齢化が加速し、国民医療費も増加の一途をたどる状況において、2006（平成18）年の医療制度改正の一つとして、高齢者の医療の確保に関する法律（高齢者医療確保法）が老人保健法を改正して成立、2008（平成20）年より施行された。75歳以上の後期高齢者の医療について、従来の医療保険制度から独立した医療制度が創設された。

　また、都道府県は、住民の健康増進や医療費の適正化を進めるため、国の定めた医療費適正化計画に基づき、都道府県医療費適正化計画を定め、目標の達成に向けて、取り組みを進めることが義務づけられた。

★ **医療費適正化計画**
医療費抑制、適正化のために、特定健康診査・特定保健指導の実施率の向上、平均在院日数の減少、療養病床から介護保険施設への再編成などの目標を定めたもの。第1期（2008〜2012年度）、第2期（2013〜2017年度）、第3期（2018〜2023年度）が定められた。

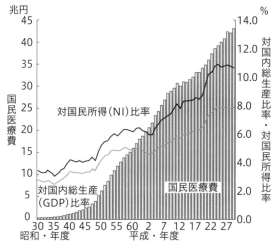

図5-1　国民医療費・対国内総生産・対国民所得比率の年次推移

出典：厚生労働省「平成29年度国民医療費の概況」

　国民の 1 人当たりの医療費は、後期高齢者が年間 94.5 万円/人、後期高齢者以外では 22.1 万円/人となっている[1]。疾病全体に占める生活習慣病（虚血性心疾患、脳血管疾患、糖尿病、がん）の割合は増加しており、生活習慣病の予防と重症化予防が医療費抑制に大きく関与している。

　そのため、高齢者医療確保法により、40 歳以上の者へのメタボリックシンドロームに関する健康診査として、特定健康診査・特定保健指導の実施が医療保険者に義務づけられた。

2 旧・老人保健法の流れ

　1963（昭和 38）年に、高齢化社会に向けて、高齢者の心身の健康の保持、生活の安定のために必要な措置を講じることを目的とした老人福祉法が制定された。

　それまでの日本においては、救貧対策としての高齢者対策が主であったが、老人福祉法により、老人福祉施設の設置、老人の健康診査の実施などが定められた。1972（昭和 47）年に、老人福祉法が改正され、老人医療費支給制度として、70 歳以上の老人の医療費が無料となった。これにより、医療が必要のない高齢者の病院受診や社会的入院が行われ、医療費の増大につながった。

　老人福祉法が改正された当時（1972（昭和 47）年）の日本は、すでに高齢化社会に突入しており、その後も老年人口の割合は、増加の一途をたどり、老人医療費支給制度は、国や自治体の大きな財政負担となった。

　1982（昭和 57）年に、疾病の予防、治療、機能訓練等の保健事業を総合的に実施し、国民保健の向上および老人福祉の増進を図ることを目的に老人保健法が制定された。それにより、老人医療費支給制度が見直され、70 歳以上（および 65〜69 歳の寝たきりの者）を対象とした医療についても一部自己負担となった。老人保健法では、老人保健施設の療養費の支給、老人訪問看護療養費の支給についても定められた。医療以外の保健事業として、疾病の予防、早期発見のため、40 歳以上の者を対象にした健康診査、機能訓練、訪問指導などについて、市町村が主体となって行われた。

　2006（平成 18）年に、医療費適正化を目指して、老人保健法が高齢者医療確保法に改正された。2000（平成 12）年に、今までの家族による介護から、社会による介護を目指して、保健医療と福祉サービスを統合

★メタボリックシンドローム
単に肥満というのみでなく、内臓肥満に高血圧・高血糖・脂質代謝異常が組み合わさることにより、心臓病や脳卒中などになりやすい状態。

第5章 高齢者に対する関連諸制度

★社会的入院
入院による治療の必要性が低くなっていながら帰る家がない、介護者がいないなどの理由で入院の続く状態。老人医療費支給制度を利用して、必要のない投薬や治療が行われていたことが社会問題となった。

Active Learning
社会的入院は、どのような背景（社会的、時代的など）により起こっていたのか考えてみましょう。

図5-2　高齢者の保健医療福祉に関する法律の変遷

老人福祉法（1963年）
老人福祉施設の設置 老人医療費支給制度 老人健康診査事業

老人福祉法
高齢者福祉施設の設置

老人保健法（1982年）
老人医療費一部自己負担 老人保健事業 老人保健施設 老人訪問看護制度

老人福祉法
福祉の措置による 老人福祉サービス

高齢者医療確保法 （2006年）
特定健康診査・特定保健 指導 後期高齢者医療制度

介護保険法（2000年）
介護保険制度

した制度として、介護保険法が施行されている。それまで老人保健法により定められていた老人訪問看護といった介護サービスは介護保険法、医療制度は高齢者医療確保法により担われることとなった。40歳以上の者への医療以外の保健事業については、健康増進法に基づく健康増進事業として引き継がれた。

 特定健康診査と特定保健指導

　生活習慣病は、生活習慣と大きく関係しており、生活習慣（食習慣、運動習慣、休養、喫煙、飲酒など）を変えることで改善が期待でき、壮年期からの予防が効果的なものである。予防や早期発見により、脳血管疾患、心疾患、腎疾患等の予防・重症化予防が可能になり、医療費の抑制にもつながることが期待される。

　そのため、特定健康診査（**表5-5**）は対象を40歳〜74歳とし、健診結果から必要な者（メタボリックシンドローム該当者・予備群）に対して、そのリスクに応じて特定保健指導を実施する（**表5-6**）。多くの健康保険組合は医療機関へ健診実施の委託をしており、受診者は医療機関を

表5-5　特定健康診査の検査項目

既往歴、身体診察、身長・体重・腹囲の測定、BMI、血圧、肝機能検査、血中脂質検査、血糖検査、尿検査 ＊上記の結果から必要時、貧血検査、心電図検査、眼底検査、腎機能検査などが追加される。

表5-6　健診結果からの特定保健指導対象者の階層化

腹囲	追加リスク①血糖②脂質③血圧	喫煙歴	40〜64歳	65〜74歳
85cm 以上（男性）90cm 以上（女性）	2つ以上当てはまる		積極的支援	動機づけ支援
	1つ当てはまる	あり	積極的支援	
		なし	動機づけ支援	
上記以外でBMI が25以上	3つ当てはまる		積極的支援	
	2つ当てはまる	あり	積極的支援	
		なし	動機づけ支援	
	1つ当てはまる		動機づけ支援	

出典：厚生労働省「特定健康診査・特定保健指導の円滑な実施に向けた手引き（第3.1版）」p.15,図表7をもとに作成

選択して健診を受ける。

　特定保健指導は、医師・保健師・管理栄養士等の専門職者が、初回に個別面接あるいはグループ面接を行い、対象者の生活習慣などを把握し、対象者が主体的に生活習慣改善に取り組めるような6か月後の目標と達成のための計画（体重を○○ kg にする、そのために摂取カロリーを一日○○ kcal にし、毎日○○歩、歩くなど）を一緒に立案する。6か月後に目標達成の確認と今後の生活への助言などを行う。リスクのより高い積極的支援対象者には、6か月間の間、電話やメールによる指導を行う。

Active Learning

特定保健指導の指導プログラムにおける、行動変容に関する理論を調べてみましょう。

4 後期高齢者医療制度

　老人保健法の老人医療制度により、70 歳以上の者に対しても医療費の1割自己負担を求めることとなった。その後、2002（平成 14）年の医療制度改革によって、老人医療制度の対象を 75 歳（65 歳以上の寝たきりの者を含む）以上に引き上げた。そして、75 歳以上の高齢者は老人医療制度、退職後の 74 歳までの高齢者は退職者医療制度もしくは市町村の国民健康保険に加入しての医療費の支給が行われていた。しかし、高齢化はますます加速し、現役世代への負担も大きいものになっていった。

　そこで、2006（平成 18）年に老人保健法が高齢者医療確保法に改正され、一人当たりの医療費が高額である後期高齢者の医療費については、現役世代の医療制度とは切り離し、後期高齢者医療制度（長寿医療制度）によるものとなった。運営は、各都道府県の全市町村が加入する後期高

★退職者医療制度
退職者が会社等の被用者健康保険から市町村の国民健康保険に移ることにより、市町村国民健康保険の負担が大きくなることを是正するため、退職後も 75 歳になるまでは被用者保険からの拠出金と本人の保険料で医療費を賄う医療制度（2008（平成 20）年に原則廃止）。

第5章 高齢者に対する関連諸制度

図5-3　後期高齢者医療制度の財源

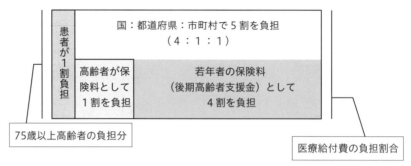

出典：厚生労働省「後期高齢者医療制度の概要」をもとに作成

齢者医療広域連合が行っている（保険料の徴収を除く事務を行う）。都道府県単位とすることにより、制度や市町村間での保険料の差を解消することも目指している。後期高齢者は医療費の1割（現役並み所得者は3割）のみの自己負担に加え、保険料の負担も求められることになった。70歳未満の者については、従来どおりの3割負担、2014（平成26）年以降の70〜74歳の者については2割負担となった。

◇引用文献

1）厚生労働省「後期高齢者の医療費の特性（平成29年度）」 https://www.mhlw.go.jp/content/kouki_tokusei_h29.pdf

◇参考文献

・厚生労働省保険局医療介護連携政策課医療費適正化対策推進室「特定健康診査・特定保健指導の円滑な実施に向けた手引き（第3.1版）」 https://www.mhlw.go.jp/content/12400000/000616991.pdf
・厚生労働省「後期高齢者医療制度について」 https://www.mhlw.go.jp/bunya/shakaihosho/iryouseido01/info02d-35.html

第4節 高齢者虐待防止法

学習のポイント

● 高齢者虐待防止法の概要を理解する
● 高齢者虐待の未然防止について理解する

1 高齢者虐待防止法の概要

1 高齢者虐待防止法における「高齢者」の定義

高齢者虐待の防止、高齢者の養護者に対する支援等に関する法律（高齢者虐待防止法）は、2006（平成18）年4月から施行された。高齢者虐待防止法の対象者は、65歳以上の者（第2条第1項）と65歳未満の者で養介護施設に入所し、その他養介護施設を利用し、またはその他養介護事業に係るサービスの提供を受ける障害者（第2条第6項）である。

2 虐待者

高齢者虐待には、「養護者」によるものと「養介護施設従事者等」によるものがある。

養護者とは、高齢者の世話（食事や介護などの世話、金銭の管理、自

表5-7　高齢者虐待防止法に定める「養介護施設従事者等」の範囲

	養介護施設	養介護事業	養介護施設従事者等
老人福祉法による規定	・老人福祉施設 ・有料老人ホーム	・老人居宅生活支援事業	「養介護施設」または「養介護事業」の業務に従事する者
介護保険法による規定	・介護老人福祉施設 ・介護老人保健施設 ・介護療養型医療施設 ・介護医療院 ・地域密着型介護老人福祉施設 ・地域包括支援センター	・居宅サービス事業 ・地域密着型サービス事業 ・居宅介護支援事業 ・介護予防サービス事業 ・地域密着型介護予防サービス事業 ・介護予防支援事業	

注：業務に従事する者とは、直接介護サービスを提供しない者（施設長、事務職員等）や、介護職以外で直接高齢者にかかわるほかの職種も含む。
出典：厚生労働省「Ⅰ　高齢者虐待防止の基本」p.3

表5-8　高齢者虐待の種類

	養護者による高齢者虐待	養介護施設従事者等による高齢者虐待
身体的虐待	高齢者の身体に外傷が生じ、または生じるおそれのある暴行を加えること。	高齢者の身体に外傷が生じ、または生じるおそれのある暴行を加えること。
介護・世話の放棄・放任	高齢者を衰弱させるような著しい減食または長時間の放置、養護者以外の同居人による虐待行為の放置など、養護を著しく怠ること。	高齢者を衰弱させるような著しい減食または長時間の放置その他の高齢者を養護すべき職務上の義務を著しく怠ること。
心理的虐待	高齢者に対する著しい暴言または著しく拒絶的な対応その他の高齢者に著しい心理的外傷を与える言動を行うこと。	高齢者に対する著しい暴言または著しく拒絶的な対応その他の高齢者に著しい心理的外傷を与える言動を行うこと。
性的虐待	高齢者にわいせつな行為をすることまたは高齢者をしてわいせつな行為をさせること。	高齢者にわいせつな行為をすることまたは高齢者をしてわいせつな行為をさせること。
経済的虐待	養護者または高齢者の親族が当該高齢者の財産を不当に処分することその他当該高齢者から不当に財産上の利益を得ること。	高齢者の財産を不当に処分することその他当該高齢者から不当に財産上の利益を得ること。

出典：厚生労働省「Ⅰ　高齢者虐待防止の基本」pp. 2-3

宅の鍵の管理など）をしている家族、親族、同居人等が該当する。また、同居はしていないが、身の回りの世話をしている親族や知人等が養護者に該当する場合がある。

養介護施設従事者等とは、老人福祉法および介護保険法に定められた「養介護施設」または「養介護事業」の業務に携わる職員のことである。

3 高齢者虐待の種類

Active Learning

虐待への対応策にはどのようなことがあるか考えてみましょう。

養護者や養介護施設従事者等が行う高齢者虐待とは、**表5-8**のような行為である。養護者や養介護施設従事者等が行う高齢者虐待の種類で最も多いのは、「身体的虐待」である。養護者による虐待の発生要因は、「虐待者の介護疲れ・介護ストレス」が最も多かった。養介護施設従事者等による虐待で最も多かったのは、「教育・知識・介護技術等に関する問題」であった。

2 高齢者虐待の未然防止

1 高齢者虐待に関する状況の公表

高齢者虐待防止法では、都道府県知事は、毎年度、養介護施設従事者等による高齢者虐待の状況、養介護施設従事者等による高齢者虐待があった場合にとった措置その他厚生労働省令で定める事項を公表するこ

表5-9 都道府県が公表する項目

①高齢者虐待の状況
・被虐待者の状況（性別、年齢階級、心身の状態像等）
・高齢者虐待の類型（身体的虐待、介護・世話の放棄・放任、心理的虐待、性的虐待、経済的虐待）
②高齢者虐待に対してとった措置
③その他の事項
・施設・事業所の種別
・虐待を行った養介護施設従事者等の職種

図5-4 養介護施設従事者等による高齢者虐待の相談・通報件数と虐待判断件数の推移　　**図5-5 養護者による高齢者虐待の相談・通報件数と虐待判断件数の推移**

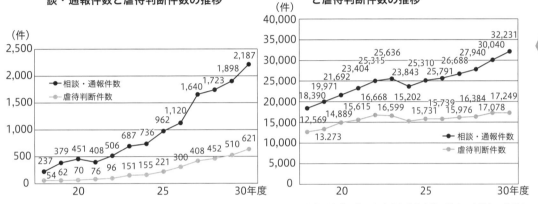

出典：厚生労働省「平成30年度『高齢者虐待の防止、高齢者の養護者に対する支援等に関する法律』に基づく対応状況等に関する調査結果」資料1，p.2

出典：厚生労働省「平成30年度『高齢者虐待の防止、高齢者の養護者に対する支援等に関する法律』に基づく対応状況等に関する調査結果」資料1，p.2

とを定めている（第25条）。

　厚生労働省では、2006（平成18）年度からホームページにおいて、「『高齢者虐待の防止、高齢者の養護者に対する支援等に関する法律』に基づく対応状況等に関する調査結果」を公表している（**図5-4**、**図5-5**）。この調査の目的は、養護者および養介護施設従事者等による高齢者虐待への対応状況等を把握することにより、より効果的な施策の検討を行うための基礎資料を得ることである。

2 高齢者虐待の状況等を踏まえた対応の強化

　厚生労働省では、2020年（令和2）年3月24日に、高齢者虐待防止に向けた体制整備の充実や再発防止に向けた取り組みの強化について通知した（**表5-10**）。これら法に基づく対応の強化については、2015（平成27）年以降、毎年度通知されているが、依然として高齢者虐待は増加傾向にある。

表5-10　市町村等の高齢者虐待に関する体制整備の充実

1　法に基づく対応状況等に関する調査結果を踏まえた的確な検証・分析等	虐待の傾向や特徴や取組状況等を検証・分析、迅速かつ適切な事実確認、性的指向・性自認を理由として被虐待高齢者に対する介護施設への入所等の適切な措置、都道府県と市町村との連携強化、介護施設等への改善指導（勧告）に対する改善計画（取り組み）に対するモニタリングや死亡事案での事後検証や再発防止等に向けた取組の実施
2　介護相談員制度の充実	未実施市町村への事業効果等の周知や住宅型有料老人ホームやサービス付き高齢者向け住宅での介護相談員の受入促進に向けた働きかけ
3　財産上の不当取引による高齢者の被害への対応	市町村の対応について改善が必要と認められる場合等の適切な支援・助言や注意喚起
4　高齢者権利擁護等推進事業の活用	令和2年度に都道府県の指導監督部局や市町村の虐待対応部局の実務者等で構成される会議の設置を新たに補助対象として追加することによる都道府県と市町村の連携強化や積極的な高齢者権利擁護等推進事業の活用

▌3 通報義務

　養護者や養介護施設従事者等による虐待を受けたと思われる高齢者を発見した場合には、市町村の担当窓口に通報しなければならない。また、虐待を受けている高齢者本人も、市町村の窓口等に届け出ることができる（**表5-11**）。養介護施設従事者等は、通報したことを理由として、解雇その他不利益な取扱いを受けないことになっている。

　市町村では、高齢者虐待に関する相談、通報、届出の受理窓口を設置しなければならない。市町村からの委託によって、地域包括支援センター等も窓口となることができる。窓口では受付記録を作成し、緊急性の判断後、高齢者の安全確認や事実確認が行われ対応がなされる（**表5-12**）。

表5-11　通報義務

	通報等
養護者によるもの	養護者による高齢者虐待を受けたと思われる高齢者を発見した者は、当該高齢者の生命または身体に重大な危険が生じている場合は、速やかに、これを市町村に通報しなければならない（第7条第1項）。
養介護施設従事者等によるもの	養介護施設従事者等は、当該養介護施設従事者等がその業務に従事している養介護施設または養介護事業（当該養介護施設の設置者もしくは当該養介護事業を行う者が設置する養介護施設またはこれらの者が行う養介護事業を含む）において業務に従事する養介護施設従事者等による高齢者虐待を受けたと思われる高齢者を発見した場合は、速やかに、これを市町村に通報しなければならない（第21条第1項）。
高齢者本人	養介護施設従事者等による高齢者虐待を受けた高齢者は、その旨を市町村に届け出ることができる（第21条第4項）。

表5-12　高齢者虐待防止に関する市町村等の役割

市町村等の役割
市町村は、通報または高齢者からの養護者による高齢者虐待を受けた旨の届出を受けたときは、速やかに、当該高齢者の安全の確認その他当該通報または届出に係る事実の確認のための措置を講ずるとともに、当該市町村と連携協力する者（高齢者虐待対応協力者）とその対応について協議を行うものとする（第9条第1項）。
市町村は、養護者による高齢者虐待を受けた高齢者について必要な居室を確保するための措置を講ずるものとする（第10条）。
市町村長は、養護者による高齢者虐待により高齢者の生命または身体に重大な危険が生じているおそれがあると認めるときは、地域包括支援センターの職員その他の高齢者の福祉に関する事務に従事する職員に、当該高齢者の住所または居所に立ち入り、必要な調査または質問をさせることができる（第11条第1項）。
市町村長は、立入りおよび調査または質問をさせようとする場合において、これらの職務の執行に際し必要があると認めるときは、当該高齢者の住所または居所の所在地を管轄する警察署長に対し援助を求めることができる（第12条第1項）。
市町村長または当該措置に係る養介護施設の長は、養護者による高齢者虐待の防止および当該高齢者の保護の観点から、当該養護者による高齢者虐待を行った養護者について当該高齢者との面会を制限することができる（第13条）。

4 早期発見

　高齢者虐待を早期発見するためには、高齢者の身体面や行動面の変化による虐待の徴候に気づかなければならない。高齢者虐待は、かかりつけ医によって発見されることもあり、地域包括支援センターを中心とした関係機関のネットワークづくりが重要である。

❶養護者による高齢者虐待発生予防

　養護者による虐待を未然に防ぐためには、近隣住民や介護保険サービス事業者など、さまざまな人がかかわる地域づくりが重要である（**表5-13**）。

❷養介護施設従事者等による高齢者虐待発生防止

　高齢者が他者からの不適切な扱いによって、権利を侵害されることのないよう、事業所全体での取り組みが重要である（**表5-14**）。

表5-13　養護者による高齢者虐待発生予防・早期発見のための取り組み

・高齢者虐待に関する知識・理解の普及	・養護者に対する支援
・認知症に関する知識や介護方法の周知・啓発	・通報（努力）義務の周知
・高齢者虐待・養護者支援に関する対応窓口の周知	・相談等窓口の設置と対応
	・専門的人材の確保

表5-14　養介護施設による高齢者虐待発生予防・早期発見のための取り組み

・管理職・職員の研修、資質向上
・個別ケアの推進・情報公開・苦情処理体制

◇参考文献
・厚生労働省「平成30年度『高齢者虐待の防止、高齢者の養護者に対する支援等に関する法律に基づく対応状況等に関する調査』の結果及び高齢者虐待の状況等を踏まえた対応の強化について（通知）」令和2年3月24日老発0324第4号
・「全国高齢者虐待防止・養護者支援担当者会議資料　市町村・都道府県における高齢者虐待・養護者支援の対応について」平成18年4月24日

第5節 バリアフリー法

学習のポイント

- 日本におけるバリアフリー政策の展開について理解する
- バリアフリー法の概要について把握する
- 施設設置管理者等の責務について把握する

1 我が国におけるバリアフリー政策の展開

1 ハートビル法と交通バリアフリー法

　我が国におけるバリアフリー関連施策が本格化したのは、おおむね1990年代半ば以降である。まず1994（平成6）年に、「高齢者、身体障害者等が円滑に利用できる特定建築物の促進に関する法律」（ハートビル法）が施行された。ハートビル法は、不特定多数の人が利用する特定の建築物等のバリアフリー化方策を定め、建物のバリアフリー促進を目指すものであった。

　次いで2000（平成12）年には、「高齢者、身体障害者等の公共交通機関を利用した移動の円滑化の促進に関する法律」（交通バリアフリー法）が施行された。交通バリアフリー法には、駅・鉄道・バス等の公共交通機関および車両と施設の周辺道路や広場等のバリアフリー化方策に関する規定が盛り込まれ、公共交通のバリアフリーの促進が図られた。

2 バリアフリー法への統合・拡充

　その後、国土交通行政の基本視点として、新たにユニバーサルデザインの考え方が導入され、2005（平成17）年には「ユニバーサルデザイン政策大綱」がとりまとめられた。この大綱のなかで「一体的・総合的なバリアフリー施策の推進」が掲げられた。これは従来のバリアフリー施策が別々の法律に基づいて進められてきたために、実際のバリアフリー化が部分的・縦割り的なものにとどまっていることへの問題提起であった。

　これを受けて、2006（平成18）年にそれまでのハートビル法と交通バリアフリー法を統合・拡充し、新たに「高齢者、障害者等の移動等の

★ユニバーサルデザイン

障害の有無、年齢、人種等にかかわらず、多くの人にとって使いやすいように配慮して製品やサービス、環境等を設計・造形すること。利用上の障壁を除去・改善する「バリアフリーデザイン」に対して、あらかじめ多様な人々の利用を前提にデザインする点に特徴がある。

図5-6　我が国におけるバリアフリー関連施策の展開（筆者作成）

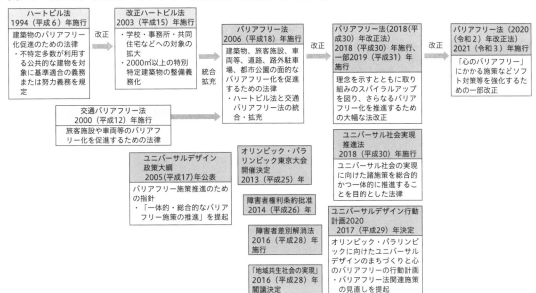

円滑化の促進に関する法律」（バリアフリー法）が制定されることとなった。それまで建物と交通に分かれて進められてきたバリアフリー施策が一本化され、地域における重点的・一体的なバリアフリー化や、計画段階からの当事者参画、ソフト施策の充実（心のバリアフリー[★]）等、総合的なバリアフリー施策の展開を目指す体制が整備されたといえる。

3 バリアフリー法以降の施策展開と法改正

　2010年代から2020年代の初頭にかけて、我が国のバリアフリー政策は新たな展開を見せることとなる。その背景となったのは、2013（平成25）年の「障害者の権利に関する条約（障害者権利条約）」締結承認（批准は2014（平成26）年）、「障害を理由とする差別の解消の推進に関する法律」（障害者差別解消法）の制定（施行は2016（平成28）年）、オリンピック・パラリンピック東京大会の招致決定等の動きであった。

　また、2016（平成28）年に閣議決定された「ニッポン一億総活躍プラン[★]」のなかで「地域共生社会の実現」が提起され、その後の社会保障・社会福祉政策は「地域共生社会」をキーワードとして展開されることとなった。

　さらに2017（平成29）年には、「ユニバーサルデザイン行動計画2020」が関係閣僚会議によって決定された。これはオリンピック・パラリンピックを見据え、「共生社会の実現に向けたユニバーサルデザイン」

★心のバリアフリー
施設や道路整備等のハード面だけではなく、人々の意識や態度、行動等ソフト面に着目する考え方。差別や偏見・無関心といった心のバリアを取り除き、高齢者や障害者等の困難を自らの問題として認識することや、その社会参加に積極的に協力する行動を促す取り組み等を指す。

★ニッポン一億総活躍プラン
少子高齢化の構造的な問題を解決し、さらなる成長を続けられる社会を目指すとする政策コンセプトである「一億総活躍社会」を実現するための実行計画。

や「心のバリアフリー」推進のために取り組むべき具体的施策について
とりまとめられたものである。この計画のなかで、施行から10年が経
過したバリアフリー法と関連施策についても、見直しを含む幅広い検討
を行うことが提起された。特に、建物や設備等ハード面の整備とともに、
その使用方法等にかかわるソフト面の対策の強化が見直しの重点課題と
された。同年から法の見直し作業が進められ、2018（平成30）年11月
にバリアフリー法が改正された。

　この改正法案の決議の際、ユニバーサル社会の実現に向けては、さら
に幅広い施策を推進することが不可欠であり、そのために必要な立法措
置を引き続き講じていくよう努める旨の附帯決議が行われた。これを踏
まえ、同年12月にユニバーサル社会の実現に向けた諸施策を総合的か
つ一体的に推進することを目的として、「ユニバーサル社会の実現に向
けた諸施策の総合的かつ一体的な推進に関する法律」（ユニバーサル社
会実現推進法）が成立した。

　このような動きのなかで、改正直後のバリアフリー法についても「心
のバリアフリー」の観点から主にソフト面の施策強化が要請され、2020
（令和2）年5月に、バリアフリー法の一部改正が行われた（2021（令
和3）年4月施行）。

2　バリアフリー法の概要

　バリアフリー法は、高齢者や障害者等の自立した日常生活や社会生活
を実現するために、公共交通（旅客施設や車両含む）や道路、建築物等
に対してバリアフリー化基準（移動等円滑化基準）への適合を求めると
ともに、駅を中心とした地区や、高齢者・障害者等が利用する施設が集
中する地区（重点整備地区）において、一体的なバリアフリー化を促進
するための措置を定めた法律である。以下、その概要についてみていく。

1　目的と基本理念

　バリアフリー法の目的は、公共交通機関の駅や車両、道路、路外駐車
場、公園施設や建築物の構造および設備の改善と、一定の地区における
駅施設や周辺道路、駅前広場等の一体的な整備を推進することで、高齢
者や障害者等の移動と施設利用の利便性・安全性の向上を促進させるこ
ととされている（第1条）。

　ここでいう「高齢者や障害者等」とは「高齢者又は障害者で日常生活又は社会生活に身体の機能上の制限を受けるものその他日常生活又は社会生活に身体の機能上の制限を受ける者」（法第 2 条第 1 号）とされており、身体障害者・知的障害者・精神障害者・発達障害者を含む、すべての障害者、妊産婦、けが人等も含まれる。

　また、法の基本理念として「高齢者、障害者等にとって日常生活又は社会生活を営む上で障壁となるような社会における事物、制度、慣行、観念その他一切のものの除去に資すること」や「全ての国民が年齢、障害の有無その他の事情によって分け隔てられることなく共生する社会の実現に資すること」が掲げられている（法第 1 条の 2）。これらは、2018（平成 30）年の改正で新たに盛り込まれた条文である。バリアフリー法に基づく措置は、「社会的障壁の除去」と「共生社会の実現」に資することを旨として行われなければならない。すなわち、障害の概念の「医学モデル」から「社会モデル*」への転換、および「地域共生社会」の実現が法の基本理念として明記された点に、2018（平成 30）年の法改正の特徴があるといってよい。

2 公共交通施設や建築物等のバリアフリー化の推進

❶バリアフリー化基準（移動等円滑化基準）への適合義務

　バリアフリー法では、公共交通施設や建築物等のバリアフリー化を促進するために、施設設置管理者等にバリアフリー基準（移動等円滑化基準）への適合義務（新設施設）、または適合努力義務（既存施設）を定めている。

　対象となるのは、❶公共交通（旅客施設および車両等）、❷路外駐車場、❸建築物、❹都市公園、❺道路で、それぞれごとに国土交通省令として基準が定められている。

　なお、施設設置管理者とは、公共交通事業者等、道路管理者、路外駐車場管理者等、公園管理者等および建築主等をいう（法第 2 条第 3 号）。

　バリアフリー化基準（移動等円滑化基準）とは、建築主等が対象となる建築物の建築や改修をしようとするときに、高齢者・障害者等が円滑に移動できるような措置を義務づける、あるいは努力義務を課す基準のことをいう。たとえば、公共交通移動等円滑化基準においては、床面に高低差がある場合に、スロープやエレベーターを設置することや、通路の幅を 90cm 以上とること等、高齢者や障害者等が移動しやすいよう配慮した設計・構造の基準が示されている。

★社会モデル
障害は、社会環境の側のあり方・仕組みによってつくり出されるものとする見方や考え方。障害を疾病や心身の機能不全等、個人的な要因によるものとみなす「医学モデル」と対比される。

第 5 章
高齢者に対する関連諸制度

なお、2018（平成30）年の法改正において、貸切バス、遊覧船等が新たに法の適用対象に追加された。

　また、2020（令和2）年の法改正では、公立小中学校およびバス等の旅客のための道路施設（旅客特定車両停留施設）も適用対象に追加するための規定が整備された。

❷公共交通事業者等によるハード・ソフト一体的な取り組みの推進

　施設設置管理者のうち公共交通事業者等について、上記の基準への適合義務以外に、高齢者、障害者等に対し、乗降介助、施設内の誘導等支援を行うための努力義務が課されているほか、各施設設置管理者も含めて、必要な情報提供や職員に対するバリアフリーに関する教育訓練を行うよう、努めなければならないとされている（法第8条）。

　2018（平成30）年の法改正では、ハード対策に加え、接遇・研修のあり方を含むソフト対策として、事業者が取り組むべき内容（「判断の基準」）を国土交通大臣が新たに作成することとされたほか、事業者がハード・ソフト計画（施設整備、旅客支援、情報提供、教育訓練、推進体制等）の作成・取り組み状況の報告・公表を行う制度が新たに創設された。

　さらに2020（令和2）年の改正では、施設設置管理者のソフト対策について、さらなる取り組み強化が図られている。具体的には、スロープ板の適切な操作や照度の確保等のソフト基準の遵守義務づけ（法第8条第2項・第3項）、公共交通事業者等同士の協議への応諾義務（法第8条第9項）、障害者等に対する国の認定観光施設（宿泊施設・飲食店等）の情報提供の促進等が規定された。

▌3 地域における重点的・一体的なバリアフリー化の推進

❶バリアフリー基本構想とマスタープラン

　バリアフリー法では、市町村は、国が定める基本方針に基づき、単独でまたは共同して、当該市町村の区域内の旅客施設を中心とする地区や、高齢者、障害者等が利用する施設が集まった地区について、「移動等円滑化の促進に関する方針」（移動等円滑化促進方針）または「移動等円滑化に係る事業の重点的かつ一体的な推進に関する基本的な構想」（基本構想）を作成するよう努めるものとされている（法第24条の2および第25条）。

　基本構想（バリアフリー基本構想という）とは、旅客施設を中心とした地区や高齢者、障害者などが利用する施設が集中する地区（重点整備地区）において、公共交通機関や建築物等のバリアフリー化を重点的か

Active Learning

自分の住んでいる地域のバリアフリー基本構想について調べてみましょう。

つ一体的に推進するために市町村が作成するもので、一定の地区を単位として面的・一体的なバリアフリーを図ることを目的とした事業計画である（法第 25 条）。

　また、移動等円滑化促進方針（マスタープラン）制度は、2018（平成30）年の法改正で、新たに創設された仕組みである。生活関連施設が集積し、その間の移動が通常徒歩で行われる地区（「移動等円滑化促進地区」）において、面的・一体的なバリアフリー化の方針を市町村が示すものである（法第 24 条の 2）。マスタープランを策定することで、広くバリアフリーについて考え方を共有するための地域連携強化を図り、より具体的な事業計画である基本構想づくりという次のステップにつなげていくことを目指すものであるといえる。2018（平成 30）年の法改正ではこれら基本構想およびマスタープランの作成と定期的な評価・見直しが努力義務化された（法第 25 条の 2）。

❷住民参加

　バリアフリーのまちづくりを進めるうえで、当事者や住民参加は不可欠の要素である。バリアフリー法では、マスタープラン・基本構想の作成にあたっては、市町村は高齢者や障害者等の住民参加を図り、住民等の意向を反映させるための措置を講じるものとされている（法第 24 条の 2 第 6 項および第 25 条第 6 項）。市町村や事業者、施設を利用する高齢者、障害者等から構成される協議会を設置して基本構想等の作成の協議を行うことができる（法第 26 条）ほか、住民等の提案によるマスタープラン・基本構想の作成も可能とされている（法第 27 条）。

　こうした仕組みを活用して、住民や当事者の主体的な参画によるまちのバリアフリー化を進めていくことが求められる。

4 心のバリアフリーの推進、当事者による評価

　バリアフリー法においては、バリアフリー化の促進に関する国民の理解・協力の促進等が規定されている。2018（平成 30）年の改正においては法第 7 条に「国民は、高齢者、障害者等の自立した日常生活及び社会生活を確保することの重要性について理解を深めるとともに、これらの者が公共交通機関を利用して移動するために必要となる支援その他のこれらの者の円滑な移動及び施設の利用を確保するために必要な協力をするよう努めなければならない」として、高齢者、障害者等に対する支援が国民の責務として明記された。また、国が、高齢者、障害者等の関係者で構成する会議を設置し定期的に、移動等円滑化の進展の状況を把

Active Learning

地域住民を対象とした「心のバリアフリー」を推進するための普及啓発プログラムを考えてみましょう。

握し、評価する（スパイラルアップ）努力義務も新たに明記されている（法第4条）。

　また、2020（令和2）年の改正では、マスタープランの記載事項および基本構想に記載する事業メニューの一つとして「心のバリアフリー」に関する事項（法第3条第2項第5号、第24条の2第2項第3号等）が追加されたほか、市町村や施設設置管理者による「教育啓発特定事業の実施」（法第2条第1項第29号、第36条の2等）も新たに盛り込まれた。

◇参考文献
・国土交通省「移動等円滑化促進方針・バリアフリー基本構想作成に関するガイドライン」平成31年3月
・高橋儀平「日本におけるバリアフリー化の現状とバリアフリー法の改正」『国民生活』第82号, pp. 11-13, 2019.

第6節 高齢者住まい法

学習のポイント

● 高齢者住まい法制定に至るまでの「流れ」を理解する

● 多様な居住系施設があるなかで、サービス付き高齢者向け住宅の位置づけを理解する

　我が国では、核家族化や高齢化が急速に進むなか、ノーマライゼーションの理念に基づき、高齢者が住み慣れた地域のなかで生活ができる社会の実現に向けて、行政も社会も変わろうとしている。しかし、最初にその実現の障壁になるものは、衣食住のなかでも「住」の確保である。

　行政主導で行おうにも公営住宅では数に限りがあり、民間の賃貸住宅等に頼らざるを得ない状況にある。借家の80%を占める「民営借家」においては、特に「単身や高齢者同士」の入居の際の審査は厳しく、高齢者や障害者にとって地域社会で生活するには、非常に大きなハードルとなっている。

　そこで、我が国の住宅事情の全体像をみると、2018（平成30）年現在、持ち家率は61.2％、借家35.6％と持ち家率がはるかに高い。しかしながら高齢化が進むなか、身体機能の低下や家庭内構成員の減少により、慣れ親しんだ愛着ある住宅でも、現実的には住みにくくなり、改修やときには引っ越しを余儀なくされるケースも散見されることとなっている。

　このような社会背景を踏まえ、高齢者の居住の安定確保に関する法律（高齢者住まい法）が成立するまでの流れと同法の概要を説明し、これからの高齢者の住まいの展望について述べていく。

---

i　総務省「平成30年住宅・土地統計調査 住宅及び世帯に関する基本集計 結果の概要」の「3　住宅の所有の関係」によると、借家総数が1906万5000戸であり、そのうち「民営借家」は1529万5000戸（80.2％）であった。対する「公営の借家」はわずか192万2000戸（10.1％）である。以下、給与住宅（5.8％）、UR・公社（3.9％）と続く。

ii　iの調査結果の概要の「3　住宅の所有の関係」によると、持ち家は3280万2000戸で持ち家住宅率は61.2％とされている。

高齢者住まい法

1 高齢者住まい法と「サービス付き高齢者向け住宅」が制度化されるまでの流れ

❶公営住宅法の改正（1980（昭和55）年）

　我が国における高齢者を含む社会的に弱い立場にある人への住宅行政を紐解くと、公的住宅を対象として、この改正で高齢者や身体障害者の公的賃貸住宅への「入居要件の緩和」がなされ、これまで困難であった単身での入居が可能となった。

❷シニア住宅供給促進事業が制度化（1990（平成2）年）

　高齢者向け生活支援サービス付き住宅の供給が始まる。ここでいう「生活支援サービス」とは安否確認・緊急時の対応等の介護とは程遠く、日常生活上の「見守り機能」だけであった。その後、1995（平成7）年には公益法人や民間法人も行えるようになる。

❸生活福祉空間づくり大綱策定（1994（平成6）年）

　建設省（現・国土交通省）が生活福祉空間づくり大綱を策定し、高齢者向け公共賃貸住宅整備計画（1994（平成6）年～）が策定された当時に、バリアフリー化や高齢者・障害者が市場にある民間の賃貸住宅へ円滑に入居できるための政策が掲げられた。

❹高優賃の創設（1998（平成10）年）

　高齢者向け優良賃貸住宅制度（「高優賃」）が創設されたが、この段階では、民間賃貸住宅を活用した高齢者向けの賃貸住宅のストックを促進するための事業として予算がついたにとどまる。

❺高齢者住まい法制定（2001（平成13）年）

　高齢者住まい法には、高齢者が安心して快適に暮らせる住環境の整備を持ち家・賃貸の両市場において推進するための施策が盛り込まれている。

　先に述べた、高優賃は高齢者向けの「良好な住環境を備えた」賃貸住宅として知事の認定を受けられることとされ、高齢者が安心して「住」を選ぶ場面で、安心できる指標として成立した。

　加えて、新たに制度化された住宅がある。高齢者の円滑な入居を促進するための賃貸住宅として、高齢者円滑入居賃貸住宅（「高円賃」）である。この高円賃では、高齢者の入居を断らない住宅として位置づけられ、もし高齢者がさまざまな事情により家賃を滞納した場合の担保として

も、事業主には公的に（高齢者居住支援センターより）家賃6か月分等の債務保証を約束した。つまり、住宅市場のなかで高齢者を受け入れる住宅の拡充としての「高円賃」と、良好な住環境を整えた住宅である「高優賃」も含めて、高齢者住まい法のなかに整理されることになった。

高齢者住まい法制定によってポイントとなるのは、我が国の住宅市場にある自由契約・競争原理のなかに「民間活力」を取り込む政策として明確に、かつ具体的に税制・家賃保証の制度を織り込んだことである。つまり、国は法を整備し、経済的インセンティブを用いて、本格的に住宅市場に介入したことになる。

❻高専賃の創設（2005（平成17）年）

高齢者専用賃貸住宅（「高専賃」）が2005（平成17）年に創設された。これまでの高円賃・高優賃と異なる点は、高齢者であることを入居要件とする点である。

❼住生活基本法の施行（2006（平成18）年）

住生活基本法により、戦後以来の住宅政策を抜本的に改革し、真に豊かな住生活の実現を図るための基本理念が打ち出された。高齢者の住まいに関する事柄としては、高齢期のQOLの向上を現実のものとするために、「量」から「質」への政策転換がなされ、バリアフリー化についても明確な目標設定が組み込まれた。

❽高優賃の機能強化（2009（平成21）年）

住生活基本法の制定を受けて、高優賃にバリアフリー化など高齢者が生活するのに優れた住居であると同時に、単に住居とするだけでなく、任意の付加的サービス（高齢者生活支援施設（デイサービスセンター等））を一体的に整備する住居として位置づけた。

その後、2011（平成23）年にサービス付き高齢者向け住宅が制度化されることになる。

▌2 高齢者住まい法の抜本的改革（2011（平成23）年）

2011（平成23）年、高齢者住まい法は制定から抜本的な大きな改定を迎え、「単身者」や「高齢者のみ世帯」の高齢者が、介護が必要になっても安心して住み慣れた地域で生活できることを目的に抜本的改革が施された。

主には、❶サービス付き高齢者向け住宅（「サ高住」）の創設、❷老人福祉法との調整規定、❸終身建物賃貸借事業に係る見直しである。

このとき、高齢者住まい法は制定から 10 年を迎え、10 回を超える小さな改正を数えている。

❶「サービス付き高齢者向け住宅」登録制度の創設

高齢者住まい法において、これまで 10 回を超える小さな改正のたびに、「高優賃」「高円賃」「高専賃」は入所要件ならびに高齢者の住居をよりよく整備することを目的として、整備基準や役割について試行錯誤を繰り返してきた。しかし、それと同時に三つの制度は複雑になり、国民に理解されにくくなっていた。

そこで「高優賃」「高円賃」「高専賃」を廃止し、統合する形で「サービス付き高齢者向け住宅」が制度化されることとなった。

ハード面として、床面積が 25m^2（約 15 畳）以上、そして段差解消や手すりの設置を含めたバリアフリー化がなされていることとし、サービス面では、快適かつ安心な住居の実現を目指し、「状況把握サービス」「生活相談サービス」を必須とした。そのうえで、地域にある一般の介護サービスや医療サービスの活用を促進し、事業者が介護保険上のサービスを付加して行うことは差し支えないこととされた。

そして、「一時金トラブル防止」のために前払い金の保全処置が定められ、また「補助金等の助成制度の拡充」もなされた。

図5-7 所得と介護の必要度からみた、介護関連施設と有料老人ホーム・サ高住の位置づけ

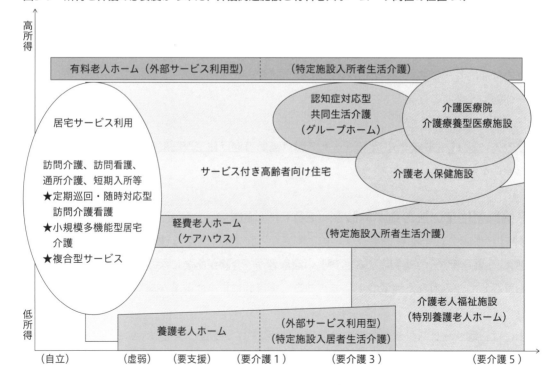

特に、長期入院を理由とした一方的な退去や敷金・家賃・サービス対価以外の対価を受け取らない等、入居者の安定した生活を保護する規定となっている。

❷老人福祉法との調整規定

有料老人ホームは、老人福祉法に基づき届け出ることが必要とされている（老人福祉法第 29 条）。しかし、「サ高住」の登録を受けることで老人福祉法上での届け出は必要なくなった。つまり、民間の有料老人ホームも基準さえ満たせば「サ高住」として登録可能となった。同時に、住宅の質の確保を確認するために、都道府県は立ち入り検査や指示等の指導監督ができるとされた。

❸終身建物賃貸借事業に係る見直し

従来、終身賃貸事業者として認可を受ける場合に、厳格な資力調査が求められていたが、この規定が撤廃された。よって、終身借家法を利用した貸家を促進した。

3 2011（平成 23）年改正以降の高齢者住まい法関連の改正

その後、国土交通省と厚生労働省の連携により「スマートウェルネス住宅等推進モデル事業」が実施され、「サ高住」の建設と改修が進められている。

また、「サ高住」に転居した場合の「住所地特例の適用」、そして 2018（平成 30）年の高齢者住まい法の一部改正では、「高齢者居住安定確保計画」の策定や、住宅基準にかかわる措置の実施主体が都道府県とともに市町村にも拡大されている。

2 これからの高齢者住まい法と高齢者の住まいの展望

高齢者が地域で生活をする、そのうえで、「最初にその実現の障壁となるものは、衣食住のなかでも「住」の確保である」と冒頭で述べた。制度の変遷をみても、国土交通省管轄だけではなく厚生労働省との共管と移り変わってきたわけである。

1 高齢者住まい法と関連制度

これからの高齢者の住まいは、高齢者住まい法を基軸として、「国レベ

Active Learning

高齢者支援において、住まいの確保の意義について考えていきましょう。そして、介護施設のみでなく、「住宅」といった場での高齢者支援を考えながら理解を深めていきましょう。

ル」の住宅行政としては国土交通省により「住生活基本計画」が、生活を支える介護の制度としては厚生労働省より「介護保険法」が準備されていて、常に車輪の両輪のようにして進まなければならない。

また、「国レベル」「都道府県レベル」、そして「市町村レベル」で統制のとれた計画が策定され、また各省庁が共管し、高齢者の住まいを守っていくことが必要である。

■2 高齢者住まい法がもたらした住宅の整備状況

高齢者住まい法制定の翌年の2012（平成24）年から2018（平成30）年の6年間で有料老人ホームは定員数で31万5678人分から51万4017人分と約1.63倍に、「サ高住」の定員数はさらに伸び、7万999人分から23万4971人分と約3.31倍に急増している状況にある。

これは、この制度がたび重なる改正を経て、一見紆余曲折したようにもとれるが、その結果として十分に成熟し、急速に住宅を供給する事業者ならびに高齢者、そして広くは国民に浸透した結果であるといえる。

3 バランスのとれた住宅行政

自由競争の民間活力を生かしたうえで、介護という生活を支える重要な要素を取り入れながら、生活の質を担保した住宅の供給体制について、経済的インセンティブを通じて高齢者の生活に密着し、バランスのとれた住宅行政が求められている。

◇参考文献
・国土交通省「高齢者住まい法等の改正概要」
・厚生労働省第102回社会保障審議会介護給付費分科会「資料2　高齢者向け住まいについて」p. 26, 2014.
・国土交通省サービス付き高齢者向け住宅の整備等のあり方に関する検討会「資料6-2　これまでの主な取組に関する状況について」p. 9, 2014.
・厚生労働省老健局第77回社会保障審議会介護保険部会「資料1-2　高齢地域包括ケアシステムの推進（多様なニーズに対応した介護の提供・整備）〈参考資料〉」p. 25, p. 26, 2019.

● おすすめ
・児玉桂子編『超高齢社会の福祉居住環境――暮らしを支える住宅・施設・まちの環境整備』中央法規出版, 2008.
・結城康博『孤独死のリアル』講談社, 2014.
・嶺学『高齢者の住まいとケア――自立した生活、その支援と住環境』御茶の水書房, 2008.

第7節 高年齢者雇用安定法

学習のポイント

- 高年齢者雇用安定法の概要と沿革について学ぶ
- 高年齢期の就労と経済状況についての動向を把握する
- 高年齢者の安定的な生活を支える高年齢者雇用安定法と年金保険制度等との関係性について理解する

1 高年齢者雇用安定法の概要

　少子高齢化が進むなか、年齢にかかわりなく意欲と能力に応じて働くことができる生涯現役社会の実現が期待されている。高年齢者等の雇用の安定等に関する法律（高年齢者雇用安定法）は、高年齢者等の安定した雇用の確保等を図るため、事業主が定年の引き上げなどの措置を講じるとともに、高年齢者の再就職の促進や定年退職者等の就業機会を確保する措置（シルバー人材センター＊）の充実を図ることを目的とした法律である。

　超高齢社会の到来により、労働力人口の減少や医療・年金といった社会保障費の増大が加速しているが、一方で、就労に対して、現在仕事をしている60歳以上の4割弱が「働けるうちはいつまでも」働きたいと回答しており、70歳くらいまでもしくはそれ以上との回答と合計すれ

★高年齢者等
高年齢者雇用安定法では、「高年齢者」を55歳以上の者、「中高年齢者」を45歳以上55歳未満の者と定めている。

★シルバー人材センター
高年齢者が働くことを通じて生きがいを得るとともに、地域社会の活性化に貢献する組織。原則として市町村単位に置かれており、都道府県知事の指定を受けた一般社団法人または一般財団法人で、それぞれが独立した運営をしている。

図5-8　高年齢期の就業意欲

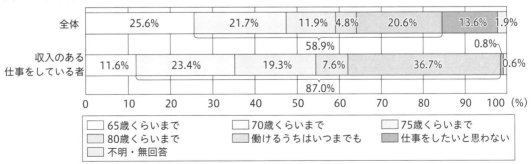

注：調査対象は、全国の60歳以上の男女。
資料：内閣府「高齢者の経済生活に関する調査」（令和元年度）
出典：内閣府編『令和2年版 高齢社会白書』p. 25, 2020.

ば、9割近くが高年齢期にも高い就業意欲をもっていることが明らかと
なっている（**図5-8**）。高年齢者が働き続けて、自らの力で収入を得るこ
とができる環境をつくることで生活を自立させるとともに、若い世代の
負担を減らし、安心して活躍できることが課題となっている。

2 ▶ 高年齢期の就労と経済状況

　高年齢期の就労意欲の高まりから、65歳以上になっても就労する高
年齢者の数は増加している。2019（令和元）年の労働力人口6886万人
のうち、65歳以上の者の割合は13.2％と上昇し続けている（**図5-9**）。
　他方、高年齢期における経済状況としては、世帯主の年齢階級別にみた
1世帯当たりの所得金額は50〜59歳が756万円と最も高く、世帯主

図5-9　労働力人口の推移

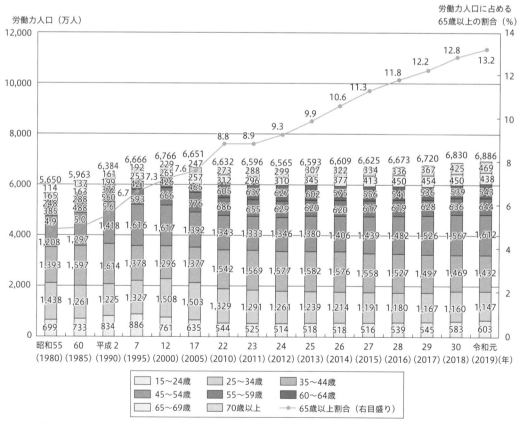

注1：「労働力人口」とは、15歳以上人口のうち、就業者と完全失業者を合わせたものをいう。
　2：平成23年は岩手県、宮城県および福島県において調査実施が一時困難となったため、補完的に推計した値を用いている。
資料：総務省「労働力調査」
出典：内閣府編『高齢社会白書　令和2年版』p.21, 2020.

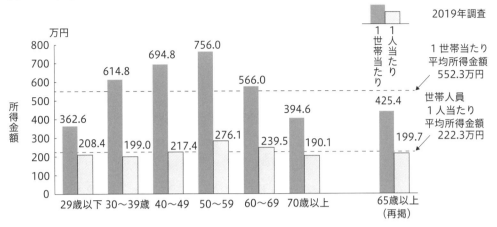

図5-10　世帯主の年齢階級別にみた１世帯当たりおよび世帯人員１人当たり平均所得金額

出典：厚生労働省「2019年 国民生活基礎調査の概況」

が 65 歳以上の世帯平均所得金額は 425 万 4000 円まで減少する。この数値は全世帯平均所得金額 552 万 3000 円の 8 割以下となることから、高年齢期における所得や資産の格差に対応するための雇用の確保や社会保障制度のあり方について検討を進める必要がある（**図 5-10**）。

3　定年制と年金保険制度

　定年制とは、期間の定めのない労働契約の退職事由の一つとして、一定の年齢に達したときに自動的に労働契約が終了（退職）となる制度である。高年齢者雇用安定法では「定年は、60 歳を下回ることができない」とされているため、現在、多くの企業は 60 歳定年制を採用しており、60 歳を迎えると退職することが多くなっている。雇用延長や嘱託採用等を実施している企業も増加してきているものの、年間給与は定年到達時の水準よりも相対的に低くなっているのが実態である。

　また、年金保険制度について、我が国の公的年金の受給開始年齢は、制度制定当初の 55 歳から、60 歳、65 歳へと引き上げの歴史をたどってきた。現在では、一部の段階的な引き上げ対象となる者（特別支給の老齢厚生年金（報酬比例部分））を除き、原則 65 歳となっている。こうした公的年金（厚生年金）の受給開始年齢の引き上げにより、たとえば 60 歳定年制を採用している企業を定年後、万が一労働を継続できない場合（自身の病気治療や親の介護などによる場合も考えられる）、年金支給までの空白期間に無収入状態となり生活が困難になることも懸念され

Active Learning

自身や家族の老後を想定し、定年後、安定的な生活を送るために必要な制度や仕組みについて考えてみましょう。

★**特別支給の老齢厚生年金**

受給開始年齢 60 歳を、段階的に改正された厚生年金保険法の受給開始年齢 65 歳に合わせていくための特別な措置。共通⑦『社会保障』第 5 章第 3 節参照。

第5章　高齢者に対する関連諸制度

図5-11　無収入の期間（男性の場合）

・2012（平成24）年度以前（60歳から老齢厚生年金（報酬比例部分）が支給されていた）

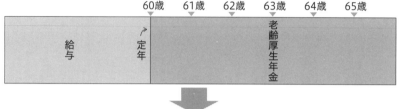

・2013（平成25）年度以降（65歳まで老齢厚生年金（報酬比例部分）が支給されない（段階的に））

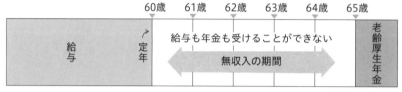

注：女性は原則5年遅れとなる。
出典：社会保険労務士法人みらいコンサルティング『図解でスッキリわかる高年齢者雇用の実務ポイント』清文社，p.5，2013. を一部改変

ることから、年金支給と雇用との接続が重要な課題となっている（図5-11）。

4 高年齢者雇用安定法の改正

　高年齢者雇用安定法は、1971（昭和46）年に「中高年齢者等の雇用の促進に関する特別措置法」として制定され、1986（昭和61）年に現在の法律名に改称された。以降、数回にわたり改正されている。2004（平成16）年には年齢による応募や採用の差別が原則禁止となり、2006（平成18）年には、事業主が、❶65歳までの定年引き上げ、❷希望者全員を対象とする65歳までの継続雇用制度の導入、❸定年の定めの廃止、のうちいずれかの措置を実施することが義務化され、少子高齢化社会の到来や年金の支給開始年齢引き上げの対応を目的に、事業主に対して段階的に65歳までの雇用確保を義務づけた。

　2012（平成24）年には、従前は雇用延長を希望する従業員に対して労使協定で基準を定めることで、その全員を対象としなくてもよいこととされていたが、改正により希望者すべてを対象とすることが義務づけられた。

　さらに、2020（令和2）年改正（2021（令和3）年4月施行）では、これを70歳まで延長する「高年齢者就業確保措置」として、65歳から70歳までの就業機会の確保について、事業主が、①70歳までの定年の

154

表5-15　これまでの高年齢者雇用安定法の主な改正内容

法改正年	高年齢者雇用安定法
1986年 （昭和61年）	○中高法改正―高年齢者の雇用就業対策に関する総合的な法律に抜本改正 ①題名を「高年齢者等の雇用の安定等に関する法律」（高年齢者雇用安定法）に改正 ②60歳定年の努力義務化（昭和61年10月1日施行） ③定年引き上げの要請、定年引き上げに関する計画の作成命令、計画の変更・適正実施勧告等 ④再就職援助の努力義務化、再就職援助計画の作成要請等 ⑤高年齢者雇用安定センター、シルバー人材センターの指定等
1990年 （平成2年）	○65歳までの継続雇用の推進 ①高年齢者等職業安定対策基本方針の策定 ②定年到達者が希望する場合の定年後の再雇用の努力義務化、再雇用の前提となる諸条件の整備に関する公共職業安定所長による勧告
1994年 （平成6年）	○60歳定年の義務化 ①60歳定年の義務化（定年を定める場合、60歳を下回ることができない）（平成10年4月1日施行） ②継続雇用制度の導入等に関する計画の作成指示、計画の変更・適正実施勧告 ③高齢者に係る労働者派遣事業の特例 ④高年齢者職業経験活用センター等の指定等
1996年 （平成8年）	○シルバー人材センター事業の発展・拡充 ・シルバー人材センター連合の指定等
2000年 （平成12年）	○再就職援助計画制度拡充 ①定年の引き上げ等による高年齢者雇用確保措置導入の努力義務化（平成12年10月1日施行） ②再就職援助計画の個別交付・対象者の拡大（45歳以上） ③シルバー人材センターの業務の拡大
2004年 （平成16年）	○雇用確保措置法的義務化 ①定年の引き上げ等による高年齢者雇用確保措置導入の法的義務化（平成18年4月1日施行） （※義務化年齢を平成25年度までに段階的に引き上げ） ②募集・採用時に年齢制限を設ける場合の理由提示を義務化 ③求職活動支援書の作成・交付の義務化等 ④シルバー人材センターの労働者派遣事業の特例（許可を届出とする） ⑤高年齢者職業経験活用センターの指定法人制度を廃止
2012年 （平成24年）	○継続雇用制度の対象者を限定できる仕組みの廃止 ①継続雇用制度の対象者を限定できる仕組みの廃止（平成25年4月1日施行） ②継続雇用制度の対象者を雇用する企業の範囲の拡大 ③義務違反の企業に対する公表規定の導入 ④高年齢者雇用確保措置の実施および運用に関する指針の策定 ⑤厚生年金（報酬比例部分）の受給開始年齢に到達した以降の者を対象に、基準を引き続き利用できる12年間の経過措置を設けるほか、所要の規定の整備
2020年 （令和2年）	○高年齢者就業確保措置の新設 ①65歳から70歳までの就業機会確保努力義務化（令和3年4月1日施行） ②労使で同意したうえでの創業支援等措置（雇用以外の措置）の導入

出典：厚生労働省『平成28年版 厚生労働白書』p. 40, 2016. を一部改変

引き上げ、②70歳までの継続雇用制度の導入、③定年の定めの廃止、④70歳までの継続的業務委託契約制度の導入、⑤70歳まで社会貢献事業に継続的に従事できる制度の導入のいずれかの措置を制度化する努力義務が新設された（**表5-15**、**図5-12**）。

図5-12 70歳までの就業機会確保の具体例

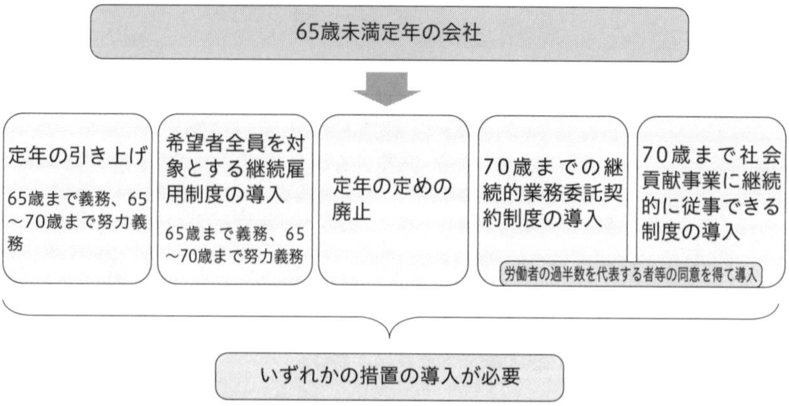

65歳未満定年の会社

定年の引き上げ	希望者全員を対象とする継続雇用制度の導入	定年の定めの廃止	70歳までの継続的業務委託契約制度の導入	70歳まで社会貢献事業に継続的に従事できる制度の導入
65歳まで義務、65～70歳まで努力義務	65歳まで義務、65～70歳まで努力義務			労働者の過半数を代表する者等の同意を得て導入

いずれかの措置の導入が必要

出典：社会保険労務士法人みらいコンサルティング『図解でスッキリわかる高年齢者雇用の実務ポイント』清文社，p.5, 2013. を一部改変

◇参考文献

・森島大吾監『入門図解 高年齢者雇用安定法の知識 事業者必携 70歳雇用延長に対応！』三修社，2020.
・労働新聞社編『まる分かり 2020年改正労働基準法・雇用保険法・労災保険法・高年齢者雇用安定法 速報版 改正内容を詳しい解説でバッチリ理解！！』労働新聞社，2020.
・社会保険労務士法人みらいコンサルティング『図解でスッキリわかる高年齢者雇用の実務ポイント』清文社，2013.
・内閣府『令和2年版 高齢社会白書』2020.
・厚生労働省『平成28年版 厚生労働白書』2016.
・労働政策研究・研修機構「高年齢社員や有期契約社員の法改正後の活用状況に関する調査」『JILPT調査シリーズ』第121号，2014.
・厚生労働省職業安定局雇用開発部高齢者雇用対策課「平成30年「高年齢者の雇用状況」集計結果」『労働基準』12月号，2018.
・北村智紀「厚生年金の支給開始年齢引き上げと2013年高年齢者雇用安定法改正の高齢者雇用に与える効果」『統計研究彙報』第75号，2018.
・山田篤裕「特別支給の老齢厚生年金定額部分の支給開始年齢引上げ（2010年）と改正高年齢者雇用安定法による雇用と年金の接続の変化」『三田学会雑誌』第107巻第4号，2015.

● おすすめ
・萩原明人・垂水公男『働き方改革時代の高齢者の健康と労働』中央医学社，2019.

第8節 育児・介護休業法

学習のポイント

- 育児・介護休業法の目的について理解する
- 育児休業および介護休業の内容、手続方法、事業主が講ずる措置等を理解する
- 育児・介護休業のさらなる制度の充実を図るために、現状における課題を理解する

1 育児・介護休業法の趣旨

　育児休業、介護休業等育児又は家族介護を行う労働者の福祉に関する法律（育児・介護休業法）は、育児または介護を行う労働者の雇用の継続および仕事と家庭の両立を支援することを目的としている。

　我が国の合計特殊出生率は、第一次ベビーブーム期の1949（昭和24）年の4.32の後、減少傾向が続いている。1989（平成元）年には、1.57と、それまでの最低であった丙午の1966（昭和41）年の1.58を下回る結果となった。近年は微増傾向が続いてきたが、2005（平成17）年には1.26と最少となった（直近の2020（平成30）年は1.42）。

　出生数についても、減少傾向に歯止めがかかっていない。2020（平成30）年は91万8400人と、調査開始以来過去最少を記録し、1949（昭和24）年の約34％まで落ち込んだ。

　核家族化、働く女性の増加、さらには生産年齢人口の減少に伴う労働力の確保難など、企業や労働者をめぐる状況についても近年大きく変化している。

　こうしたなかで、労使の自主的話し合いにより育児休業制度を導入する企業が相次ぐなど、社会的関心が高まり、それに応える形で、労働者が育児のために雇用を中断することなく、その能力を有効に発揮することを確保するために、男女に等しく育児休業の権利を付与する制度を創設することとなり、育児休業等に関する法律として1991（平成3）年、法制化されたのがスタートである。

　その後、1995（平成7）年の改正では、いわゆる団塊の世代のすべてが65歳以上となり急速な高齢化が進行し、要介護状態にある家族の介護にあたる労働者の働き方への影響が顕在化したことから、介護休業制

★第一次ベビーブーム
毎年260万人以上が出生した1947（昭和22）年から1949（昭和24）年までをいう。

★生産年齢人口
生産活動の主たる労働力である15歳から64歳までの人口をいう。我が国では少子・高齢化とともに生産年齢人口の減少が進行し、社会保障のみならず社会経済活動の持続性を高めることが課題となっている。

度が新たに設けられることとなり、これに伴い法律名についても、現行の「育児休業、介護休業等育児又は家族介護を行う労働者の福祉に関する法律」に改称された。

育児・介護休業法は、1991（平成3）年の制定以後、育児、介護に関する労働者の仕事と家庭の両立を推進するためのニーズを捉え、これまで数次にわたって法改正が行われ、制度の充実化が図られている。

また、育児、介護の両休業制度とともに、雇用保険法に基づいて育児休業給付および介護休業給付が支給される仕組みとなっており、適時、給付水準の引き上げが行われ、両休業制度の取得の促進が図られている。

2 育児・介護休業法の主な内容

1 育児休業関連

❶対象となる労働者

男女ともに育児休業の対象となる。ただし、有期契約労働者については、1年以上継続雇用されており、かつ、養育する子が1歳6か月に達する日までに、当該労働契約（その契約が更新される場合は、更新後のもの）が満了することが明らかでないものが対象となる。日々雇用の者は育児休業の対象者となれない。

❷対象となる子の範囲

法律上の親子関係がある子（養子含む）ならびに特別養子縁組★を家庭裁判所に請求し現に監護する子、養子縁組里親★に委託されている子、および実親の同意が得られないため養子縁組里親としての委託ができない場合においては養育里親に委託されている子。

❸育児休業の内容

① 1歳までの育児休業

1歳に満たない（誕生日の前日までをいう）子を養育するために育児休業をすることができる。女性は産後休業を終えた日の翌日から、男性は子の出生日から、それぞれ育児休業を取得することができる。なお、両親とも育児休業を取得する場合は、1歳2か月まで育児休業が取得で

★特別養子縁組
民法の規定により、養子となる子の実親との法的な親子関係を解消し、養親となる夫婦と実の子と同じ法律上の親子関係を結ぶ制度。父母による子の監護が著しく困難などの事情がある場合に、一定の要件を満たせば、家庭裁判所の決定により成立する。

★養子縁組里親
児童福祉法により法定化された里親制度において、養子縁組によって子との法的な親子関係を結ぶことを前提として養育する里親をいう。養子縁組里親となるためには研修の受講など一定の要件を満たすことが必要。養育の委託は、児童相談所が行う。

i 育児休業給付は、産後休業期間終了後の育児休業取得期間を対象とし、介護休業給付は、介護休業の取得期間を対象として支給される。取得日数等によるが、おおよその給付額は平均月額賃金の67%（育児休業給付は6か月経過後から50%）相当の額。

158

きる特例が設けられている（通称「パパ・ママ育休プラス」）。

② 1歳から1歳6か月までの育児休業

　子が1歳に達するまでの間の休業という基本的枠組みを維持しつつ、雇用の継続と円滑な職場復帰を図る観点から、特別な事情があるときは、子が1歳6か月に達するまでを限度として、育児休業をすることができる。特別な事情とは、保育所へ申し込みを行っているが、空きがなく当面入所を見込めないときや、配偶者の死亡または負傷、疾病等により子の養育が困難となったときなどである。パパ・ママ育休プラスを取得した場合でも、特別な事情があるときは、同様に延長が可能となる。

③ 1歳6か月から2歳までの育児休業

　雇用の継続と円滑な職場復帰を図る観点から、1歳6か月までの育児休業を取得してもなお特別な事情（上記と同様の特別な事情）があるときは、子が2歳に達するまでを限度として、育児休業をすることができる。

❹取得回数

　育児休業は、原則として、同一の子について1回のみすることができるが、男性の育児休業取得を促進する観点から、出産後8週間以内にした育児休業については育児休業の取得に含めないこととなっている。また、例外として、負傷、疾病等で2週間以上の期間にわたり世話を必要とする状態になったときや、保育所へ申し込みを行っているが、空きがなく当面入所を見込めないときなど特別の事情がある場合には、2回目以降の育児休業の申し出が認められる。

❺手続方法

　育児休業を取得しようとする労働者は、育児休業をする期間の初日と末日を明らかにして、その事業主に対して申し出を行う。育児休業の申し出を受けた事業主は、当該労働者の申し出を拒むことができない。

　なお、労働者の申し出により、1歳までの育児休業に限って、出産予定日前の出生などの事由により変更を申し出て育児休業開始日を繰り上げる（1回に限る）ことができるほか、1か月前（1歳6か月および2歳までの育児休業は2週間前）までに申し出る（理由は問わない）ことにより、1回に限り育児休業終了日を繰り下げることができる。

❻看護休暇

　労働者は、小学校就学前の子について、負傷、疾病にかかる世話のほか、予防接種または健康診断を受けさせるために、事業主に申し出を行うことにより看護休暇を取得できる。看護休暇は、1年度を通じ、子が

１人であれば５日間、２人以上であれば 10 日間の看護休暇の取得を最低基準として保証したものである。取得単位は、１日単位のほか、半日単位での取得が可能である。さらに、2021（令和３）年１月からは、時間単位（１時間の整数倍の時間）の取得が可能となった。

■2 介護休業関連

❶対象となる労働者

　男女ともに介護休業の対象となる。ただし、有期契約労働者については、１年以上継続雇用されており、かつ、介護休業開始予定日から起算して 93 日を経過する日から６か月を経過する日までに、当該労働契約（その契約が更新される場合は、更新後のもの）が満了することが明らかでないものが対象となる。日々雇用の者は介護休業の対象者となれない。

❷対象者

　労働者は、その要介護状態にある対象家族を介護するために休業することができる。要介護状態とは、負傷、疾病または身体上もしくは精神上の障害（これらによる後遺症および先天的な障害を有する場合を含む）により常時介護を有する状態が２週間以上継続することをいい、介護保険制度における要介護状態と必ずしも一致するものでない。対象家族は、配偶者（内縁関係含む）、父母、子、配偶者の父母、祖父母、兄弟姉妹および孫としている。

❸介護休業の内容

　介護休業は、対象となる家族１人について、介護休業を通算して 93 日までの範囲内で３回まで取得することができる。

❹手続方法

　介護休業を取得しようとする労働者は、介護休業をする期間の初日と末日を明らかにして、その事業主に対して申し出を行う。介護休業の申し出を受けた事業主は、当該労働者の申し出を拒むことができない。

　介護休業終了予定日の変更は、当該介護休業の申し出に係る終了予定日につき１回に限り、事業主に申し出ることにより認められる。

❺介護休暇

　労働者は、対象となる家族の介護および通院等の付き添い、介護サービスの提供を受けるために必要な手続きの代行その他の対象家族に必要な世話のために、介護休暇を取得できる。介護休暇は、１年度を通じ、要介護状態にある対象家族が１人であれば５日間、２人以上であれば

10 日間の介護休暇の取得を最低基準として保証したものである。取得単位は、1 日単位のほか、半日単位での取得が可能である。

さらに 2021（令和 3）年 1 月からは、時間単位（1 時間の整数倍の時間）の取得が可能となった。

■3 仕事と育児、介護の両立支援に関するその他の事項

❶所定外労働の制限

事業主は、育児または介護のために労働者の請求があった場合は、所定労働時間（労働契約上労働すべき時間として定められた時間）を超えて労働させてはならない。

❷時間外労働の制限

事業主は、育児または介護のために労働者の請求があった場合は、制限時間（1 月について 24 時間、1 年について 150 時間）を超えて労働時間を延長してはならない。なお、育児については小学校就学の始期に達するまでが対象となる。

❸深夜業の制限

事業主は、育児または介護のために労働者の請求があった場合は、午後 10 時から午前 5 時までの間において労働させてはならない。なお、育児については小学校就学の始期に達するまでが対象となる。

❹所定労働時間の短縮等の措置

① 3 歳に満たない子の養育に関する所定労働時間の短縮措置

所定労働時間を原則として 6 時間に短縮する措置を事業主に課している。

② 家族の介護に関する所定労働時間の短縮等の措置

所定労働時間の短縮（8 時間の場合は 2 時間以上の短縮）、フレックスタイム制など対象家族の介護を容易にするための措置を講ずる義務を事業主に課している。

当該措置は、3 年間以上を対象とし、かつ、2 回以上利用できるよう措置するものとされている。

❺その他の事業主が果たすべき役割

・労働者の育児休業または介護休業の取得を理由として、当該労働者に対し解雇その他の不利益な取扱いをすることの禁止
・労働者が育児休業または介護休業の選択を適切に行うことができるように、これら休業期間中の待遇等の必要な事項を定め、労働者に周知するよう努めること

Active Learning

育児・介護休業制度の充実により、仕事と育児・介護の両立を支援する必要性を社会的背景から考えてみましょう。

第 5 章 高齢者に対する関連諸制度

・労働者の休業後の再就業を円滑にするため、休業中の当該労働者の職業能力の開発および向上等に関し必要な措置を講ずるよう努めること
・職場における育児休業または介護休業に関するハラスメントを防止するために必要な措置を講じる義務

3 今後の課題

　育児休業取得率については、女性が2008（平成20）年度以降80％台で推移している一方、男性の取得率は低水準となっており、2021（令和元）年度は7.48％という状況にある。パパ・ママ育休プラスなどの取得促進策が設けられたが、男性の育児休業取得の促進に結びついていないのが現状である。企業等の職場においては、男性が育児休業を取得しやすい雰囲気づくりにいっそう努めることが望まれる。

　また、女性労働者の継続就業については、2005（平成17）年以降の数値として、育児休業制度がある勤務先では正規雇用で75.9％が、非正規雇用で31.3％が、それぞれ育児休業を取得して就業を継続している。しかし、正規雇用で20.4％が、非正規雇用で43.8％が、それぞれ退職しており、これらには自発的な退職が含まれているものの、仕事と育児の両立により就業継続が図られるよう、引き続き制度の充実化について検討される必要がある。

　介護休業制度においては、今後も、都市部を中心として後期高齢者の急増が見込まれていることから、就労しながら親の介護に直面する労働者が増えていくことは避けられない状況である。いったん介護が必要になった場合は、その期間の長期化が懸念されるほか、介護サービスの利用に関しては、介護認定調査や介護サービス利用契約の締結など、家族の同席が必要な機会が多いことから、仕事との両立を図るためには、介護休業および介護休暇の取得日数のさらなる充実化が早急に検討されるべきである。

◇参考文献
・厚生労働省「第175回労働政策審議会雇用均等部会資料」
・丸山亜子「育児・介護休業法概説」西谷敏・野田進・和田肇編『新基本法コメンタール 労働基準法・労働契約法』日本評論社，2012.

---

ii　育児・介護休業法第25条により、事業主に対し、職場の上司や同僚による育児休業、介護休業を理由とした言動により当該労働者の就業環境が害されることがないよう雇用管理上必要な防止措置を講じることが義務づけられている。

第9節　市町村独自の高齢者支援

学習のポイント

● 市町村における、地域の特性に応じた介護保険制度を補完する独自の支援について学ぶ
● 高齢者への支援の多様性を、俯瞰的視点で理解する

1　介護保険外の高齢者支援サービスの意義

　介護保険は、介護保険法第1条で「加齢に伴って生ずる心身の変化に起因する疾病等により要介護状態となり、（中略）、これらの者が尊厳を保持し、その有する能力に応じ自立した日常生活を営むことができるよう、必要な保険医療サービス及び福祉サービスに係る給付を行う」こととされていることから、総合的・標準的なサービスは提供されている。

　具体的には、市町村が裁量権をもつ地域支援事業（介護予防・日常生活支援総合事業、包括的支援事業、任意事業）により、地域の実情に応じて必要な支援を行うこととしているため、市町村によりサービスに対する考え方、地域資源や地域との関係性により、過不足が生じることがある。

　この節では、介護保険法以外で市町村が地域特性などを考慮し、実施しているサービスについて説明する。

2　一般会計としての位置づけ

1　自治体会計

　介護保険は、特定の収入をもって特定の事業を行う特別会計として独立している。

　そのため、介護保険以外の部分については、一般会計やその他特別会計、企業会計で位置づけ、目的と手段の考え方により、さまざまなものが実施されている。

　詳細な事業については、「款」「項」という性質により大別されている。

❶ 款）総務費：項）安全対策費、コミュニティ費、諸費
❷ 款）民生費：項）社会福祉費、生活保護費
❸ 款）衛生費：項）保健衛生費
❹ 款）労働費：項）労働諸費
❺ 款）商工費：項）商工費
❻ 款）土木費：項）道路橋りょう費、都市計画費、住宅費
❼ 款）教育費：項）社会教育費

　前記のように、高齢者を取り巻く環境は、さまざまな視点から支援が可能となっている。

■2 具体的な事業

　市町村で実施している事業は、地域特性や創意工夫により、実施可能性は無限であり、問題・課題を解決するために行われている主な事業のイメージは次のとおりである。

① 地域ぐるみ安全安心推進

　オレオレ詐欺・振込詐欺・架空請求詐欺などの特殊詐欺防止やひったくりに対応した防犯カメラなど生活安全対策・防犯・犯罪防止活動を推進する。

② 地域コミュニティづくり

　高齢者が集まり、人と人がつながる地域の集会所等活動拠点の整備を推進する。

③ 人権関連施策

　身体的・心理的・経済的虐待やネグレクトなどから高齢者の人権を守る。

④ 要援護者・避難行動要支援者避難支援

　災害時に避難などを協力する支援体制を整備する。

⑤ 生活困窮者自立支援

　生活困窮者の自立相談、住居確保、就労準備等を行う。

⑥ 軽度生活援助

　在宅の一人暮らし高齢者に対して、軽度サービス利用券を配布し、経済的負担を軽減し、自立を促進する。

⑦ 家具転倒防止器具等取り付け費助成

　高齢者の身体の安全を確保するため家具転倒防止器具等の購入費用の助成を行う。

⑧ 社会福祉法人等利用者負担軽減

サービスを利用している生活困窮者等に対して介護保険サービスに係る利用者負担額の軽減を図る。

⑨　高齢者住宅改良・改修

介護を必要とする高齢者が在宅生活できるように住宅の増改築を行う費用の貸付や助成を行う。

⑩　介護人材確保

介護を必要とする高齢者が安定的にサービスを受けられるように人材確保の支援を行う。

⑪　特別養護老人ホーム施設建設費等補助

必要な施設整備を行うために、準備資金等の支援を行う。

⑫　健康・予防支援

加入している保険により年1回の健康診査が受けられる。また、各種がん検診、骨粗鬆症、肝炎ウイルス検診、歯科検診など年齢に応じたサービスが実施されている。

⑬　高齢者就労支援

高齢者の就労機会を確保するために、ハローワークなどと協力し、就職説明会や就労場所として、シルバー人材センターなどを設置している。

⑭　移動支援

高齢者の自動車免許返納に伴い、高齢者の外出機会を確保するために、さまざまなデマンドタクシー、乗合タクシー・バス、グリーンスローモビリティのほかに地域貢献として社会福祉法人や民間企業が送迎車両を提供するなど幅広いサービスが実現し始めている。

⑮　外出支援

鉄道駅へのエレベーター等の設置や道路歩道のバリアフリー化を推進する。

⑯　生涯活躍支援

高齢者の活躍の機会を確保するために、介護支援ボランティアなどにより、高齢者・障害者・子どもなどの施設での活動にポイントが付与される仕組みが導入されている。

また、既存のスキル・ノウハウを活用したプロボノなど新たな仕組みも始まってきている。

---

i　社会福祉法人が公益事業の一環として、日中空いている車両等を利用して送迎を実施する。

★シルバー人材センター
高年齢者が働くことを通じて生きがいを得るとともに、ボランティア活動をはじめとするさまざまな社会参加を通じて、高年齢者の健康で生きがいのある生活の実現と、地域社会の福祉の向上と、活性化に貢献する。

★デマンドタクシー
自宅と目的地の間をドアツードアで運行する予約制の乗合タクシー。

★乗合タクシー
同じ目的地に向かう不特定多数が乗車する相乗りタクシー。

★グリーンスローモビリティ
電動で、時速20km未満で公道を走る4人乗り以上のパブリックモビリティ。

★プロボノ
すでにもっている知識やスキルを無償提供し社会貢献するボランティア活動

3 事業を実現するための財源確保

　さらに、事業を安定・継続的に行っていくためには、財源を確保することが重要であることから、「まち・ひと・しごと創生法」の交付金[ii]、クラウド・ファンディング★、企業版ふるさと納税★、コミュニティ・ファンド★などを活用することで可能性が広がる。

4 ソーシャル・キャピタルとの連携

　これからの市町村独自の高齢者支援は、社会構造の変化や人々の暮らしの変化を踏まえ、制度・分野ごとの「縦割り」や「支え手」「受け手」という固定的な役割から、さまざまなソーシャル・キャピタルが積極的に主体的に参画できるような構造改革を起こし、地域全体が一体となって住民一人ひとりが生きがいや役割をもつ全世代型の地域共生社会へ進む。

> 官民が協力したコレクティブ・インパクト★の例
> 　千葉県松戸市では、市・警察署・ヤマト運輸㈱・ヤマトホームコンビニエンスと「地域共創社会の実現に向けた連携に関する協定」を締結し、相互の資源の有効活用を図り、安心で安全な暮らしやすいまちづくりを推進する。
> 対象：全住民
> 事業：行政情報の提供や講座等の開催、地域安全に関する通報、移動課題等の解決に向けた研究など

5 SDGs（持続可能な開発目標）の視点

　また、地域が安定・継続的に発展し続けるためには、SDGs★（持続可能な開発目標）の視点を踏まえ、環境・社会・経済などが一体的となり俯瞰的な取り組みが未来につながっていく。

ii　まち・ひと・しごと創生法の基本理念として、「我が国における急速な少子高齢化の進展に的確に対応し、人口の減少に歯止めをかけるとともに、東京圏への人口の過度の集中を是正し、それぞれの地域で住みよい環境を確保して、将来にわたって活力ある日本社会を維持していくためには、国民一人一人が夢や希望を持ち、潤いのある豊かな生活を安心して営むことができる地域社会の形成、地域社会を担う個性豊かで多様な人材の確保及び地域における魅力ある多様な就業の機会の創出を一体的に推進すること」が示されている。

★クラウド・ファンディング
一般的に、新規・成長事業者等と資金提供者をインターネット等で結びつけ、多数の方々の支援により資金を集める仕組み。

★企業版ふるさと納税
地域貢献したい企業は市町村が行う地方創生の取り組みに対して寄付を行い、税額控除の優遇措置を受ける。

★コミュニティ・ファンド
住民の活動を住民が支えるための資金を循環させるための募金組織。

★コレクティブ・インパクト
立ち場の異なる組織が、組織の壁を越えて互いの強みを出しあい、社会的課題を解決するアプローチ。

★SDGs
2015年9月の国連サミットで全会一致で採択。「誰一人取り残さない持続可能で多様性と包摂のある社会」を実現するため、2030年を年限とする17の国際目標（その下に169ターゲット、232の評価指標が設定）。

図5-13　SDGs の17の国際目標

（①貧困）　（②飢餓）　（③保健）　（④教育）　（⑤ジェンダー）　（⑥水・衛生）

（⑦エネルギー）（⑧成長・雇用）（⑨イノベーション）（⑩不平等）（⑪都市）（⑫生産・消費）

（⑬気候変動）（⑭海洋資源）（⑮陸上資源）（⑯平和）（⑰実施手段）

6　一人ひとりの生きがいや役割が自立を支える

　健康寿命と平均寿命は延伸しているが、平均寿命と健康寿命の間差は大きな変化がなく、人生 100 年時代を迎える。

　そのため、高齢者を支える人材も容易に確保できないことから、高齢者自身がより自立した生活ができるような仕組みや、専門的なケアが必要な人は有資格者による専門的なサービスを受け、それ以外の人は多様な主体や担い手の支援を受けるなど地域特性を踏まえた市町村の独自施策は、大変重要である。特に、前期高齢者より後期高齢者が増えることから、より第 2 号被保険者（40〜64 歳）に対する早期からの予防策が実現していくために、保健・福祉をはじめ、地域・経済との連携、そして何よりも一人ひとりの意識がより重要となる。

Active Learning

高齢者支援に不足しているものは何か、身の回りに利活用できるものはないか考えてみましょう。

第5章　高齢者に対する関連諸制度

● おすすめ
・嵯峨生馬『プロボノ──新しい社会貢献新しい働き方』勁草書房，2011.
・木下斉『地元がヤバい…と思ったら読む凡人のための地域再生入門』ダイヤモンド社，2018.

第6章

高齢者と家族等の支援における関係機関と専門職の役割

　介護保険制度は、高齢者への利用者主体の自立支援、制度によらないインフォーマルな存在としての家族・ボランティア等の支援、市町村等の保険者と国・都道府県および関係機関との連携、ケアマネジメント（居宅介護支援）等における福祉・医療・保健専門職等の多職種連携、等々から構成されている。本章の第1節では、国、都道府県、市町村（保険者）等の役割、介護保険制度における指定サービス事業者、地域包括支援センター、国民健康保険団体連合会等の役割を学ぶ。また、第2節では、高齢者を支援する福祉・医療・保健専門職の役割を学び、家族やボランティアなど高齢者を支援する身近な人々の現状を理解する。

第1節 関係機関の役割

学習のポイント

- 介護保険制度における国、都道府県、市町村の役割を理解する
- 介護保険制度における指定サービス事業者、国民健康保険団体連合会の機能と役割を理解する
- 介護保険制度の担い手とハローワーク、シルバー人材センターの機能と役割を理解する

1 行政機関の役割

1 国の役割

❶政府の役割

　我が国における超高齢社会の進展について、政府において総合的な施策として対応するため、高齢社会対策基本法に沿って、高齢社会対策大綱が2018（平成30）年2月に閣議決定された。高齢社会対策大綱策定の目的には、「65歳以上を一律に『高齢者』と見る一般的な傾向は、現状に照らせばもはや、現実的なものではなくなりつつある。70歳やそれ以降でも、個々人の意欲・能力に応じた力を発揮できる時代が到来」し、「高齢化に伴って生ずる様々な社会的課題に対応することは、（中略）全ての世代が満ち足りた人生を送ることのできる環境を作る」と述べられている。

　高齢社会対策大綱の基本的考え方は、❶年齢による画一化を見直し、すべての年代の人々が希望に応じて意欲・能力を活かして活躍できるエイジレス社会を目指す。❷地域における生活基盤を整備し、人生のどの段階でも高齢期の暮らしを具体的に描ける地域コミュニティを作る。❸技術革新の成果が可能にする新しい高齢社会対策を志向する、となっている。

　これらから政府の役割は、超高齢社会における高齢者のあり方と社会的課題について基本的考え方を提言し、国家レベルの中長期的な基本的政策を示すことにある。

★エイジレス社会
年齢で区別せず意欲や能力で多様な形態による就業機会・勤務形態の確保を目指す社会をいう。

❷厚生労働省の役割

　日本国憲法は、国会を国権の最高機関として、唯一の立法機関と定めている。行政府では「法律」は国会で制定するが、法律の原案は厚生労働省など関係省庁で立案されていることが多い。介護保険法であれば、厚生労働省の前身である厚生省の老人保健福祉局（現・厚生労働省老健局）で立案された。

　内閣府が制定する法律施行令などの「政令」、厚生労働省で制定される法律施行規則などの「省令」が高齢者保健福祉の政策として、大きな実効力をもつことになる。たとえば、介護保険制度における居宅サービスの指定基準である「指定居宅サービス等の事業の人員、設備及び運営に関する基準」（平成 11 年厚生省令第 37 号）は、介護保険法に沿って厚生省老人保健福祉局において立案された。

　また、厚生労働省の担当部局から地方自治体に伝達される「通知」においても、地方自治体の高齢者保健福祉の施策が方向づけられる。たとえば、「訪問介護におけるサービス行為ごとの区分等について」（平成 12 年 3 月 17 日老計第 10 号）という通知は、厚生省老人保健福祉局老人福祉計画課長名で全国の都道府県介護保険主管部局長宛てに伝達されたものである。

　高齢者保健福祉の中核的な制度である介護保険制度では、「国は、介護保険事業の運営が健全かつ円滑に行われるよう保健医療サービス及び福祉サービスを提供する体制の確保に関する施策その他の必要な各般の措置を講じなければならない」（介護保険法第 5 条第 1 項）とされている。

　厚生労働省の主な事務は、介護保険制度運営に必要な各種基準等の策定、保険給付・地域支援事業・都道府県財政安定化等に対する財政負担、介護保険事業の指導・監督・助言等に関することなどである。

　介護保険制度を含む高齢者保健福祉に関する法規については、厚生労働省老健局が所管し、具体的施策の立案、執行を役割とする。

2　都道府県の役割

　国の役割同様、高齢者保健福祉の中核的な制度である介護保険制度を通して、都道府県の役割を示す。

　都道府県は、広域的なサービス提供体制の整備に取り組むとともに、必要な助言等により、介護保険制度の保険者である市町村を適切に援助することにある。介護保険法には、都道府県の責務として、「都道府県は、介護保険事業の運営が健全かつ円滑に行われるように、必要な助言及び

Active Learning
地元の市町村および特別区（東京都23区）役所等のホームページから介護保険制度利用の案内を見つけてみましょう。

適切な援助をしなければならない」（第5条第2項）と明記されている。

　都道府県の主な事務は、介護保険審査会の設置・運営、市町村（保険者）に対する実地指導、介護事業所や介護保険施設の指定と指導および監査、介護サービス情報の公表、介護支援専門員の登録と更新等、財政安定化基金の設置・運営、介護保険事業支援計画の策定、などである。

　都道府県の役割は、保険者である市町村に対して財政負担を行うとともに、市町村の制度運営を支援し、サービス提供体制の整備についても、市町村が介護保険事業計画で定めるサービス目標の達成を支援することにある。

3 市町村の役割

　国・都道府県の役割同様、高齢者保健福祉の中核的な制度である介護保険制度を通して、市町村の役割を示す。

　介護保険制度では、全国の市町村および特別区（東京都23区）が保険者となる。保険者とは、介護保険の保険事業を運営するため、保険料を徴収したり、保険給付を行ったりする運営主体のことをいう。

　介護保険法では、「市町村及び特別区は、この法律の定めるところにより、介護保険を行うものとする」（第3条第1項）と定め、介護保険制度の保険者は、市町村及び特別区であることを規定している。また、同法では「市町村及び特別区は、介護保険に関する収入及び支出について、政令で定めるところにより、特別会計を設けなければならない」（第3条第2項）と定め、介護保険の保険事業運営に際して、最も重要な財政運営について、保険者である市町村および特別区が行うことを規定している。

　市町村等の主な事務は、被保険者の資格管理、介護認定審査会設置と要支援・要介護認定業務、保険給付業務、保険料の徴収、介護保険事業会計に関する業務、介護保険事業計画の作成、介護事業者への指導および監査、地域支援事業の実施などである。

　市町村等の役割は、被保険者から介護保険料を徴収し、その保険料収入や国・都道府県等からの負担金を財源に、保険財政のバランスを図りながら保険事業の運営等の業務を行うものである。地方分権に基づいた地域住民に最も身近な市町村等は、介護保険サービスの給付主体として、介護保険の財政主体として、保険者としての役割を担うものである。

2 指定サービス事業者・国民健康保険団体連合会の役割

1 指定サービス事業者の役割

　介護保険法に基づく「指定サービス事業者」とは、都道府県知事の指定を受けた「指定居宅サービス事業者」「介護保険施設（介護老人保健施設および介護医療院は許可）」「指定介護予防サービス事業者」、市町村長の指定を受けた「指定地域密着型サービス事業者」「指定地域密着型介護予防サービス事業者」「指定居宅介護支援事業者」「指定介護予防支援事業者」をいう。

　本項では、「指定居宅サービス事業者」「指定介護予防サービス事業者」「指定居宅介護支援事業者」「介護保険施設」について解説を行い、「指定サービス事業者」の役割を把握する。

❶指定居宅サービス事業者、指定介護予防サービス事業者

　「指定居宅サービス事業者」の役割は、介護保険法に基づく指定基準に沿って、在宅の要介護者に対する居宅サービスを行い、「指定介護予防サービス事業者」の役割は、在宅の要支援者に対する介護予防サービスを行うものである。

　都道府県知事の指定を受けた「指定居宅サービス事業者」が指定居宅サービスを行う。同じく都道府県知事の指定を受けた「指定介護予防サービス事業者」が指定介護予防サービスを行う。

　都道府県知事による「指定居宅サービス事業者」の指定は、居宅サービス事業を行う者の申請により、居宅サービスの種類ごと、そして居宅サービス事業を行う各々の事業所ごとに行われる。

　次に都道府県知事は、居宅サービス事業者および介護予防サービス事業者からの指定申請が行われた場合、申請者の事業所において、従業者の知識・技能・人員が都道府県の条例で定める基準に満たない場合、指定居宅サービス事業の設備・運営に関する基準に従って適正な運営を行うことができないと認められる場合などは、指定を行ってはならないことになっている。

❷指定居宅介護支援事業者

　居宅介護支援とは、在宅の要介護者において、居宅サービス、地域密着型サービス、その他在宅で日常生活を営むうえで必要な保健・医療・福祉サービスが適切に利用できるように、次の業務を行う。

❶居宅サービス計画の作成

★**居宅サービスの種類**
訪問介護、訪問入浴介護、訪問看護、訪問リハビリテーション、居宅療養管理指導、通所介護、通所リハビリテーション、短期入所生活介護、短期入所療養介護、特定施設入居者生活介護、福祉用具貸与、特定福祉用具販売をいう。

第6章　高齢者と家族等の支援における関係機関と専門職の役割

❷居宅サービス計画に基づく居宅サービスの提供が行われるように指定居宅サービス事業者との連絡調整等

❸介護保険施設や地域密着型介護老人福祉施設への入所を要する場合の紹介等の調整

居宅介護支援は、市町村長に申請を行い、指定を受けた「指定居宅介護支援事業者」が行う。「指定居宅介護支援事業者」は、介護保険法に基づいた「指定居宅介護支援等の事業の人員及び運営に関する基準」に従い、要介護者の心身の状況等に応じて適切な居宅介護支援を提供する。指定居宅介護支援事業者の役割は要介護者の人格を尊重するとともに、介護保険に関する法令を遵守し、要介護者のため忠実に職務を遂行することにあるといえる。

❸介護保険施設

「介護保険施設」とは、要介護者を施設に入所させてサービスを行うもので、❶介護老人福祉施設、❷介護老人保健施設、❸介護医療院、❹介護療養型医療施設がある。老人福祉法に規定された特別養護老人ホームは、都道府県知事に申請をして、「指定介護老人福祉施設」の指定を受けることができる。また、地方公共団体・医療法人・社会福祉法人等は、都道府県知事に申請をして、「介護老人保健施設」の開設許可を受けることができる。「介護医療院」は、2017（平成29）年に改正された介護保険法に基づき、増加が見込まれる慢性期の医療・介護ニーズに対応するために創設された。介護医療院の機能は、「日常的な医学管理が必要な重度者への対応」や「看取り・ターミナル」「生活施設」等である。介護療養型医療施設は、2023（令和5）年度で廃止される予定である。

「介護保険施設」の役割は、利用者の人格を尊重するとともに、介護保険に関する法令を遵守し、利用者の心身の状況に応じて適切な施設サービスを提供することにあるといえる。

2 国民健康保険団体連合会の役割

❶国民健康保険団体連合会とは

「国民健康保険団体連合会（国保連）」は、国民健康保険法第83条に基づき、都道府県もしくは市町村・特別区および国民健康保険組合が共同して目的を達成するために、必要な事業を行うことを目的に設立された公法人である。国保連は、都道府県に1団体ずつ設立されている。

❷国保連の主な事業

介護保険制度における国保連の事業には以下のようなものがある。

図6-1 介護給付費の請求・支払

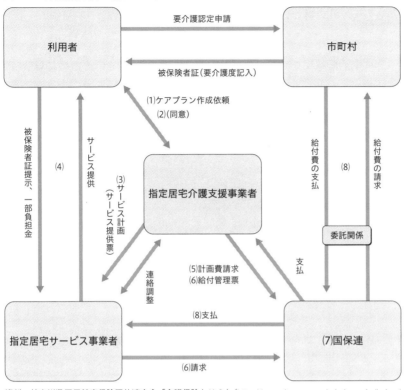

資料：神奈川県国民健康保険団体連合会「介護保険とは？」（http://www.kanagawa-kokuho.or.jp/kaigo/index.html）

❶区市町村（保険者）から委託を受けて行う介護給付費等（居宅介護サービス費、施設介護サービス費など）の請求に関する審査および支払（図6-1）

❷指定居宅サービス等の質の向上に関する調査および指定居宅サービス事業者・介護保険施設等に対する必要な指導・助言（苦情処理業務を含む）

❸第一号事業支給費の請求、介護予防・日常生活支援総合事業の実施に関する費用の審査および支払

❹その他介護保険事業の円滑な運営に資する事業

❸国保連の役割

　介護保険制度に基づき国保連は、区市町村（保険者）から委託された介護給付費の審査・支払に象徴されるように、区市町村の介護保険財政に直結する費用面での適正な審査・支払を行う重要な役割を担っている。国保連は、不正請求を行う介護サービス事業者等に対して、介護給付費の審査を行い、適正なる支払を行うものである。

第6章 高齢者と家族等の支援における関係機関と専門職の役割

3 地域包括支援センターの役割

　日常生活圏域において「地域包括ケア」を実現していくためには、「自助・互助・共助・公助」の視点から、介護サービスの充実、医療との連携、予防の推進、住まいのバリアフリー化および高齢者住居と生活支援拠点の整備、生活支援サービスの確保と権利擁護などが行われることが必要である。

図6-2　地域包括支援センターと地域包括ケアシステム

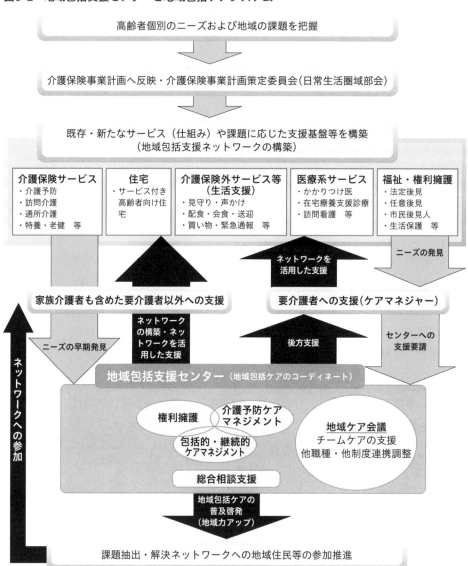

出典：厚生労働省「平成22年度地域包括ケア推進指導者養成研修資料 地域包括ケアの理念と目指す姿について」2010. を一部改変

日常生活圏域における地域包括ケアシステムの構築のための地域包括支援センターの役割として、次のようなものが挙げられる。

・住民の相談に懇切丁寧にワンストップで対応

・切れ目のない医療・介護連携の体制を構築

・生涯現役のまちづくりを目指した介護予防の推進

・住民や高齢者を含め、多様な担い手が参画する支え合いの体制づくり

・地域共生社会※の構築に向けた地域の連携体制における地域包括支援センターの位置づけや役割

★地域共生社会
人々の暮らしや地域のあり方が多様化しているなか、地域に生きる人々が多様な形で社会とつながり参加することで、その生きる力や可能性を最大限発揮し、地域を共に創っていく社会である。

4 ハローワークとシルバー人材センター

1 ハローワーク

地域包括ケアシステムを支える介護職員等の人材確保は、近年、景気回復に伴う雇用環境の改善などがあり、ほかの産業職種との競合がこれまで以上に激化しているところから、求人数が求職数を上回る状況が続いている。

介護関係職種の有効求人倍率は、2018（平成30）年度においては3.95倍、全産業職種の1.46倍に比べ、2ポイント以上高くなっている。

ハローワーク（公共職業安定所）は、1947（昭和22）年に職業安定法により設けられた厚生労働省の職業紹介機関で、全国各地に展開をしている。現在のハローワークは、民間企業等の職業紹介事業では就職することが難しい就職困難者について、重点的にセーフティネットとしての役割を果たしている。また、ハローワークは職業紹介のみならず、雇用保険などの業務も行っている。

ハローワークは、福祉分野の介護・医療・保育等の人材確保対策強化のため、福祉人材コーナーを設けている。福祉人材コーナーにおける介護人材確保等の支援内容は、次のとおりである。

❶求職者に対する担当制による、きめ細やかな職業相談・職業紹介

❷求職者に対する就業に関するセミナーや社会福祉施設等への見学会等の実施

❸求人者に対する求人充足に向けたコンサルティングの実施

❹求人者に対する雇用管理改善・人材確保に資するセミナー等の開催

第6章 高齢者と家族等の支援における関係機関と専門職の役割

■2 シルバー人材センター

　少子・高齢社会とともに人口減少社会が進行し、地域社会ではすべての産業分野において担い手が減少しており、一部の地方では地域社会の存続そのものが危ぶまれている。政府および厚生労働省は、地域共生社会の創設を目指しているが、地域社会の持続的発展のためには、地域における人々と資源の循環が必要であり、「就労」や社会参加の場や機会の提供が必要となる。

　また、政府は年齢による画一化を見直し、すべての年代の人々が希望に応じた意欲・能力を活かした「エイジレス」に働ける社会の実現に向けた環境整備を目指している。

　これらの背景から「高年齢者等の雇用の安定等に関する法律」により都道府県知事から指定を受けた「シルバー人材センター」が機能している。

　シルバー人材センターの目的の一つに「高齢化や労働力人口の減少の更なる進行が見込まれる中で、シルバー人材センターの果たす役割はますます重要となっており、シルバー人材センターにはその役割を果たすことが求められている[1]」とある。シルバー人材センターの仕組みは、企業、家庭、官公庁などから業務を受注し、それらを請負、委任、派遣、職業紹介の形態により、臨時的かつ短期的に軽易な就業を希望する高齢者（会員）に働く場を提供するものとなっている。

◇引用文献
　1）全国シルバーサービス振興会『シルバー人材センターの適正就業ガイドライン』2016.

◇参考文献
・内閣府編『高齢社会白書 令和元年版』2019.
・厚生労働省老健局「全国介護保険指導監査担当課長会議資料（第2分冊）平成18年8月1日～2日」2006.
・厚生労働省「全国介護保険・高齢者保健福祉担当課長会議資料（平成31年3月19日）」2019.
・介護労働安定センター『介護人材の採用——27のQ&A』2014.
・厚生労働省「地域共生社会に向けた包括的支援と多様な参加・協働の推進に関する検討会（令和元年6月16日）」2019.
・内閣府「高齢社会対策大綱」平成30年2月16日
・厚生労働省「介護保険制度の見直しに関する意見／社会保障審議会介護保険部会（令和元年12月27日）」2019.
・厚生労働省「介護保険制度の見直しに関する意見／社会保障審議会介護保険部会（平成28年12月9日）」2016.
・厚生労働省「介護人材の確保・介護現場の革新／社会保障審議会介護保険部会（令和元年10月9日）」2019.
・厚生労働省「平成22年度地域包括ケア推進指導者養成研修資料 地域包括ケアの理念と目指す姿について」2010.

●おすすめ
・白澤政和『介護保険制度とケアマネジメント——創設20年に向けた検証と今後の展望』中央法規出版，2019.

第2節 関連する専門職等の役割

学習のポイント

● 高齢者を支援する福祉・医療・保健の専門職の役割を学ぶ
● 家族や住民など高齢者を支援する身近な人たちの現状を理解する

　高齢者を支援する際、さまざまな職種の専門職や関係者が連携することが多い。専門職には、福祉・医療・保健などの国家資格をもつ者、免許取得や講習会を経てその職種に就くことができる者など多様である。また、名称独占や業務独占など法律によって定められている専門職もある。また、関係者として、家族や住民などの身近な人々も高齢者を支援することがある。本節では、高齢者を支援する専門職や関係者の役割について述べていく。

1 ▶ フォーマルな専門職

1 社会福祉士

　社会福祉士は社会福祉士及び介護福祉士法において、「社会福祉士の名称を用いて、専門的知識及び技術をもって、身体上若しくは精神上の障害があること又は環境上の理由により日常生活を営むのに支障がある者の福祉に関する相談に応じ、助言、指導、福祉サービスを提供する者又は医師その他の保健医療サービスを提供する者その他の関係者との連絡及び調整その他の援助を行うことを業とする者をいう」と定められている。業務独占ではなく名称独占の資格である。

　社会福祉士は地域包括支援センターに必置であるが、介護老人福祉施設など介護保険施設等の相談員として勤務する者も多い。また、市町村の福祉事務所などで、行政の立場から業務に携わる者もある。さらに、近年では活動の場が広がり、独立型の社会福祉士事務所を運営し、後見人活動などの役割を行っている者も増えている。

2 介護福祉士

　介護福祉士は社会福祉士及び介護福祉士法において、「介護福祉士の

★名称独占
国家資格保有者として登録された者だけがその資格の名称を用いることができる、資格の保護を目的とした法的規制。その資格保有者以外は業務を行ってはならない業務独占に対して用いられる。

★地域包括支援センター
在宅の高齢者やその家族のさまざまな生活の相談に、福祉・保健・医療・介護の専門領域から応じる総合相談の窓口。社会福祉士のほか、保健師、主任介護支援専門員の専門職が配置されている。

★独立型の社会福祉士
地域を基盤として独立した立場でソーシャルワークを行う社会福祉士で、職業倫理と十分な研修と高い専門性をもって実践にあたる。利用者との契約に基づき、相談援助の対価として直接的に、または第三者から報酬を受ける。

名称を用いて、専門的知識及び技術をもって、身体上又は精神上の障害があることにより日常生活を営むのに支障がある者につき心身の状況に応じた介護を行い、並びにその者及びその介護者に対して介護に関する指導を行うことを業とする者をいう」と定められている。業務独占ではなく名称独占の資格である。

介護老人福祉施設や通所介護（デイサービス）、認知症対応型共同生活介護（グループホーム）など幅広い職域で活動している。

3 精神保健福祉士

精神保健福祉士は精神保健福祉士法において、「精神保健福祉士の名称を用いて、精神障害者の保健及び福祉に関する専門的知識及び技術をもって、精神病院その他の医療施設において精神障害の医療を受け、又は精神障害者の社会復帰の促進を図ることを目的とする施設を利用している者の地域相談支援の利用に関する相談その他の社会復帰に関する相談に応じ、助言、指導、日常生活への適応のために必要な訓練その他の援助を行うことを業とする者をいう」と定められている。業務独占ではなく名称独占の資格である。精神科病院をはじめ、総合病院の精神科、精神保健福祉センター、保健所などに勤務している。

4 介護支援専門員

介護支援専門員はケアマネジャーとも呼ばれ、介護保険法により定められている。社会福祉士など一定の国家資格や実務経験を有する資格のある者が、「介護支援専門員実務研修受講試験」に合格した後、「介護支援専門員実務研修」を修了し、各都道府県に介護支援専門員として登録され、介護支援専門員証の交付を受けて活動することができる。

介護保険サービスを利用する者に対して、介護サービス計画（ケアプラン）の作成、サービス事業者等との連絡調整、サービス提供実施状況の把握（モニタリング）などを行う。また、市町村から要介護認定・要支援認定の更新や区分変更に関する調査を依頼された場合はこれを実施する。居宅介護支援事業所をはじめ、介護保険施設に配置されている。

5 社会福祉主事

社会福祉主事は社会福祉法に基づき、都道府県、市および福祉に関する事務所を設置する町村に必置で、生活保護法、児童福祉法、母子及び父子並びに寡婦福祉法、老人福祉法、身体障害者福祉法、知的障害者福

祉法に定める援護、育成または更生の措置に関する事務を行うことが職務である。また、その社会福祉主事に任用されるための資格を社会福祉主事任用資格といい国家資格ではない。大学等において厚生労働大臣の定める社会福祉に関する科目を修めて卒業した者などのうちから任用される。

6 訪問介護員

訪問介護員は、介護が必要な高齢者などの居宅を訪問して、日常生活全般の援助、食事や入浴、排泄などの身体介護を行うほか、調理や洗濯などの家事援助、通院同行や生活上の助言、指導を行う。介護福祉士のほか、介護職員初任者研修や介護職員実務者研修を修了した者などが、介護保険に伴う訪問介護事業所等に勤務することが多い。

7 介護職員

居宅サービス（訪問介護を除く）、地域密着型サービス、施設サービスで利用者の日常生活の介助などケアワーク全般を行う職員は介護職員と呼ばれる。具体的には、通所介護や通所リハビリテーション、訪問入浴介護、短期入所生活介護、短期入所療養介護、特定施設入居者生活介護などの居宅サービス、認知症対応型通所介護などの地域密着型サービス、介護老人福祉施設などの施設サービスにおいて、医療職、相談員などと連携しながら介護を行う職員をいう。業務独占ではないが、介護福祉士資格を取得している者、介護職員初任者研修修了者などが業務に就くことが多い。

2005（平成 17）年に厚生労働省より「医師法第 17 条、歯科医師法第 17 条及び保健師助産師看護師法第 31 条の解釈について」が通知され、介護職員（介護福祉士含む）が行える医療行為がある。さらに、2011（平成 23）年の介護保険法改正に伴い、社会福祉士及び介護福祉士法の一部改正が実施され、介護福祉士および一定の研修を受けた介護職員等は医師の指示の下で、喀痰吸引（口腔内、鼻腔内、気管カニューレ内部）および経管栄養（胃ろう、腸ろう、経鼻経管栄養）が可能となった。

8 医師

医師は医師法において、「医療及び保健指導を掌ることによって公衆衛生の向上及び増進に寄与し、もって国民の健康な生活を確保するもの」と規定され、「医師国家試験に合格し、厚生労働大臣の免許を受けなけれ

★喀痰吸引
気道内の分泌物（痰）の喀出が困難な場合や、人工呼吸器を装着しており自力で喀出できない場合に、吸引器等で痰を吸引すること。

★経管栄養
胃や十二指腸、小腸内にゴム管や合成材料で作られた細い管を挿入して固定し、その管を通して栄養摂取すること。経口から栄養摂取することができない場合や栄養が不足する場合に行う。

ばならない」と定められている。診療所や病院等に勤務している。介護保険の要介護認定における主治医意見書の作成、居宅療養管理指導や訪問診療を行うなどしており、ほかの医療保健職や福祉職と業務上連携をとることが多い。また、処方薬の調整や療養上の相談、助言、指導を患者や家族、関係職種に行う。

9 看護師

看護師は保健師助産師看護師法において、「厚生労働大臣の免許を受けて、傷病者若しくはじょく婦に対する療養上の世話又は診療の補助を行うことを業とする者をいう」とされている。同法において准看護師の規定があるが、准看護師は都道府県知事の免許を受ける。看護師は診療所や病院、訪問看護ステーションなどの医療機関、介護老人福祉施設などの高齢者福祉施設等に勤務している。

10 保健師

保健師は保健師助産師看護師法により、「厚生労働大臣の免許を受けて、保健師の名称を用いて、保健指導に従事することを業とする者」であり、保健師国家試験および看護師国家試験に合格しなければならない。地域住民の保健指導や健康管理が主な業務だが、加えて病気の発症予防や健康づくりの支援、感染症発生時や災害時の住民の健康管理も行う。

行政機関（都道府県、市区町村）の保健所や保健センター、産業分野、医療機関、社会福祉機関や施設、地域包括支援センター等に勤務する。地域包括支援センターでは、介護保険非該当者や介護保険未申請の一般高齢者等など基本チェックリストに該当する者に対し、介護予防および日常生活支援を目的として、主に介護予防ケアマネジメント業務として介護予防プランの作成に加えて、身体機能の悪化や要介護状態になることへの予防対策や介護予防教室などを行っている。

11 理学療法士

理学療法とは理学療法士及び作業療法士法において、「身体に障害のある者に対し、主としてその基本動作能力の回復を図るため、治療体操その他の運動を行なわせ、及び電気刺激、マッサージ、温熱その他の物理的手段を加えること」を指す。理学療法士は同法に基づき、「厚生労働大臣の免許を受けて、理学療法士の名称を用いて、医師の指示の下に、理学療法を行なうことを業とする者」と定められている。

診療所や病院のほか、介護老人保健施設や介護老人福祉施設、通所リハビリテーション、訪問リハビリテーション等に勤務しており、近年は健康教育、介護予防、福祉用具の適用相談、住宅改修相談も行っている。

12 作業療法士

作業療法とは理学療法士及び作業療法士法において、「身体又は精神に障害のある者に対し、主としてその応用的動作能力又は社会的適応能力の回復を図るため、手芸、工作その他の作業を行わせること」を指す。また、食事、入浴など人の日常生活にかかわるすべての諸活動を「作業」と呼んでいる。作業療法士は同法に基づき、「厚生労働大臣の免許を受けて、作業療法士の名称を用いて、医師の指示の下に、作業療法を行なうことを業とする者」と定められている。

診療所や病院のほか、介護老人保健施設や介護老人福祉施設、通所リハビリテーション、訪問リハビリテーション等に勤務しており、近年は健康教育、介護予防、福祉用具の適用相談、住宅改修相談も行っている。

13 言語聴覚士

言語聴覚士は言語聴覚士法に基づき、「厚生労働大臣の免許を受けて、言語聴覚士の名称を用いて、音声機能、言語機能又は聴覚に障害のある者についてその機能の維持向上を図るため、言語訓練その他の訓練、これに必要な検査及び助言、指導その他の援助を行うことを業とする者をいう」とされている。また、診療の補助として、医師または歯科医師の指示の下に、嚥下訓練および人工内耳の調整等の行為を行うことも業とすることができる。

診療所や病院、リハビリテーション施設、社会福祉施設等に勤務する。通所リハビリテーションや訪問リハビリテーション、介護老人保健施設等でも活動している。

14 歯科医師

歯科医師は歯科医師法により、「歯科医師国家試験に合格し、厚生労働大臣の免許を受けなければならない」と規定され、「歯科医療及び保健指導を掌ることによって、公衆衛生の向上及び増進に寄与し、もって国民の健康な生活を確保するものとする」と定められている。

一般診療所、歯科診療所、病院等に勤務し、歯科診療を行っている。介護保険では、居宅療養管理指導で利用者の居宅を訪問するなどして療

養上の管理および指導を行う。

15 歯科衛生士

歯科衛生士は歯科衛生士法に基づき、「厚生労働大臣の免許を受けて、歯科医師の直接の指導の下に、歯牙及び口腔の疾患の予防処置として次に掲げる行為を行うことを業とする」ものとされており、次に掲げる行為とは、「歯牙露出面及び正常な歯茎の遊離縁下の付着物及び沈着物を機械的操作によって除去すること」「歯牙及び口腔に対して薬物を塗布すること」である。このほかにも「歯科診療の補助をなすこと」「歯科衛生士の名称を用いて、歯科保健指導」を行うこともできる。

一般診療所、歯科診療所、病院等に勤務し、歯科医師やほかの歯科医療関係者と連携をとりながら業務にあたっている。介護保険上では、居宅療養管理指導や口腔機能向上加算の位置づけで、口腔清掃の指導、摂食・嚥下訓練等を行っている。

16 薬剤師

薬剤師は薬剤師法に基づき、「調剤、医薬品の供給その他薬事衛生をつかさどることによって、公衆衛生の向上及び増進に寄与し、もって国民の健康な生活を確保するものとする」と規定され、薬剤師国家試験に合格し、厚生労働大臣の免許を受けなければならないと定められている。調剤や調剤時の服薬指導や情報提供、一般用医薬品に関する相談対応が最も代表的な業務である。

調剤薬局や一般用医薬品を扱う薬局、診療所や病院等に勤務する。医療保険では在宅患者訪問薬剤管理指導があり、介護保険では居宅療養管理指導がある。居宅療養管理指導では、薬剤師は医師や歯科医師の指示を受け、利用者に処方されている薬の管理方法や服薬の助言と指導を居宅訪問して行い、その際、薬の副作用についても説明する。

17 管理栄養士（栄養士）

管理栄養士は栄養士法に基づき、「厚生労働大臣の免許を受けて、管理栄養士の名称を用いて、傷病者に対する療養のため必要な栄養の指導、個人の身体の状況、栄養状態等に応じた高度の専門的知識及び技術を要する健康の保持増進のための栄養の指導並びに特定多数人に対して継続的に食事を供給する施設における利用者の身体の状況、栄養状態、利用の状況等に応じた特別の配慮を必要とする給食管理及びこれらの施設に

対する栄養改善上必要な指導を行うことを業とする者をいう」とされている。栄養士は同法において、「都道府県知事の免許を受けて、栄養士の名称を用いて栄養の指導に従事することを業とする者をいう」とされている。

　栄養士と管理栄養士は、病院や医療機関、介護老人福祉施設等の介護保険施設、福祉施設、保健所などに配置されている。

Active Learning

医療・保健・福祉の多職種連携が重要といわれる理由について考えてみましょう。

18 福祉用具専門相談員

　福祉用具専門相談員は、介護保険の指定を受けた福祉用具貸与・販売事業所に常勤換算で 2 名以上の配置が義務づけられている。主な業務は、福祉用具に関する選定相談、計画作成、適合・取扱説明、訪問確認（モニタリング）である。

　福祉用具専門相談員の業務ができる資格は、都道府県知事の指定を受けた研修事業者が実施する福祉用具専門相談員指定講習を修了した者であるか、福祉用具に関する知識があるとみなされる国家資格所持者（介護福祉士、社会福祉士、保健師、看護師、准看護師、理学療法士、作業療法士、義肢装具士）である。また、介護職員初任者研修修了者は福祉用具専門相談員の業務はできない。

19 弁護士

　弁護士は弁護士法に基づき、「当事者その他関係人の依頼又は官公署の委嘱によって、訴訟事件、非訟事件及び審査請求、再調査の請求、再審査請求等行政庁に対する不服申立事件に関する行為その他一般の法律事務を行うことを職務とする」とされている。司法修習生の修習を終えた者は弁護士となる資格を有するとされる（特例あり）。弁護士は法律事務所に所属して法律事務を行うことが多く、裁判所等にも所属する。高齢者関連では、近年、認知症高齢者の成年後見人活動や虐待等の対応によって、市町村や地域包括支援センター等と連携することが多い。

20 司法書士

　司法書士は司法書士法に基づき、司法書士試験に合格した者、あるいは裁判所事務官等法務大臣が司法書士の業務を行うのに必要な知識および能力を有すると認めた者が司法書士となる資格を有する。司法書士の業務は、他人の依頼を受けて、「登記または供託に関する手続きについて代理すること」「法務局または地方法務局に提出し、または提供する書類

または電磁的記録を作成すること」「法務局または地方法務局の長に対する登記または供託に関する<u>審査請求の手続きについて代理すること</u>」である。高齢者関連では、認知症高齢者等の成年後見に関する業務も行い、社会福祉職と連携することが多い。

21 認知症サポーター

認知症サポーターは、認知症に対する正しい知識と理解をもち、地域で認知症の人やその家族に対して可能な範囲で支援する者である。特定非営利活動法人地域ケア政策ネットワーク全国キャラバン・メイト連絡協議会が実施する認知症サポーターキャラバン事業の認知症サポーター養成講座を修了した者を称する名称である。認知症サポーターは全国に1277万3939人（令和2年9月30日現在）おり、今後も増加が見込まれる。

認知症サポーターに期待されることは、❶認知症を正しく理解し偏見をもたない、❷認知症の人や家族を温かく見守る、❸近隣の認知症の人やその家族に自分なりにできる簡単なことから実践する、❹地域でできることを探し、相互扶助・協力・連携、ネットワークをつくる、❺まちづくりを担う地域のリーダーとしての活躍である。

22 介護サービス相談員

介護サービス相談員は、介護サービスを提供する事業所等に出向いて、サービスを利用する人やその家族等の疑問や不満、不安などを受け付け、相談に応じ、介護サービス提供事業者および行政との橋渡しをしながら、問題の改善や介護サービスの質の向上を図る等の活動を行う、市町村に登録された者である。介護保険制度の地域支援事業の任意事業である介護サービス相談員派遣等事業として市町村が介護サービス相談員を派遣する。介護サービス相談員は、一定水準以上の研修を受けた者であって、介護サービス相談員派遣等事業の活動の実施にふさわしい人格と熱意を有するものが登録の対象となる。介護サービス相談員派遣等事業は、苦情に至る事態を未然に防止すること、および利用者の日常的な不平、不満または疑問に対応して改善の途を探ること（問題提起・提案解決型の事業）を目指すものである。

介護サービス相談員は、事業所等において、利用者の話を聞き相談にのる、事業所等の行事に参加する、サービスの現状把握に努める、事業所等の管理者や従事者と意見交換する、利用者に自分の連絡先を周知す

るなどの活動を行う。介護サービス相談員ができないこととして、❶サービス提供事業者の評価、❷車いすへの移乗、食事の介助など「介護」にあたる行為、❸利用者同士のトラブルの仲裁、❹家族問題に関することへの介入、❺遺言・財産処分に関する相談、❻物品の修理がある。

2 インフォーマルな援助者

1 家族

　家族の意味は多義的であるが、一般的に、夫婦の配偶関係や親子・兄弟などの血縁関係によって結ばれた親族関係を基礎にして成立する小集団を指す。¹⁾「2019 年 国民生活基礎調査」によれば、家族のなかに 65 歳以上の高齢者のいる世帯は 2019（令和元）年現在、2558 万 4000 世帯と、全世帯（5178 万 5000 世帯）の 49.4 ％を占めている。「平成 27 年国勢調査」によれば、65 歳以上の一人暮らしの者は男女ともに増加傾向にあり、1980（昭和 55）年には男性約 19 万人、女性約 69 万人、65 歳以上人口に占める割合は男性 4.3 ％、女性 11.2 ％であったが、2015（平成 27）年には男性約 192 万人、女性約 400 万人、65 歳以上人口に占める割合は男性 13.3 ％、女性 21.1 ％となっている。また、65 歳以上の夫婦のみの世帯も増加しており、2019（令和元）年には全世帯の 32.3 ％（827 万世帯）となっている。

2 住民

　住民とは、一般的にその土地や地域に住む人々をいう。近年、我が国の人口減少や高齢化の影響により、地域の住民組織である町内会や自治会の組織が弱体化している傾向がうかがえる。特に、町内会や自治会の加入率が低下していることや、高齢化のために地域のさまざまな活動への参加が困難になることから、近隣住民同士の関係の疎遠が影響される。
　地域包括ケアシステム[★]において、住民同士の互助による組織化が重要である。具体的には、電話や訪問による安否確認や買い物、急病時の対応、交通利用、ごみ出しなどを住民同士で行うことが挙げられる。こういった住民同士の互助が不十分な場合は、初めに行政機関や地域包括支援センターなどが積極的に住民互助の組織化を担い、しだいに住民が主体的に役割を担えるようにさまざまな工夫を行うことが必要である。

★地域包括ケアシステム

住み慣れた場所や地域で、要介護状態であっても、最期まで自分らしく過ごすことができることを目指す、住まい・医療・介護・予防・生活支援の総合的な支援システム。

3 ボランティア

Active Learning

地域にあるさまざまなボランティアはどのような活動をしているのか調べてみましょう。

ボランティアは、自発的な意思に基づいた他者や社会に対する貢献活動をいい、自発性、無償性、社会性、創造性の原則がある。一部のボランティアには、活動の際の実費や交通費などを得る有償ボランティアもある。地域で生活する高齢者には、身体的介護を行う直接的なボランティアのほか、買い物、見守り、食事配達サービス（配食）、移送、通院同行などの外出支援、サロン活動などの間接的なボランティアがあり、地域包括ケアシステムのもと、今後の拡充が非常に重要な役割を担っている。

また、近年では介護支援ボランティアなど、高齢者が介護保険施設等でボランティア活動を行うと、活動実績に基づいてポイントが付与され、貯めたポイントは換金できる制度もある。このように、高齢者はボランティアによって支えられている存在というだけではなく、支える側でもあるという視点も重要である。

◇引用文献

1）新村出編『広辞苑 第7版』岩波書店，2018.

●おすすめ

・窪田暁子『福祉援助の臨床──共感する他者として』誠信書房，2013.

・榊原哲也『医療ケアを問いなおす──患者をトータルにみることの現象学』筑摩書房，2018.

第7章

高齢者と家族等に対する支援の実際

　高齢者領域におけるソーシャルワーカーは、多様かつ変動する高齢者のニーズを理解し、地域の多職種・多機関と連携しながら、高齢者が生活の質を保ち、最期まで自分らしい人生を送れるよう、さまざまな役割を果たしていく。

　第1節では、❶高齢者のアセスメントとコミュニケーションの要点について触れたうえで、❷個人、❸家族、❹グループ、❺地域へのソーシャルワークの方法を概観する。そのうえで、❻多職種・多機関連携とチームアプローチ、❼認知症ケア、❽終末期ケア、❾地域ケア会議と地域包括ケアシステムの構築において求められる、高齢者領域のソーシャルワーカーの役割と支援における留意点について述べる。第2節では、「家族支援と就労支援」「ターミナルケア」「高齢者虐待」「介護予防」「地域包括支援センター」の事例を通して、高齢者と家族等に対する支援の実際を学ぶ。

第1節 高齢者領域における ソーシャルワーカーの役割

学習のポイント

● 高齢者へのアセスメントやコミュニケーションの要点を理解する
● 個人、家族、グループ、地域への高齢者ソーシャルワークを理解する
● 多様な高齢者ケアとソーシャルワークの特性を理解する

 アセスメントとコミュニケーション

1 包括的アセスメントとプランニング

　高齢者のニーズは多領域にまたがり、それらは時間の経過とともに変化する。そのため、彼らの理解においては、❶身体的状況（疾患、ADL、IADL）、❷精神的状況（精神疾患、認知能力）、❸心理的状況、❹生活歴（家族関係を含む）、❺経済状況、❻居住環境、❼趣味・生きがい、❽スピリチュアリティ、❾意思や希望、❿家族や介護者の状況、⓫高齢者を取り巻く社会関係や支援環境、⓬施策やサービス、⓭サービス提供者との関係、について包括的なアセスメントを行う必要がある（**図 7-1**）。そのうえで、取り組むべき支援課題、目標、目標を達成するための方法や資源を含めた支援計画を作成・実施する。なお、高齢者は制度について正確な情報をもたなかったり、自ら進んで支援を求めない場合も少なくないため、積極的にニーズを捉えるアウトリーチの姿勢をもつことが大切である。また、個人情報の保護に留意しながら、家族や関係者から聞き取りを行ったり、居住環境を観察するなどして情報を補足し、支援計画の作成や実施に活かしていく。支援計画の作成においては、要因が形成された歴史的経緯を十分に視野に入れるとともに、将来の展開を予測し、危機介入の可能性や方法の変更をあらかじめ検討しておくことも必要である。

★アウトリーチ
支援が必要であるにもかかわらず届いていない人に対し、積極的に出向き、働きかけて情報や支援を届けるソーシャルワークの方法。

2 コミュニケーションの要点

　相談支援の多くは、高齢者との面接を媒介にして実施されるが、面接においては、傾聴、観察、波長合わせ、明確化、励まし、要約、反映といった一般的な面接技法に加えて、感覚機能の低下や判断能力に障害を

190

図7-1　高齢者の包括的アセスメント

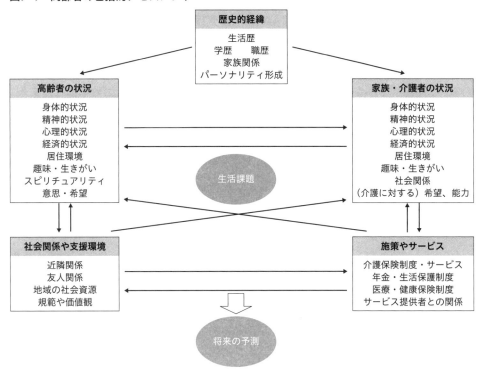

もつことの多い高齢者の特性に応じて、非言語的なコミュニケーションや補助機器を用いる。以下では、高齢者とコミュニケーションをとる際にしばしば生じる問題と、求められる配慮や工夫について言及する。

❶感覚器官の老化と障害

　高齢者は感覚器官の老化に伴い、「耳が遠くなる」「細かい字が読めない」「反応や動作が緩慢になる」といったコミュニケーション上の困難を抱きやすい。また、認知症による記憶障害や見当識障害、内科的な疾患による意識障害をもつ者も少なくない。支援者は、こうした障害の内容や程度を的確に把握し、障害を軽減する手だてを講じる。たとえば、耳元でゆっくり話す、大きな字を書く、高齢者の波長に合わせる、補聴器や文字盤等の補助具を活用する、といった工夫が一例である。また、手を握る、腰をかがめて高齢者の目線に合わせる、といった非言語的なコミュニケーション技法を有効に用いて、高齢者が安心して自分の気持ちを伝えられるようにする。高齢者の体力や体調に合わせ、面接の場所や面接にかける時間の設定にも配慮が必要である。

❷儒教思想と年齢差

　一般的に、支援者と被支援者の年齢や性別といった基本属性が類似し

★**見当識障害**
時間や季節がわからない、今いる場所、目の前にいる人がわからなくなるといった障害で、認知症の中核症状の一つとされる。

Active Learning

あなたの身近な高齢者に、これまでの人生、現在の状況、将来の希望などについて話を伺ってみましょう。

ているほど、信頼関係が築きやすいといわれているが、高齢者と支援者には通常かなりの年齢差があり、支援者が年下であることが多い。年齢差は価値観や行動様式の差異をもたらし、相互理解を困難にする。とりわけ日本では、儒教思想の影響から年上の者を敬う文化があるため、目上の者に対して助言することは、失礼にあたるとみなされることがある。支援者はこうした文化を踏まえ、専門家としての自信をもちつつも、年配者である高齢者への尊敬の念を失うことなく、誠実に対応する必要がある。認知症を患い、判断能力が低下している高齢者であっても、子どもに対するように接することは慎まなければならない。

❸偏見やイメージ

支援者が抱く高齢者への偏見やイメージは支援関係に影響を与える。高齢者に対して否定的感情やイメージをもっていたり、老いに対するおそれなどがあると、高齢者の状況や気持ちを正確に理解することが難しくなる。支援者は、こうした自分の特性や感情を自己覚知し、コントロールする術を身につける必要がある。そのために、専門家や上司からスーパービジョンを受け、実践を客観的に見直すことも必要である。

❹回想と語り

高齢者との会話では回想が多く語られる。多忙な業務のなかで、繰り返される昔話は敬遠されがちであるが、高齢者の回想は人生を総括する老年期の発達課題の達成に必要であり、意味のある行為であると考えられている。高齢者の回想的な「語り」のなかに、高齢者が求めているものが隠されていることが少なくない。支援にあたっては、こうした回想や語りを傾聴し、客観的な世界と同時に、高齢者の主観的世界についても共感的な理解を深め、その思いに寄り添い、支援を展開する。

 2 **個人へのソーシャルワークとケアマネジメント**

1 個別支援の展開

高齢期には、個人差は大きいものの、心身機能の低下、経済力の減退、配偶者や友人との死別、退職・失職といったさまざまな喪失がしばしば連鎖的に生起し、生活困難が引き起こされる。個人へのソーシャルワークでは、このような複合喪失に対処する、高齢者の心理社会的力動に着目する。そのうえで、問題の全体関連性を視野に入れて課題分析を行い、対話による働きかけや内的・外的資源の活用を通して、課題を個別的に

★自己覚知
支援者自身が、支援関係や状況に捉われなく正確に認識し対応するために、自分の価値観、偏見、先入観、行動や反応パターンなどをありのままに自覚することが必要とされる。

解決する。支援は、❶対象者の発見、❷インテーク・契約、❸アセスメント、❹支援計画のプランニング、❺支援の実施、❺モニタリング、❻終結と事後評価、❼アフターケア、というプロセスで実施される。個別支援は、定年後の就労支援、社会的孤立を防ぐアウトリーチ、介護予防の働きかけ、家族への相談支援、退院や入所支援、介護サービスの利用支援など、さまざまな場面や状況で用いられる。

2 ケアマネジメント

　要支援や要介護などの状況になり、長期にわたる生活支援が必要となる高齢者には、ケアマネジメントと呼ばれる方法が有効である。ケアマネジメントは、高齢者や障害者の社会生活上のニーズを充足するために、多様なサービスを調整し、継続的にモニタリングを行いながら、必要に応じてサービスの再調整を行う支援方法である。

　ケアマネジメントは、❶インテーク・契約、❷アセスメント、❸ケアプランの作成とサービス担当者会議、❹ケアプランの実施、❺モニタリング、❻ケアプランの見直しと新プランの実施、❼終結とアフターケアというプロセスに沿って展開される。介護保険制度においては、介護支援専門員がケアマネジメントを実施する専門職とされている。以下では、各プロセスに沿って、留意すべき点を整理しておきたい。

❶インテーク・契約

　介護保険制度のもとでは、高齢者は要介護（要支援）認定によって要介護（要支援）状態区分（度）が決定された後、支援契約を交わしてケアプランの作成に入る（一定の手続きのもと自ら作成することも可能である）。インテーク・契約の場面では、高齢者の状況や意思を確認しながら、事業所の特性やサービス提供範囲を利用者に正しく伝え、支援に関する合意を図る。高齢者や家族の状況によっては、適切な別の支援者への変更や照会を行うこともある。

❷アセスメント

　アセスメントでは、介護にかかわる項目のみならず、高齢者の人生や生活を包括的に捉え、各要因の全体関連性を分析する。アセスメントを容易にするために、既存のアセスメント方式を活用することができるが、どの方式が適しているかは、所属する機関や対象者の状況によって異なってくるので、それぞれの長所や短所を見極めて活用する。

❸ケアプランの作成とサービス担当者会議

　アセスメントに基づき、今後の目標と課題を検討し、必要な支援の方

法やサービスを盛り込んだケアプランを作成する。目標は、短期、中期、長期といった時間的なスパンを考慮に入れて設定し、目標の達成状況が評価できるよう留意する。また、ケアプランには、介護保険制度によるサービスのみならず、家族、近隣、ボランティア等によるインフォーマルな支援や介護保険外のサービスが含まれる。ケアプランの作成や変更にあたっては、高齢者とその家族はもとより、サービス提供事業所や主治医をはじめとする関係者を含めたサービス担当者会議を開催し、チームとして利用者の課題と目標を共有し、協働で取り組むことが必要である。

❹ケアプランの実施

ケアプランの実施にあたっては、利用者とサービス提供事業者双方とのコミュニケーションを仲介し、不安やわだかまりを解きながら、必要なサービスが適切に提供されることを確認する。何らかの支障があれば、その状況をアセスメントして必要な働きかけや調整を行う。

❺モニタリング

当初に立案したケアプランが実施に移された後も、サービスが円滑に提供され、高齢者の生活ニーズが充足されているかを定期的に確認する。現行の介護保険制度のもとでは、要介護者については少なくとも1か月に1回、要支援者では3か月に1回のモニタリングが義務づけられている。

❻ケアプランの見直しと新プランの実施

再アセスメントによって、サービスの変更や追加が必要な状況が明らかになった場合は、ケアプランの見直しを行い、新たなケアプランを作成する。変更においては、サービス担当者会議をそのつど開催し、チームで検討を行う。その後もモニタリングを継続し、契約の終結に至るまで、必要に応じて再アセスメント→ケアプランの見直し→新プランの作成・実施というプロセスを繰り返す。

❼終結とアフターケア

高齢者が転居や入退所等によって別の事業所・施設の介護支援サービスを希望したり、死亡した場合はサービスは終結する。終結にあたっては、本人や家族が新しい生活に対処できているか確認し、必要なアフターケアを行う。

■3 介護予防におけるケアマネジメント

介護予防におけるケアマネジメントは、生活機能の低下が懸念される

虚弱高齢者等を対象に実施されるケアマネジメントであり、現在の介護保険制度のもとでは、予防給付を受ける要支援者と、市町村の実施する介護予防・日常生活支援総合事業に参加する高齢者らを対象に実施される。介護予防のケアマネジメントは、前述したケアマネジメントと基本的な考え方や方法を異にするものではないが、「予防」を目指すという点で特別な配慮が求められる。

　まず、介護予防プラン等には、介護予防に向けた、より具体的な目標と支援内容を含んでいる必要がある。そのため、ADL、IADL はもとより、運動機能、栄養と食事、口腔機能、閉じこもり、認知症、精神的健康といった心身および生活機能に加えて、生きがいや生活習慣に関するアセスメントが不可欠である。また、目標の達成には高齢者自身の意欲が重要な役割を果たすため、高齢者が介護予防の意義を理解し、主体的に自分の生活習慣を見直して、活動に取り組む意欲を引き出す支援が求められる。要支援高齢者らが利用できる介護保険サービスは限られていることから、地域にあるサロン活動などの自主的な活動やボランティアらによる支援も視野に入れ、地域の関係者や関連機関とのネットワークを形成しながら、地域全体で介護予防に取り組む視点が重要である。

3　家族へのソーシャルワーク

　高齢者を支援する場合、家族の意思や役割が重要となる。家族は、高齢者の最も身近な支援者であり、介護などの手段的なサポートから情緒的なサポートまで、多様なサポートを提供しているが、一方で本人と家族の意向が一致しなかったり、家族が介護負担から心身の健康を損ねたり、介護離職して地域や社会から孤立する状況もみられる。厚生労働省の委員会が実施した調査からは、**図 7-2** のとおり、家族介護者が抱える「家族介護と仕事、生活・人生の両立継続」に関するさまざまな課題の存在が明らかになっている。それらは、❶相談に関する課題、❷-1介護にかかわる課題、❷-2自分自身の課題、❷-3世帯全体の課題、❸地域、専門職等との関係に関する課題、❹介護離職・仕事との両立に関する課題に大別される。[1]

　これまで、介護保険法のもとでは、要介護高齢者等が支援対象とされ、家族介護者は介護を提供するインフォーマルな資源とみなされることはあっても、仕事や生活を全うする権利とニーズを有する人として捉える

★**サロン活動**
高齢者や小さな子どもをもつ母親など、地域で孤立しやすい住民が、仲間づくり・居場所づくり・生きがいづくりのために地域で集う活動。専門職やボランティアが立ち上げなどで側面的に支援することもある。

図7-2 家族介護者が抱える多様な「家族介護と仕事、生活・人生の両立継続」に関する課題

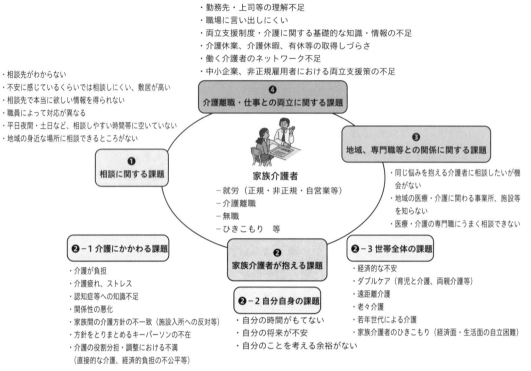

・勤務先・上司等の理解不足
・職場に言い出しにくい
・両立支援制度・介護に関する基礎的な知識・情報の不足
・介護休業、介護休暇、有休等の取得しづらさ
・働く介護者のネットワーク不足
・中小企業、非正規雇用者における両立支援策の不足

・相談先がわからない
・不安に感じているくらいでは相談しにくい、敷居が高い
・相談先で本当に欲しい情報を得られない
・職員によって対応が異なる
・平日夜間・土日など、相談しやすい時間帯に空いていない
・地域の身近な場所に相談できるところがない

❹ 介護離職・仕事との両立に関する課題

❸ 地域、専門職等との関係に関する課題

❶ 相談に関する課題

家族介護者
－就労（正規・非正規・自営業等）
－介護離職
－無職
－ひきこもり　等

・同じ悩みを抱える介護者に相談したいが機会がない
・地域の医療・介護に関わる事業所、施設等を知らない
・医療・介護の専門職にうまく相談できない

❷-1 介護にかかわる課題

・介護が負担
・介護疲れ、ストレス
・認知症等への知識不足
・関係性の悪化
・家族間の介護方針の不一致（施設入所への反対等）
・方針をとりまとめるキーパーソンの不在
・介護の役割分担・調整における不満
　（直接的な介護、経済的負担の不公平等）

❷ 家族介護者が抱える課題

❷-2 自分自身の課題

・自分の時間がもてない
・自分の将来が不安
・自分のことを考える余裕がない

❷-3 世帯全体の課題

・経済的な不安
・ダブルケア（育児と介護、両親介護等）
・遠距離介護
・老々介護
・若年世代による介護
・家族介護者のひきこもり（経済面・生活面の自立困難）

出典：厚生労働省「市町村・地域包括支援センターによる家族介護者支援マニュアル」p. 4, 2018.

視点は必ずしも十分ではなかった。こうした状況で、国の提唱する「一億総活躍プラン」において、介護離職ゼロの実現が盛り込まれたこともあり、あらためて家族介護者の不安や悩みに寄り添う、相談機能の強化と支援体制の充実が提起されている。

　具体的には、図7-3のとおり、介護者本人の人生の支援に向けて、以下の四つの考え方を盛り込んだ、総合的な支援の展開が求められる[2]。

　第一は、介護者アセスメントの導入である。現在、標準的なアセスメント・ツールはないが、たとえば一般社団法人日本ケアラー連盟が開発したツールがある[3]。このツールは（表7-1）、介護者本人に記入してもらう「ケアラーアセスメント申請書」と、支援者が介護者と面談して記入する「ケアラーアセスメントシート」の2部構成となっているのが特徴である。支援者は、介護が介護者の人生と生活に与える影響を、健康、ウェルビーイング、役割、経済、環境、リスクなどの点から多面的に捉える。そのうえで、介護者を支える人や資源を把握し、介護負担や介護の継続可能性を介護者の視点から評価し、要介護高齢者等との関係も視野に入れながら支援プランを作成する。

図7-3　家族介護者支援の総合的展開の四つの考え方

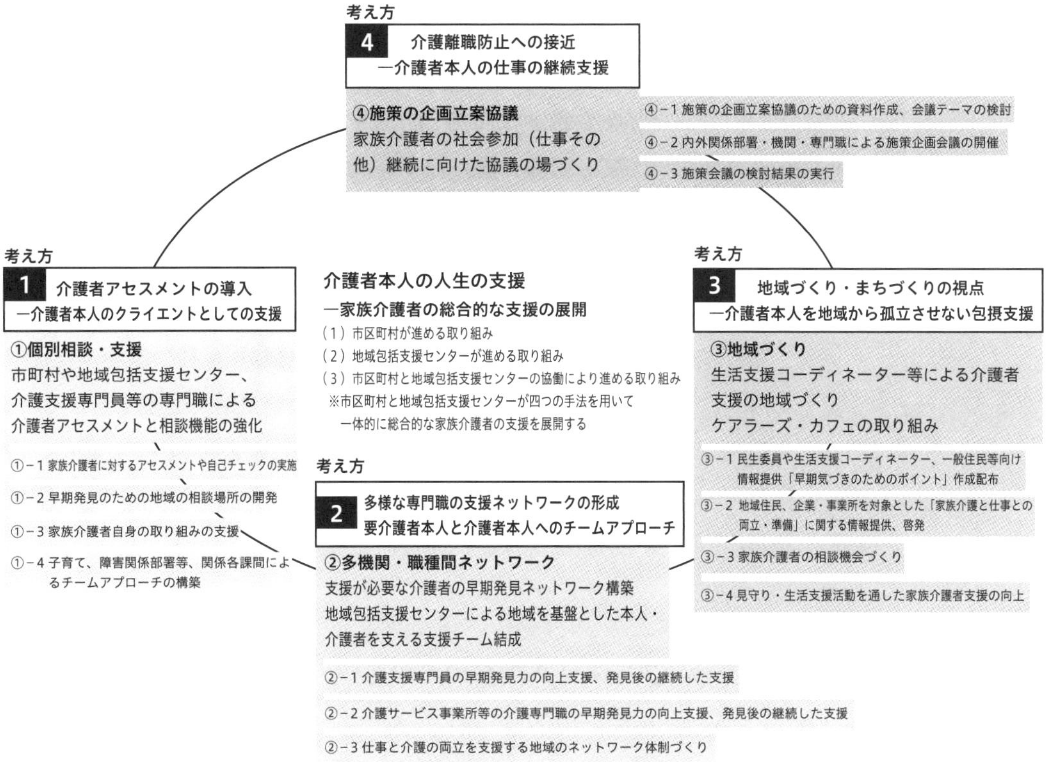

考え方
4　介護離職防止への接近
―介護者本人の仕事の継続支援

④施策の企画立案協議
家族介護者の社会参加（仕事その他）継続に向けた協議の場づくり

④-1 施策の企画立案協議のための資料作成、会議テーマの検討
④-2 内外関係部署・機関・専門職による施策企画会議の開催
④-3 施策会議の検討結果の実行

考え方
1　介護者アセスメントの導入
―介護者本人のクライエントとしての支援

①個別相談・支援
市町村や地域包括支援センター、介護支援専門員等の専門職による介護者アセスメントと相談機能の強化

①-1 家族介護者に対するアセスメントや自己チェックの実施
①-2 早期発見のための地域の相談場所の開発
①-3 家族介護者自身の取り組みの支援
①-4 子育て、障害関係部署等、関係各課間によるチームアプローチの構築

介護者本人の人生の支援
―家族介護者の総合的な支援の展開
（1）市区町村が進める取り組み
（2）地域包括支援センターが進める取り組み
（3）市区町村と地域包括支援センターの協働により進める取り組み
※市区町村と地域包括支援センターが四つの手法を用いて一体的に総合的な家族介護者の支援を展開する

考え方
2　多様な専門職の支援ネットワークの形成
要介護者本人と介護者本人へのチームアプローチ

②多機関・職種間ネットワーク
支援が必要な介護者の早期発見ネットワーク構築
地域包括支援センターによる地域を基盤とした本人・介護者を支える支援チーム結成

②-1 介護支援専門員の早期発見力の向上支援、発見後の継続した支援
②-2 介護サービス事業所等の介護専門職の早期発見力の向上支援、発見後の継続した支援
②-3 仕事と介護の両立を支援する地域のネットワーク体制づくり

考え方
3　地域づくり・まちづくりの視点
―介護者本人を地域から孤立させない包摂支援

③地域づくり
生活支援コーディネーター等による介護者支援の地域づくり
ケアラーズ・カフェの取り組み

③-1 民生委員や生活支援コーディネーター、一般住民等向け情報提供「早期気づきのためのポイント」作成配布
③-2 地域住民、企業・事業所を対象とした「家族介護と仕事との両立・準備」に関する情報提供、啓発
③-3 家族介護者の相談機会づくり
③-4 見守り・生活支援活動を通した家族介護者支援の向上

出典：厚生労働省「市町村・地域包括支援センターによる家族介護者支援マニュアル」p. 11, 2018.

表7-1　ケアラーアセスメントツールの主な項目

ケアラーアセスメント申請書（本人用）	ケアラーアセスメントシート（アセスメント担当者用）
1　ご自身について	1　ケアラーについて
2　あなたがケアしている人について	2　ケアを受けている人について
3　あなたとの関係	3　あなたがしているケアについて
4　あなたがケアしている人が利用しているサービス	4　ケアがあなたに与える影響について
5　ケアラーとして援助している内容	5　ケアラーを支えてくれる人について
6　あなたを手伝ってくれる家族や親戚、友人	6　ケアの継続の意向について
7　ケアについてあなたが信頼して相談できる人や窓口	7　緊急時の対応について
8　ケアのほかにあなたがしなければならないこと	8　急用時の対応について
9　ケアラーとしての問題や悩み	9　災害時の対応について
10　あなたの生活を楽にする支援とは	10　あなたのケアをもう少し楽にする支援
11　その他	11　望んでいる生活をするための必要な援助

出典：日本ケアラー連盟「ケアラーを地域で支えるツールとしくみ」pp. 124-125, 2014.　http://carersjapan.com/carereresearch 2012.html

　第二は、多様な専門職とのネットワークの形成である。介護者ニーズの早期発見のためには、介護支援専門員や病院のソーシャルワーカー、あるいは地域包括支援センターのソーシャルワーカーの果たす役割が重要になる。彼らは、ニーズに基づき、介護保険事業所、医療機関、民生委員、介護者の雇用先など関連する多様な関係者が加わる支援ネット

ワークを構築し、チームアプローチによって支援を展開する。

　第三は、介護者を地域から孤立させないよう、地域づくり・まちづくりの一環として行う包括的な支援である。たとえば、ケアラーズ・カフェといった、地域で介護者の孤立を防ぐ居場所をつくったり、地域住民、企業などに対して、家族介護と仕事の両立に向けた情報提供や啓発活動を行うことも有効であろう。さらに、地域における介護者向けの相談会を設けたり、見守り活動を組織化していくことは、地域全体で介護者を支援する基盤を形成することになる。

　第四に、介護者の自己実現（仕事の継続を含む）と社会参加の支援である。介護者が一人の人間として、その人らしい生活を継続するために、企業や地域の理解が不可欠である。こうした土壌を生み出すために、市区町村、専門職、地域、企業等が協議の場を設けて、施策の開発や立案を行い、必要であれば国などへの提言を行う。

4　グループへのソーシャルワーク

　高齢者は、複合喪失によって自分の存在意義や居場所を見失ったり、心身機能の低下によって人間関係を維持することが困難になり、社会的に孤立しやすい。こうした困難を軽減し、高齢者が集団とのかかわりのなかでアイデンティティを再確認し、自己実現を図ることを支援するために、さまざまなグループが活用がされる。[4]

　たとえば自立期にある高齢者では、共通の趣味や生きがい活動を通して、人間関係や生活を豊かにするためのグループへの支援が行われる。このようなアプローチは、サロン活動や介護予防教室など、心身の自立度が比較的高い高齢者らが集う場面でよく用いられる。プログラムの内容は、参加メンバーの希望に沿って決定するなど、メンバーのリーダーシップや主体性を最大限重視したものであることが望ましい。他方、近親者を失って悲嘆からの回復に支援が必要な高齢者・家族や、生きがいを喪失している高齢者に対しては、グループの力動を活用する治療的なアプローチや、メンバー間の相互支援を基盤にするセルフヘルプグループ★を活用するのが有効であろう。他方、自立度が低い高齢者に対しては、運動や作業を通して心身機能の低下を防ぐリハビリテーションを志向したアプローチが必要になる。このアプローチは、通所介護や、入院・入所している高齢者へのさまざまなグループ活動において用いられる。こ

★セルフヘルプグループ
疾病や障害、依存症など、さまざまな生きづらさや共通の問題をもつ人々が、共感的な雰囲気のなかで経験や情報を共有したり、相互に支えあう機能をもつ自主的なグループ。なかには、社会的な啓発活動などを行うグループもある。

のアプローチでは、参加者の心身の障害に合わせたプログラムを選定し、介助者を配置するなどの配慮が不可欠である。とりわけ、認知症や気分障害が認められる参加者のニーズに十分に留意し、必要に応じて個別的対応を図る必要がある。

5 ▶ 地域へのソーシャルワーク

　戦後、急速に進んだ都市化、工業化、核家族化等の社会変動は、地縁・血縁関係を基盤とした旧来の地域共同体を脆弱化させ、地域社会における人間関係の希薄化をもたらしている。こうしたなかで進展する高齢化のもとで、高齢者と介護する家族の孤立を防ぎ、生活を支援するために、地域住民や地域の社会資源を組織化し、地域社会を福祉コミュニティとして活性化する必要性が高まっている。[5]

　地域社会の組織化は、地域組織化と福祉組織化という二つの組織化によって進められる。地域組織化は、地域社会の住民の組織化を指し、福祉組織化には、利用者（当事者）の組織化とサービス提供機関や団体等の組織化がある。組織化を図るために、❶地域社会のアセスメント、❷集団・組織のアセスメント、❸住民組織化、❹社会資源開発、❺集団・組織の団体間調整、❻情報収集と情報提供、❼活動記録と評価、❽地域福祉計画の策定、❾ソーシャルアクションといった方法が、問題や状況に応じて選択的、複合的に用いられる。

　また近年は、コミュニティ・ソーシャルワークの概念が提起され、個人・家族への支援と地域への支援を連結する方法も提唱されている。コミュニティ・ソーシャルワークは、個々の自立生活支援を丁寧に担いながら、同時に、生活基盤の整備に向けた地域資源の活用や開拓、社会関係の調整と改善に向けた啓発・教育活動、福祉計画づくり、市民の組織化、地域における総合的なサポートシステムの構築などを行うソーシャルワーク実践の統合的な方法とされる。[6][7]

　日本では、社会福祉協議会が地域へのソーシャルワークを実践する中心的な役割を担い、閉じこもりがちな高齢者らの地域の居場所となるサロン活動の支援をはじめ、多様な地域の問題にアウトリーチし、個人と地域の一体的支援に取り組んでいる。さらに、介護保険制度のもとでは、地域包括支援センターや生活支援コーディネーターが地域資源の開発やネットワーキングを推進するとともに、介護予防や認知症予防に向けた

★福祉コミュニティ
地域福祉を基盤としつつ、公的なサービスはもとより、地域住民による相互支援の意識や態度も含めた、福祉追求を図ろうとする機能をもつコミュニティをいう。

第7章
高齢者と家族等に対する支援の実際

★生活支援コーディネーター
地域において生活支援・介護予防サービスの提供体制の構築に向けたコーディネート機能を果たす者のこと。地域支え合い推進員とも呼ばれる。

啓発活動を行っている。

6 ▶ 多職種・多機関連携とチームアプローチ

　高齢者への支援は、単一の職種ではなく、多くの保健・医療・福祉専門職の協働によって成り立っている。具体的な専門職種としては、介護福祉士、精神保健福祉士、介護支援専門員、医師、看護師、保健師、薬剤師、栄養士、訪問介護員（ホームヘルパー）、理学療法士、作業療法士、弁護士などがある。これらの専門職は、同一の機関に所属している場合もあれば、異なる機関に所属していることもある。複数の機関が関与している場合は、機関間の連携が必要になる。また、専門職以外にも、民生委員や地域のボランティアがかかわることも少なくない。さらに、専門職やボランティアとともに、高齢者本人と家族や隣人も協働する。したがって、支援においては、多機関による連携と立場や役割の異なる人々との協働が不可欠であり、多職種多機関が各高齢者に対してチームを組んで支援を展開する、チームアプローチが重要になる。

　副田は、国内外の多職種チームの研究をレビューしたうえで、効果的なチームワーキングについて検討し、特に高齢者虐待に対応するチームワーキングの促進要因を図 7-4 のように整理している。[8] チームワーキングには、タスクワークとチームワークからなるチームプロセスが存在し、その相互作用により、結果として虐待の悪化防止や被虐待者の保護といったチームパフォーマンスがもたらされる。チームワークが機能するためには、関係づくりと十分なコミュニケーションが必要であり、またそのタスクを遂行するためには、連絡相談、情報収集などの初期対応と、それらの情報を検討・決定し、明確かつ柔軟な役割分担が必要になる。

　こうしたチームプロセスには、❶チーム構造の要因、❷個人レベルの要因、❸各機関レベルの要因、❹チームマネジャーの要因、❺多機関ネットワークの要因が相互作用しながら関与する。たとえば、効果的なチームプロセスをもたらす機関レベルの要因では、組織内での担当者の決定や協力体制づくり、組織内研修の実施や困難時の管理職対応といった組織マネジメントが重要になる。一方、多機関ネットワークの要因には、担当窓口の明確化やマニュアルの協働作成、定例会議の開催や合同研修の実施などの協働システムの構築が挙げられる。

図7-4　高齢者虐待対応チームのチームワーキング促進要因

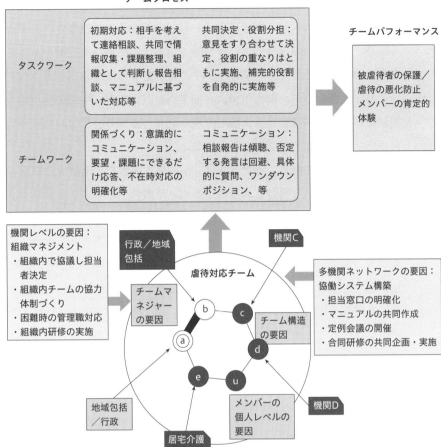

出典：副田あけみ『多機関協働の時代』関東学院大学出版会, p. 162, 2018.

7　認知症ケアにおけるソーシャルワーク

1 認知症を生きる人のアセスメント

　高齢者領域のソーシャルワークで大きなウエイトを占めるのが、認知症高齢者（認知症を生きる人）への支援である。認知症については、第1章第1節で触れたとおり、物忘れ、見当識障害、判断力の障害などの認知機能障害を中核症状として、幻覚、妄想、徘徊、攻撃的言動などのさまざまな行動・心理症状（behavioral and psychological symptoms of dementia：BPSD）が現れることがある。認知症高齢者の支援にあたっては、適切なケアや支援の提供により、BPSD を増悪させるストレスや身体的不調を可能な限り取り除き、不安感や不快感を低

減することで、生活の質を高めることを目標とする。なお、認知症のなかでも、成人〜64歳以下で発症した場合を若年性認知症と呼ぶ。若年性認知症では、本人が一家の働き手として家族を支える立場にいる場合もあり、介護支援のみならず、経済的支援をはじめ多様な支援を必要とする。現在、こうしたニーズにトータルに対応する仕組みが整備されているとはいえないが、障害年金、各種手当や減免制度、生活保護、総合相談など多様な制度や社会資源を駆使したり、家族の会などのサポートグループの活用などが試みられている。

　認知症高齢者を理解するアセスメントは、本人が自らの状況や意思を伝えることが困難な場合もあることから、一般のアセスメントよりも、さらに包括的できめ細かくなされる必要がある。特に、行動・心理症状の内容や頻度に加え、それらを引き起こしている可能性のある疾患、服薬状況、栄養、睡眠、周囲の環境、痛み、家族や介護スタッフとの関係性、日常生活のリズム、不安や希望などについて詳細に把握し、それらの相互関係を理解する。なお、本人が言語的に明確に表現できないことが想定されることから、アセスメントにおいては、日常生活や表情の観察が重要になる。また、家族や関係者からのヒアリングから、本人のこれまでの人生や大切な人との関係性を把握し、その人らしい生き方の継続につなげていくことが求められる[9]。

■2 意思決定支援

　認知症を生きる人の日常生活・社会生活における意思決定支援をめぐっては、2018（平成30）年に厚生労働省がガイドラインを示している[10]。そこでは、本人が自ら意思決定できるよう支援するにあたり、本人の意思の尊重、意思決定能力への配慮をしたうえで、早期からの継続的な支援が重要であるとし、支援方法に困難や疑問を感じた場合は、本人、家族、医療介護関係者、成年後見人などを含めた意思決定チームによる話し合いが必要であるとしている。こうした話し合いは、サービス担当者会議や地域ケア会議と兼ねることも可能である。また、意思決定支援者の態度、信頼関係、立ち会う者との関係性への配慮、意思決定支援がなされる環境などの人的、物的環境が整備されることが重要である。そのうえで、支援は、図7-5のとおり、❶意思形成支援、❷意思表明支援、❸意思実現支援の三つのプロセスに沿って展開される。

　❶意思形成支援では、適切な情報、認識、環境のもとで、意思が形成されることを支援するもので、こうした基礎となる状況を確認したうえ

で、本人の判断を確認しながら、繰り返しや図表などの活用により、わかりやすい説明を行う。そのうえで、❷意思表明支援では、認知症の人がその意思を表明、表出することができるよう、環境やタイミングに配慮し、本人の生活歴や価値観などの情報との整合性を確認しながら、表明の時間を変えたり複数人で確認するなどの支援を行う。最後に、❸意思実現支援では、表明された意思が最大限活かされるよう配慮し、その客観的合理性についても慎重に検討・配慮しながら、日常生活や社会生活に意思が反映できるよう、社会資源の利用を含めてさまざまな手段を検討、活用し、多職種チームで支援する。

8 終末期ケアにおけるソーシャルワーク

1 終末期の全人的苦痛（トータル・ペイン）

　生命・生活の質が重視されるなかで、末期がん等により余命宣告を受けた患者らのホスピス・緩和ケアが欧米を中心に普及している。未知の世界である死を目の前にして、人は計り知れない恐怖や不安などの苦痛に襲われる。こうした苦痛には、「身体的苦痛」「精神的苦痛」、家族や仕事・家計の問題も含めた「社会的苦痛」に加えて、自身の存在や人生の意味を問う「スピリチュアルな痛み（スピリチュアル・ペイン）」があり、これらが相互に作用しあって「全人的苦痛（トータル・ペイン）」を生み出す。ここでいう「スピリチュアル」とは、第1章で述べたように、「宗教的」という意味に限定されず、人間の身体的、精神的、社会的な側面を包含あるいは支える基盤となるものである。死を迎える高齢者の支援においては、このような全人的な苦痛を理解しながら、それらを可能な限り取り除くとともに、スピリチュアル・ケアを含めた全人的なケアに取り組む必要がある。

　ところで、ホスピス・緩和ケアは、末期がんなどの明確な余命宣告を受けた患者へのケアとして発展してきたが、高齢者の場合は、加齢による細胞や組織の機能低下による多臓器不全により、生命活動の維持が困難になる「老衰」による死亡も少なくない。また、長期に及ぶ慢性疾患の療養から、肺炎を併発して死に至る事例も多く、余命を予測することが難しい。こうした高齢者の死のあり様を踏まえ、近年は、余命宣告の有無にかかわらず、時間軸を長くとって、死にゆく高齢者らを全人的に支えるアプローチとして、終末期ケア（エンドオブライフ・ケア）の考

★ホスピス・緩和ケア
生命を脅かす疾患による問題に直面している患者とその家族に対し、痛み、身体的、心理社会的、スピリチュアルな問題の評価を行い、それらが障害とならないように予防、対処し、QOLを改善するアプローチ。

図7-5　意思決定支援のプロセス

日常生活・社会生活等における意思決定支援のプロセス

人的・物的環境の整備

◎意思決定支援者の態度
　　（本人意思の尊重、安心感ある丁寧な態度、家族関係・生活史の理解など）

◎意思決定支援者との信頼関係、立ち会う者との関係性への配慮
　　（本人との信頼関係の構築、本人の心情、遠慮などへの心配りなど）

◎意思決定支援と環境
　　（緊張・混乱の排除、時間的ゆとりの確保など）

意思形成支援：適切な情報、認識、環境の下で意思が形成されることへの支援

【ポイント、注意点】
●本人の意思形成の基礎となる条件の確認（情報、認識、環境）
●必要に応じたつど、繰り返しの説明、比較・要点の説明、図や表を用いた説明
●本人の正しい理解、判断となっているかの確認

意思表明支援：形成された意思を適切に表明・表出することへの支援

【ポイント、注意点】
●意思表明場面における環境の確認・配慮
●表明の時期、タイミングの考慮（最初の表明に縛られない適宜の確認）
●表明内容の時間差、また、複数人での確認
●本人の信条、生活歴・価値観等の周辺情報との整合性の確認

意思実現支援：本人の意思を日常生活・社会生活に反映することへの支援

【ポイント、注意点】
●意思実現にあたって、本人の能力を最大限に活かすことへの配慮
●チーム（多職種協働）による支援、社会資源の利用等、さまざまな手段を検討・活用
●形成・表明された意思の客観的合理性に関する慎重な検討と配慮

各プロセスで困難・疑問が生じた場合は、チームでの会議も併用・活用

意思決定支援のプロセスの記録、確認、振り返り

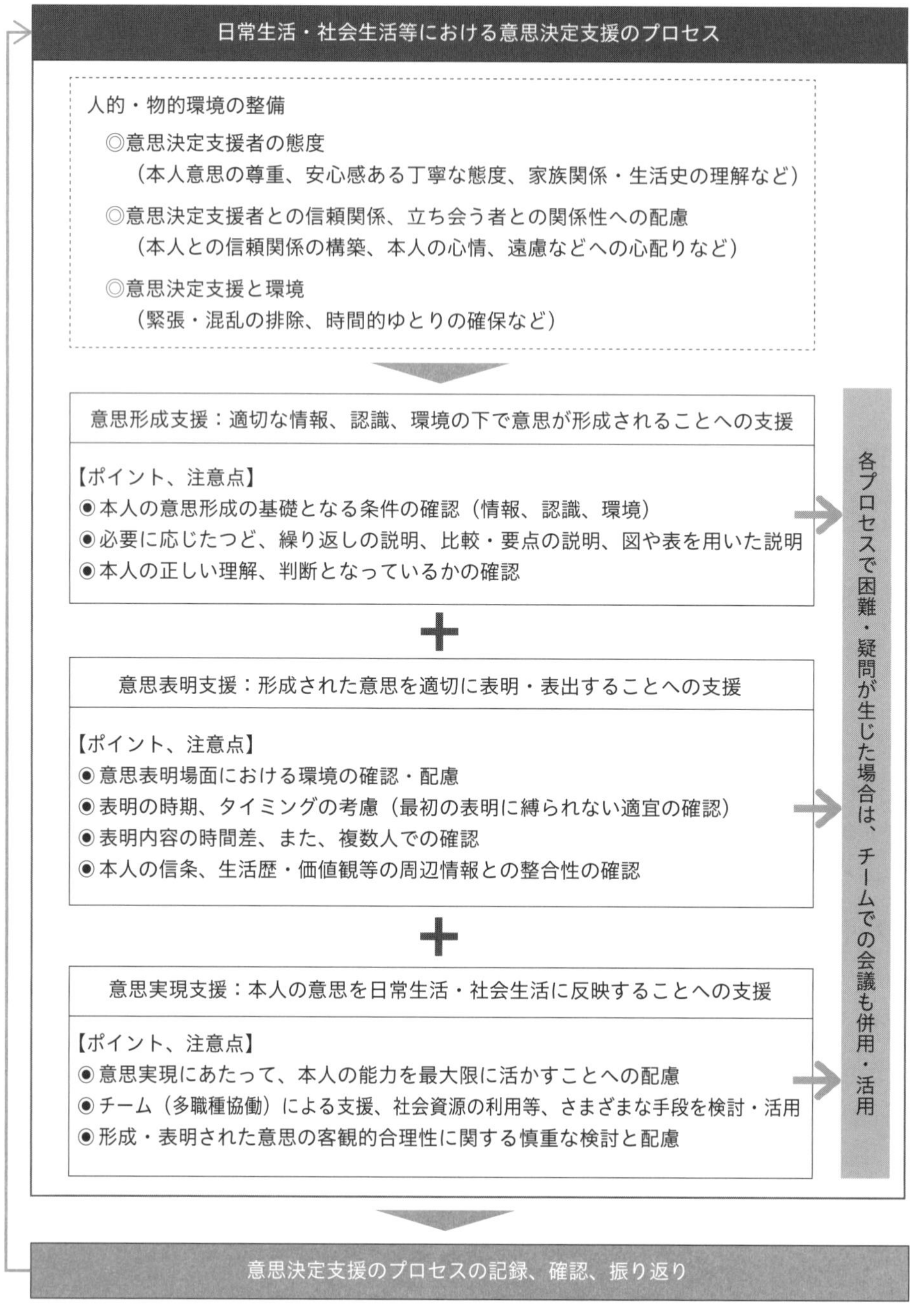

出典：厚生労働省「認知症の人の日常生活・社会生活における意思決定支援ガイドライン」p. 12, 2018.

え方が提唱されている。**終末期ケア**では、単なる苦痛の除去にとどまらず、高齢者の個人的、文化的、スピリチュアルな側面や生活習慣に配慮し、多職種チームにより、能動的で共感的なケアが提供され、死別前後の家族や親しいものへのケアも提供される。

2 終末期のケアマネジメント

　樋口らは、高齢者の終末期ケアの質を高めるためには、❶本人・家族の意思表示、❷ケアを支える介護力や周りの人々のサポート、❸終末期ケアを支える医学医療ケア、❹本人や家族の願いを実現するケアマネジメント、の四つの条件が必要であるとし、それらを評価し、高めるポイントを表 7-2 のように整理している。[12]❶本人・家族の意思表示では、治療、介護、看取りの希望が確認され、そのゆらぎがモニタリングされる必要がある。❷ケアを支える介護力や周りの人々のサポートでは、介護者が見通しをもち、変化に応じて介護にあたれるよう情報提供や人材の確保を含めたサポートを行い、社会からの孤立を防いで希望の実現を支援する。❸終末期ケアを支える医学医療ケアには、安らかな死をサポートするための過不足のない医療体制や説明の提供が含まれる。最後に、❹本人・家族の願いを実現するケアマネジメントでは、本人の状況と希望に応じたケアがチームで提供できるようなケアマネジメント体制の確保が含まれ、インフォーマルなサポートを含めた、資源の調整やチームマネジメント、地域資源の確保などが目指される。

　終末期ケアのケアマネジメントでは、①開始期、②安定期、③移行期、④臨死期・死別期において、実施すべき支援のポイントが異なってくる。①開始期においては、目標の共有や過不足ないプランニングが必要であり、②安定期では、希望の実現や生活支援が中心となる。③移行期になると、余命の予測に基づく、具体的な死別の準備やゆらぎへの対応が求められ、④臨死期・死別期は、最期の看取りのなかで安らかな死がサポートされ、死後には家族へのグリーフケアも実施される。グリーフケアでは、身近な他者の死を乗り越え、健全な悲嘆（グリーフ）を全うするための課題として、❶喪失の事実の受容、❷悲嘆の苦痛を乗り越える、❸死者のいない環境に適応する、❹死者を情緒的に再配置して生活を続けるという課題に対して、心理社会的支援が行われる。[13]

　また、「人生の最終段階における医療の普及・啓発の在り方に関する検討会」は、2015（平成 27）年に策定したガイドラインを改訂し、2018（平成 30）年に「人生の最終段階における医療・ケアの決定プロセスに関するガイドライン」を提示している。改訂版には、①在宅医療や介護の場面でも活用できるよう、「ケア」を名称に加え、医療・ケアチームに介護従事者も含める、②心身の状態の変化に応じて本人の意思が変化し得ることから、本人、家族、医療・ケアチームが事前に繰り返し話しあう、③本人が自らの意思を伝えられない状態になる前に、家族等（親し

表7-2　4条件に沿った高齢者の終末期ケアの質を評価する際のポイント

	条件	ポイント
条件1	本人や家族の意思表示があること	高齢者本人の療養上の今の希望、死の迎え方の希望の確認 介護者の看取り方の希望の確認 希望の実現度と本人・家族の反応 希望や意思の変化やゆらぎのモニタリング
条件2	ケアを支える介護力や周りの人々のサポートがあること	介護の見通し、期待度に沿った情報提供と調整 介護者が自信をもって介護できるようサポート 家族にしかできない役割を臨死期まで継続的に担えるようサポート 高齢者の張り合いや希望実現をサポートする人の確保 高齢者・介護者と家族・社会のつながりを最期まで確保 介護力の変化に見合うサービスの調整と提供
条件3	終末期ケアを支える医学医療ケアが受けられること	医療サービス提供体制（日中、夜間、急変時、死亡時）の確保 希望の実現・QOLを高める医療の提供 安らかな死をサポートする過不足のない医療の提供 病状や予後の説明および死別の準備、心構えができるケアの提供 グリーフケアの実施
条件4	本人や家族の願いを実現するためのケアマネジメントがなされること	高齢者の希望を中心においたゴールの設定と共有 希望の実現、介護の見通しに応じたインフォーマルサポートをネットワーク化 希望の変化やゆらぎ、介護者の余力に応じて柔軟に対応 一貫した方針で最期までサポートできる医療・福祉チームの確保 個々の能力・チーム力の向上、必要な地域資源の確保

出典：樋口京子・篠田道子・杉本浩章・近藤克典編著『高齢者の終末期ケア──ケアの質を高める4条件とケアマネジメント・ツール』中央法規出版, p.42, 2013.

い友人等も含める）の信頼できる者を前もって定めることの重要性、④繰り返し話しあった内容をそのつど文書でまとめ、本人、家族、チームで共有することの重要性、などが盛り込まれている。

　日本では、ホスピス・緩和ケアが欧米諸国に比べて普及しておらず、スピリチュアルなケアに対しても十分な認識や教育がなされていない現状がある。また、自宅での死を望みながらも、「家族に迷惑をかけたくない」といった思いや介護体制の不安から、病院で死を迎えるものが圧倒的に多いのが現状である。今後、高齢者が人生の最終段階においても住み慣れた地域で暮らし続け、本人の意思に沿った医療・ケアが提供されるために、終末期ケアも視野に入れた地域包括ケアシステムの構築が必要である。また、近年は死を自らの課題として取り組み、その準備をする「終活」も話題になり、その活動を支援する自治体や団体も出てきている。ソーシャルワークにおいても、死の準備教育に積極的に取り組むとともに、スピリチュアル・ケアを含めた、全人的なケアを担う専門職として、尊厳ある死に向けた支援の精緻化が求められる。

9　地域ケア会議による 地域包括ケアシステムの構築

　サービスの活用やコーディネートによって、課題の解決が図られない場合、地域包括支援センターでは地域ケア個別会議とも呼ばれる会議を招集し、関連機関や関係者と情報共有を図りながら支援の方針や役割分担を検討する。課題の性質や状況によって、虐待事例のように、市町村が責任をもってリーダーシップを発揮しなければならない場合や、医療機関が中心的な役割を果たす場合もある。また、地域による見守りが必要で、民生委員や地域住民が協力する場合もある。

　こうした個別事例に関する地域ケア会議を積み重ねることによって、個別の支援困難事例が地域における普遍的な課題であることがわかってくる。たとえば、ある地域包括支援センターでは、精神障害のある家族への対応をめぐって、近隣住民が無理解から偏見を抱き、同居する認知症高齢者の地域における見守り支援が困難になるケースがあった。こうした家族に、精神障害をもつ支援困難事例が、実は1ケースのみならず複数あり、いずれも精神障害への無理解や偏見が困難を生み出している共通要因であることが判明する。あるいは、介護予防の教室やサロン活動に参加したい虚弱高齢者が、本人にその場所に行く交通手段がないために参加できない事例がある。個別ケア会議を重ねるうちに、このような課題が地域に普遍的に存在していることが明らかになってくる。地域に普遍的な課題が析出されれば、市町村に設置された審議会などの協議体において地域ケア会議を開催し、資源の開発による課題解決や、条例の制定や国などに対する政策提言も視野に入れた議論を行うことが可能になる。

　このような個別から地域への課題の普遍化と、地域における課題解決や政策提言・立案までの流れを一元的なプロセスとしてつなげる方策が、地域ケア会議と呼ばれるものである。地域ケア会議は、2015（平成27）年の介護保険法改正で設置・開催が法律上も位置づけられ、会議の内容や目的がより具体的に明記された（**図7-6**）。地域ケア会議は重層構造になっており、名称は各地域によって異なるが、たとえば個別ケースの検討を行う場合を「地域ケア個別会議」、日常生活圏域における課題の検討や抽出を行う場面を「地域ケア会議」、市町村などより広域な自治体レベルで課題解決の方法を検討する会議を「地域ケア推進会議」などと呼称する場合もある。いずれにしても、地域ケア会議は、❶個別課題解決

図7-6 「地域ケア会議」の五つの機能

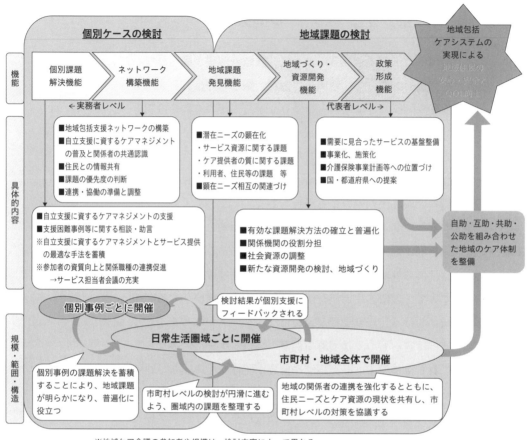

※地域ケア会議の参加者や規模は、検討内容によって異なる。

出典：厚生労働省「地域ケア会議について」

機能、❷ネットワーク構築機能、❸地域課題発見機能、❹地域づくり・資源開発機能、❺政策形成機能の五つの機能を有し、それらの有機的な連動によって地域包括ケアシステムの構築が進められる仕組みとなっている。

　個別支援から地域支援が連動する地域包括ケアシステム構築の流れは、相互に連動するミクロ―メゾ―マクロの各次元の相互作用を視野に入れて、人々の生活課題の解決を目指すソーシャルワークの考えと合致するものである。超高齢社会を迎えている日本では、地域社会の変容に既存の制度が対応できない場合が多く、新しいサービスや資源の開発とともに、その前提となる人々の意識や行動の変容も不可欠である。そのために、さまざまな調査手法を駆使してデータを把握・提示し、地域住民や政策立案者に、そのニーズを理解してもらう意識啓発や政策提言なども重要になる。高齢者領域におけるソーシャルワーカーには、このよ

うな開発的、変革的な役割が今まで以上に求められているといっても過
言ではない。

◇引用文献
1 ）厚生労働省「市町村・地域包括支援センターによる家族介護者支援マニュアル」p. 4, 2018.
2 ）同上，pp. 10-22
3 ）日本ケアラー連盟「ケアラーを地域で支えるツールと仕組み」pp. 124-125, 2012.
4 ）和気純子「相談援助」直井道子・中野いく子・和気純子編『補訂版 高齢者福祉の世界』有斐閣，
pp. 186-200, 2014.
5 ）同上，pp. 192-193
6 ）大橋謙策「新しい社会福祉としての地域福祉とコミュニティソーシャルワーク」日本地域福祉
研究所監，中島修・菱沼幹男編『コミュニティソーシャルワークの理論と実践』中央法規出版，pp.
6-7, 2015.
7 ）社会福祉士養成講座編集委員会編『新・社会福祉士養成講座⑨ 地域福祉の理論と方法 第 3 版』
中央法規出版，p. 137, 2015.
8 ）副田あけみ『多機関協働の時代』関東学院大学出版会，p. 162, 2018.
9 ）認知症ケア学会編『認知症ケア標準テキスト改訂 4 版 認知症ケアの実際Ⅰ：総論』ワールドプ
ランニング，2016.
10）厚生労働省「認知症の人の日常生活・社会生活における意思決定支援ガイドライン」p. 12, 2018.
11）淀川キリスト教病院ホスピス編『緩和ケアマニュアル第 5 版』最新医学社，2007.
12）樋口京子・篠田道子・杉本浩章・近藤克典編著『高齢者の終末期ケア──ケアの質を高める 4 条
件とケアマネジメント・ツール』中央法規出版，p. 42, 2013.
13）Worden, J. W., *Grief Counseling and Grief Therapy : A Handbook for the Mental Health
Practitioner, Second ed.*, Springer Publishing Company, 1991. (鳴澤実監訳，大学選任カウン
セラー会訳『グリーフカウンセリング──悲しみを癒すためのハンドブック』川島書店，1993.)

● おすすめ
・梅沢佳裕『生活相談員──その役割と仕事力』雲母書房，2011.
・日本社会福祉士会編『改訂 地域包括支援センターのソーシャルワーク実践』中央法規出版，2012.

本節は、和気純子「第 9 章第 1 節　高齢者支援の方法」社会福祉士養成講座編集委員
会編『新・社会福祉士養成講座 13 高齢者に対する支援と介護保険制度 第 6 版』中
央法規出版，pp. 250-262, 2019. を大幅に加筆・修正したものである。

高齢者と家族等に対する支援の実際

学習のポイント

● 多様な「場」と「方法」を用いて提供される、社会福祉士による支援の実際を学ぶ
● 実践事例を通して、各専門職との連携や協働について学ぶ

事例 1 家族の介護負担軽減と就労支援

事例の概要

　Aさん（66歳、男性）は、一人暮らしで仕事を続けているが、最近、認知症の症状がみられるようになった。自動車通勤で道に迷う、家の中の整理整頓ができないなど、仕事と生活に支障が出ていても、本人は認知症の自覚がない。問題が起こるたびに、遠方で暮らす長男家族が対応していたが、その頻度が増し、親子喧嘩も絶えず、家族のなかで支援に対する負担感が増していた。認知症初期集中支援チームの窓口に、長男から連絡があり、地域包括支援センターにつながった。介護保険による支援を開始したところ、Aさんはデイサービスを拒否、車による市内への徘徊が深刻化し、日中の居場所づくりが課題となった。個別ケース検討会議、地域ケア推進会議による検討を重ね、認知症サポーター、民生委員などボランティアの協力とJA（農協）、いきいきサロンなどの地域資源の活用により、Aさんの「仕事を続けたい」という希望に沿った居場所づくりが進み、認知症予防の支援が行われた事例である。

支援経過

●初回面接

　認知症初期集中支援チームの窓口に、認知症の進行が疑われる一人暮らしの男性に関して、長男から相談の電話連絡が入った。チームに所属する地域包括支援センターの社会福祉士が対応した。Aさんは一人暮らしで現在も仕事を続けているが、半年くらい前から言動がおかしいことに気がついた。長男は認知症を疑い、Aさんに病

院受診を勧めるが、受診することを拒否された。現在も車で通勤を続けており、道に迷ったり、車をどこかにぶつけたりしている。心配する長男が再三注意するが、聞き入れてもらえず、最近ではＡさんが急に怒りだし、口喧嘩に発展することも多い。これまで問題があるたびに長男家族が駆けつけ、その対処を行ってきたが、心身ともに疲れたとの内容であった。

後日、社会福祉士、保健師が自宅を訪問し、初回面接を行った。Ａさんと長男から得られた情報の概要は利用者基本情報に示すとおりである。

● 支援過程

再就職先の企業から問い合わせがあったと、長男より電話連絡が入った。職場で物忘れが多く、道に迷い出勤時間に大幅に遅れることもあり、業務に支障が出てきたので、関連病院を受診してもらったうえで、Ａさんと面談したところ、本人もこのまま就業継続が難しいことを理解しており、退職したいとの申し出があったとの内容であった。

数日後、病院から「脳の萎縮がみられ、アルツハイマー型認知症の疑いが強い」との診断があり、再就職先を９月末で退職することとなった。

再度、Ａさんと長男同席のもと、面接を行った。退職後の一人暮らしの生活の組み立て、特に、認知機能低下から起こる IADL の課題を支援するために、介護保険制度の申請を提案した。Ａさんは、病院で認知症と診断されたこと、職場で失敗続きだったことから、認知機能低下を自覚し、介護保険制度の申請に同意した。長男からは仕事を休むことができないので、これ以上の生活支援は難しいとの申し出があった。介護保険制度の申請準備を進めるため、主治医を地元の病院に依頼した。

● 支援計画策定

介護認定では要介護１の判定となった。Ａさんは一人暮らしを続けたいとの要望があるが、家事全般ができず、服薬管理、金銭管理も難しい。また、認知症の進行もあり、安全面から免許返納が望ましいが、現在も拒否している。買い物や金融機関に出かけるのに車がないと不便な地域でもあり、移動の問題が課題である。認知症の症状は、初回面接時から進行している様子もみられる。まずは在宅

利用者基本情報

氏名	Aさん	性別	男性	年齢	66歳
相談内容 （主訴）	【相談内容】 長男より連絡が入る。一人暮らしの父親の様子が半年前からおかしい。同じ話を繰り返し、ごみを捨てずに家に溜め込む、通勤で車を運転しているが行き先がわからず道に迷う、どこかに車をぶつけてくる。認知症を疑い、受診を勧めるが、本人が否定して聞き入れてもらえず、最近は喧嘩になってしまう。危ないので、自動車の運転だけでもやめさせたい。かかりつけ医もいないので、相談する人がいない。 【本人・家族の要望】 本人：生活に問題なく、再就職先の仕事も順調で、このまま仕事をしながら一人暮らしを続けたい。 長男：父のことは心配だが、自分は離れて暮らしており、仕事もある。最近、子どもが生まれたばかりで、妻も子育てに追われている。父と話をしても喧嘩ばかりで疲れた。父の問題にこれ以上かかわるのが難しく、負担を感じる。専門的な支援を受けたい。				
生活歴 家族状況	【生活歴】 ・大学を卒業後、地元の企業に就職、会計部門を担当する。 ・26歳で結婚し、両親と同居。息子が2人生まれる。 ・35歳で離婚。2人の息子を引き取り、両親の助けを借りて、子育てを続けてきた。 ・息子2人は大学卒業後、地元を離れ就職、結婚し独立した。 ・60歳で企業を定年退職。再雇用制度を利用し、継続雇用となる。 ・61歳で父親が他界、母親は施設に入所し、一人暮らしとなる。 ・65歳で継続雇用の期間が終了し、別の企業の経理部に再就職し、現在に至る。 【家族】 ・母親は要介護状態で施設に入所中。 ・2人の息子がいるが、すでに独立し、別居している。 ・長男は隣県（車で3時間程度の距離）に在住。これまで問題が起こるたびに駆けつけ、生活を支えてきたが、仕事や育児で忙しく時間がとれない。喧嘩が絶えず、支援を負担に思う。 ・次男は遠方のため、年に数回、電話連絡があるのみ。				
健康状態 身体状況	【身体機能】 ・持病なし。人間ドックで高血圧と診断される。 ・血圧の薬が処方されるが、服薬管理ができず飲み残しがある。 【認知機能】 ・認知症アセスメントシート（DASC）42点。 ・認知症初期の可能性が指摘されるが、確定診断はなし。 ・短期記憶に問題はないが、見当識障害の可能性がある。 ・車通勤で道に迷う、物にぶつける。 ・Aさんは認知機能低下の自覚がない。 ・息子に対して、怒鳴るなど感情的になることが増えた。				
ADL・ IADL	【ADL】自立 【IADL】 ・調理ができず、近くのスーパーで総菜を買って食べる。 ・掃除、ごみ出しができない。 ・衣替えができておらず、季節違いの洋服を着ている。 ・服薬管理、金銭管理ができない。				
社会との かかわり	【職場】 ・Aさんの許可が得られず、再雇用先に問い合わせができない。 【近所】 ・隣近所、民生委員とは付き合いがなく、挨拶もしたことがない。地域の人間関係が希薄。 【専門職】 ・これまで大きな病気もしたことがなく、かかりつけ医はない。 ・母親を担当するケアマネジャーはAさんの問題を把握していない。				
住環境	・山間部の持ち家に一人暮らし。家中に物が散乱している。				
経済状況	・現在も仕事を続けており、収入は安定している。 ・生活費の管理はしないが、必要なもの以外を買うことはない。 ・公共料金は振込になっている。				
生活課題	・認知症の進行が疑われる、一人暮らしの男性である。 ・本人は認知機能低下の自覚がなく、生活に不都合を感じていない。 ・実際の生活では、服薬、食事、衛生管理など、IADLで不十分な点がみられる。 ・自動車運転に不安があるが、自動車通勤を続けている。 ・仕事上の業務遂行にも支障があると考えられるが、勤務先に確認がとれない。 ・生活支援をしてきた長男夫婦は、本人と話が通じず、対応に困っており、介護負担感が増している。				

生活を続けるために生活課題の改善を図り、長期的には施設入所も視野に入れた支援を進めることを確認し、**表 7-3** のとおり、居宅サービス計画を策定した。

表7-3　居宅サービス計画

生活全般の解決すべき課題（ニーズ）	目標		援助内容		
	長期目標	短期目標	サービス内容	担当者	頻度
①掃除・洗濯・調理など、家事全般ができない	サービスを利用し、自分でできることは自分で行う	サービスを利用しながら自分でできることを見つける	家事援助サービス	ホームヘルパー	週4回
②服薬管理ができない	お薬カレンダーで自己管理する	服薬管理の方法を覚える	訪問看護	訪問看護師	週1回
③金銭管理ができない	生活支援員から支援を受けながら、日常的金銭管理は自分で行う	通帳を預かり、出金時に銀行に同行、金銭を小分けで管理する	日常生活自立支援事業	生活支援員	週1回
④近所付き合いがない	町内活動の参加を続け、困りごとなどを相談できる関係をつくる	町内の活動に参加し、近所の人、民生委員と顔見知りになる	見守り	民生委員　認知症サポーター	つど
⑤日中、過ごす場所がない	デイサービス参加による居場所づくり	デイサービスに参加する	デイサービス		週2回
⑥家族が負担を感じている	地域で支援体制を構築し、家族の負担を軽減する	問題が発生した際の体制を検討する	緊急時連絡体制	地域包括支援センター	

● モニタリング

　デイサービスには1週間で通わなくなってしまった。その後、別のデイサービス2か所を勧めたが、「活動内容がつまらない」「参加者と話が通じない」と参加を拒否された。車の運転を続けており、毎日、病院やクリーニング店に出かけている。Aさんに話を聞くと、「毎日、仕事に出ている」と回答がある。出かけた先の病院では薬の飲み方に関して繰り返し質問しているようである。地域で唯一の顔なじみであるクリーニング店にも毎日通うようになり、店主からは頻繁に訪れるので、対応に苦慮しているとの回答があった。

● 個別ケース検討会議

　Aさんがデイサービスを拒否しているため、日中の居場所が確保

できていない。車で市内を走り回り、道に迷ったり、車をぶつけることも多く、大きな事故につながる可能性も考えられる。一方で、自動車運転を制止すると、外出の機会が減り、自宅にひきこもりがちとなる可能性がある。人とのかかわりが希薄で、長期的にみると、認知症の悪化や身体機能の低下が懸念される。地域から孤立すると、地域の見守り機能が働かず、家族の介護負担が軽減できない。Aさん自身は「通勤している」と語っており、仕事を続けたい気持ちが強いことが読み取れる。以上の課題から、Aさんの日中の居場所について個別ケース検討会議で検討を行った（**表7-4**）。

表7-4　個別ケース検討会議の要点

会議出席者	地域包括支援センター、介護支援専門員、ホームヘルパー、医師、社会福祉協議会、民生委員、認知症サポーター代表
検討項目	Aさんの日中の居場所について
検討内容	・自動車運転による事故の危険がある。 ・運転の制止で外出機会が減り、身体・認知機能低下の可能性がある。 ・家族が遠方で仕事と育児もあり、支援に負担感を抱えている。 ・地域の人間関係が希薄で身近に頼る人がいない。 ・仕事に対する未練、退職による役割変化に対応できていない。 ・身体的機能や活動意欲、作業能力は維持されている。
結論	・Aさんにとって、自分の役割になるような活動、地域の人と協力しながら、軽作業などができるように支援する。 ・活動を通して住民と関係を深め、見守り体制を構築する。 ・認知症サポーター、民生委員に、一緒に軽作業を行う際に見守りボランティアを呼びかけたところ、9名から協力が得られた。
残された課題	Aさんが「仕事」と思えるような活動が地域にない。

● 地域ケア推進会議

　Aさんのように認知症で身体機能が高く、活動意欲や作業能力が高い人に適した活動が地域にないか、地域ケア推進会議で検討を行った（**表7-5**）。検討の場面には、就労につながる活動を見つけるため、福祉医療関係者だけでなく、シルバー人材センター、農業や観光業などの関係者にも会議に参加してもらった。そのなかで、農協の「加工品販売」について体制を整えるとともに、認知症高齢者が参加する際の支援体制をつくることとなった。

表7-5　地域ケア推進会議の要点

会議出席者	地域包括支援センター、市役所農業振興課、市役所商工観光課、NPO、教育委員会、いきいきサロン、老人クラブ、ボランティア代表、社会福祉協議会、農協、シルバー人材センター
検討項目	軽作業のできる活動場所づくりについて
検討内容	軽度の認知症でも身体機能が高く就労意欲がある人が、「仕事」として生きがいをもって参加できる活動がないか、地域資源を検証した。
結論	・該当しそうな三つの活動が提案された。 ❶シルバー人材センター「ワンコインサービス」 ❷農協「加工品販売」 ❸市商工観光課「観光ガイドボランティア」 ・農協の「加工品販売」を活用して産直市場にコミュニティカフェを開設し、高齢者が働いたり、活動したり、おしゃべりできる場所を創り、地域ボランティアの活動拠点、情報交換の場として機能させる。高齢者の能力に合わせ、多様な形態の地域参加を目指す。 ・認知症高齢者に対して、加工品販売を手伝う形で活動への参加を呼びかけ、その場に認知症サポーター、民生委員も参加することで見守り体制を構築する。
残された課題	活動方法、参加者の募集など、コミュニティカフェの実施体制を構築する必要がある。

● 事後評価

　農協の協力を得て、産直市場の一角に加工品販売と飲食できるスペースが設置された。販売員は、いきいきサロンのメンバーが持ち回りで担当することとなった。市は、誰でも気軽に立ち寄ることができる「高齢者の集う場所」として広報誌に案内文を掲載した。

　Aさんは高齢者サロンのメンバーとして販売を担当、週2回ほど参加するようになった。認知症サポーターと民生委員も販売員として加わり、活動をともにしながら、Aさんの出勤時や活動の支援を行っている。現在のところ、Aさんは参加を拒否することはなく、販売に関するアイデアを積極的に提案している。活動を気に入っている様子で、Aさんなりに役割を見出しているようである。家事援助や訪問看護などの介護保険サービスにも慣れ、精神的な安定を取り戻しつつある。最近は、車で出かけることもなくなってきた。地域の人たちからの理解も得られ、問題が発生した場合に、民生委員やボランティアが対応する体制も整えられつつある。長男家族に緊急対応を要請することもほとんどなくなった。

まとめ

　近年、多世代同居が減り、高齢者のみの世帯、一人暮らし高齢者世帯が増加している。高齢者だけの生活で認知症が進行すると、本人や家族

の自覚がないまま、生活に支障が出ていることがある。さらに、近隣との人間関係が希薄な場合は、その異変に周囲も気づかず、問題発見が遅れる場合もある。認知症に気がついても、子ども世帯が遠方に暮らしていて、すぐに駆けつけることができない、仕事や育児に追われ親の介護に専念できないなど、対応が難しいことも多い。本事例は、認知症を疑うも本人に認知症の自覚がなく、自動車通勤を続ける父親の対応に困った長男が専門職に支援を求めた事例である。

　当初、認知症予防としてデイサービスを提案するが、レクリエーション活動はＡさんにとって居心地が悪く、居場所とはならなかった。そのため、すぐにデイサービスに通わなくなり、車で市内の徘徊を繰り返すようになる。その理由について、長年企業で働き続け、子育てをしてきたＡさんの生活歴から、これまでの役割を喪失したことに加え、認知症から起こる状況を理解できず、不安を解消できていないのではないかと推測された。そこで、Ａさんのように企業生活が長く、「仕事」に意欲のある人が役割を見出せるような活動について、地域資源の検討を行った。その結果、認知症高齢者ができそうな軽作業に加え見守り体制を構築することで、居場所としてレクリエーションとは異なる作業活動の場を創ることができた。本事例からは、認知症高齢者を一括りにして捉え、画一的なサービスを提供するだけでは不十分であることがわかる。支援において、利用者が人生で培ってきた文化や価値観を読み取り、適切なサービスを調整することが重要である。

　最近まで企業生活の長かったＡさんは、地域の人間関係が希薄で頼る人がいなかった。問題が起こると遠方の長男が対応にあたっていたが、仕事や子育てが忙しく、家族は精神的にも肉体的にも追い詰められていた。認知症高齢者の支援では、家族の介護負担軽減も重要な課題の一つである。

　本事例では、対応策の一つとして、ボランティアによる地域支援体制づくりが図られた。個別ケース検討会議に民生委員や認知症サポーターに参加してもらうことで、認知症に関する理解が深まり、見守りや緊急時の体制づくりが進んだといえる。地域では、認知症サポーターなど住民に向けたさまざまな研修が盛んに行われているが、人材リストに登録したまま実際の活動に結びつかないことも多い。一つの事例を通して、地域資源の活性化に成功したといえる。

　現在、高齢者福祉分野では地域包括ケアシステムを掲げ、住民参加を志向した福祉サービス供給体制の構築が進められている。本事例は、

ニーズ発見に認知症初期集中支援チーム、事例検討に個別ケース検討会議、地域資源の検討に地域ケア推進会議を利用し、個別支援と地域支援の二つの側面から、認知症高齢者の介護予防、生活支援の対応が進められたといえる。

事例2　介護老人保健施設における看取り支援

事例の概要

　介護老人保健施設に入所中、徐々に身体的に衰弱し、「人生の最終段階」に至った利用者を、施設において看取った事例である。本事例は、「人生の最終段階」における医療について、明確な本人意思が確認できない状況で経過した。こうした事例は、今日の日本では特殊なものではない。支援相談員（以下、相談員）は、家族が本人の病状の進行を受容し、施設内の看取りを希望するまで家族の気持ちに寄り添い、施設内の多職種と協働して、その看取りを支援した。

ソーシャルワーク支援と経過

　3年ほど前に当介護老人保健施設（以下、施設）に入所したBさんは、入所後緩やかに身体機能の低下がみられ、誤嚥性肺炎と心不全で入退院を繰り返していた。それに伴い認知機能の低下もきたし、自発的な動作や発語も少なくなってきた。

　今年の5月頃より嚥下機能の低下が著しくなり、徐々に食事中のむせ込みが頻繁にみられるようになった。固形の食事を食べるのが難しくなったため、ペースト状の食事に変更するなどの対応がなされた。しかし、最近ではペースト食でもむせ込みが強くなり、食事摂取は困難となってきた。

● 6月1日「看取りではなく治療を」

　相談員は、訪問歯科診療やST（言語聴覚士）による嚥下状態に関する所見をもとに、多職種でのカンファレンスを開催し、嚥下機能障害が回復困難なものであることを確認しつつ、家族に現在の状況と今後、誤嚥性肺炎を引き起こす可能性が高まることを説明する面接を行った。

　数週後、食事後に発熱し、軽度の肺炎を疑う所見が医師や看護師

利用者基本情報

利用者	Bさん	性別	女性	年齢	92歳	要介護	4
住所	介護老人保健施設と同一の市町村						
相談内容	食事摂取が困難となった利用者に対する終末期ケアについて						
健康状態	現病：嚥下障害による誤嚥性肺炎、廃用症候群 既往歴：上腕骨骨折、左大腿骨頸部骨折、誤嚥性肺炎、心不全 経年的に廃用症候群が進行し、特に嚥下機能障害が誤嚥性肺炎を引き起こし、食事摂取困難に至り、終末期的状況と考えられた。						
ADL	移動や排泄、食事摂取、更衣等の全般において全介助を要する。						
認知機能	疾患としての認知症の指摘は受けていないが、体力の低下とともに、覚醒も低下している。発話はほとんどみられないが、介助者の呼びかけにうなずくなど、単純な言葉の理解はある。						
社会とのかかわり	入所後は地域とのかかわりは薄くなったが、地元の友人が時折面会に来るなかでの交流がみられた。						
住環境	入所前は、住宅街にあって農地をもつほどに広い敷地のある屋敷に住んでいた。施設入所後約3年が経過している。						
経済状況	遺族年金のほか、アパートを所有し、家賃収入あり。						
家族状況	家族内では、息子が施設との窓口となっており、施設からは「キーパーソン」と目されていた。息子は就労していたが、週に1回程度はBさんに面会に来ていた。また、入院の折など、緊急の場合には、息子の妻が窓口となり対応した後、息子が仕事の都合をつけ医療機関に赴き、所定の手続きを行うなど、家族間の協力関係もあった。娘は、隣県に嫁いでおり、Bさんとの面会機会は多くないものの、家族内の不和はみられず、息子が家族の意見を代表していた。 入所時の「延命治療に関する要望書」には、「延命治療を希望しない」と家族の署名がなされている。 ジェノグラム 入所中　KEY						
生活歴	女学校を卒業後、20代前半で嫁ぎ、1男1女をもうける。夫は公務員だったが、田畑をもっており、Bさんは農業を手伝いつつ、主婦として子どもを育てた。Bさんが85歳の時に夫と死別し、以後は長男一家と同居していた。89歳の時に自宅内での転倒による上腕骨の骨折にて、リハビリテーションを目的に介護老人保健施設に入所した。骨折は、軽快したが、安心を求める家族意向によって、長期入所となり、3年ほど入所してきた。 施設では気分がよいと、ピアノを弾いたり、職員にはウィットに富む話をしてくれ、知的な印象を与えるとともに、今の生活を楽しもうとする様子がみられた。 入所の経過では、冬季に心不全や誤嚥性肺炎による入退院を繰り返し、そのたびに、廃用症候群が進展し、2年目には歩行困難となり、3年が経過した本相談の時点では、食事の自己摂取も困難となっている。						
生活課題	上記のように、終末的状況にあって、延命的医療の実施や自然的な経過をケアすることなどの選択肢があるなか、最期に向け、どのような過ごし方をするのが「よい」かが課題となっている。						

より報告され、今後、口から食事を摂ることで誤嚥性肺炎を起こす可能性が高いと判断された。その頃のBさんは、生活動作全般に全介助を要し、単純な言葉の理解や意思表示はできたが、複雑な内容の理解は難しい状況となっていた。

相談員は、医師、看護師とともに家族と面接し、嚥下機能の低下が致命的な状態であることを説明し、そのうえで、改善の見込みがない状況で、延命的な医療処置をすることがBさんの苦痛につながる可能性についても説明し、延命措置をとらない「看取り」という選択肢もあり得ることを伝えた。

同時に、経管栄養に切り替えることや、いったん医療機関での入院加療を受ける選択肢も提示したうえで、「ご本人にとって、何が一番いい方法だと思いますか？」と問いかけ、家族の気持ちを確かめるとともに、「一緒に考えていきましょう」と施設側がチームとして家族を支える姿勢を伝えた。

息子は、施設側の説明に理解を示したうえで、医療機関での入院加療を希望し、「今はまだ、看取りということには実感がわかない。本人から直接意向を聞いたことがなかった。病院で治療してもらって元気になって、自分からご飯を食べてくれればいいと思う。本人の従前の性格から考えて、胃ろうなどの延命処置は希望しないと思う」との発言があった。相談員は、家族の要望に従い、医療機関への入院手続きを行った。

• 6月20日〜27日「看取りを希望する」

退院後、再び食事摂取を試みるが、強いむせ込みがみられる状況に改善はなかった。相談員は息子にそれを伝えつつ、しばらく様子をみていくことにした。数日後、以前と同様に発熱がみられた際、相談員はあらためて息子に連絡をとり、今後の方針を協議した。

家族からは「肺炎を繰り返して、前回のように病院に行ってまた戻っても、苦しい思いをさせるだけだと思う。父は病院で亡くなったが、こういうところで看取るということがどういうことなのかわからない。苦しい思いをさせないように過ごさせてあげたいがどうしたらいいか」という判断に迷う苦悩を口にした。

相談員は、看護師と協議し、家族の苦悩を共有するとともに、それに対応した看取りケアのあり方を家族を加えて話しあい、医療や看護の視点からも情報提供してもらうよう依頼した。看護師からは

延命のみを目的とした医療処置が、Bさんに苦痛を生じさせることもあることから、点滴などの医療行為は極力しないほうがよいとのアドバイスが伝えられた。同時に、Bさんの心地よさにつながる清潔ケアや、誤嚥しない程度に摂取可能な食事として少量のプリンやゼリーを提供することを提案した。家族からは「そういうものならあげられるんですか？　それなら、プリンとかを持ってきますので、あげてもらえますか？」との返事があり、本施設での看取りに向けたケアが方針づけられた。

• 6月27日〜7月20日「看取りのケアへ」

　家族からは、数日ごとにプリンやゼリーが届けられ、時に息子が、看護師や介護職の指導のもとに提供した。Bさんは言葉を発することはすでに難しくなっていたが、息子が声をかけながらプリンをBさんの口元に運び、Bさんがそれに反応し開口するやりとりは、Bさんと息子が対話をしているようにみえた。また、相談員は、家族の面会ごとにBさんの様子を伝え、家族が看取りの経過や現状を受けとめられているか配慮した。

　息子の案内により、遠くの親族や地元の知り合いが施設に訪れるようになった。そして、数日間をかけてBさんは徐々に覚醒レベルが低下し、呼吸が弱まるなどの死を目前とした徴候がみられるようになった。相談員や居室担当の介護職は、家族に対し「穏やかに過ごせているようです」と伝え、家族の気持ちを汲み取りながら対応をした。息子からは「はい、こんなに最期が穏やかであるとは知りませんでした。よくしてもらって感謝しています」という旨の発言が聞かれた。

• 7月21日「最期の看取り」

　その後、呼吸停止が確認された。息子への報告は相談員が行い、電話にて「たった今、息を引きとられたようです」と伝えたところ、「そうですか、ありがとうございます。仕事の都合をつけて今から向かいます」と、数時間後に到着された。

　施設では日常の光景がみられるなか、個室の一室では医師による死亡確認が行われ、Bさんとの最期の別れが営まれた。家族からは見送りの職員に対し、感謝の意が重ねて伝えられ、Bさんと家族を乗せた車は施設を発った。

まとめ

● ソーシャルワーカーと医療のかかわり

　厚生労働省の「人生の最終段階における医療・ケアの決定プロセスに関するガイドライン 解説編」（2018（平成 30）年）においては、本人の意思が確認できない場合の決定のプロセスには、ソーシャルワーカーなど社会的な側面に配慮する人が参加することも想定されるとしている。この事例では、相談員が中心となって家族にさまざまな情報を提供し、必要に応じて看護師、医師など多職種がチームとして看取り支援を行った。相談員は医療職ではないが、医療職の見解を根拠にしつつ、社会面で起こり得るリスクや展開などについて情報提供し、家族の不安や迷いを緩和し、ともに考えることで、意思決定を支援している。ここに、ソーシャルワーカーが看取り支援に介在する積極的な意義を見出すことができるだろう。その際、医療が提供される現場において、医療を除外して生活を考えることは難しいことから、ソーシャルワーカーが医療と向き合う知識をもつことも必要だろう。一方で、利用者は社会的存在としての生活者でもある。利用者の社会生活のなかに医療があるという視点をもつことで、ソーシャルワークが固有の意義と役割をもつことになるだろう。

● 家族の気持ちの変化と一身専属権

　人生の最終段階の医療の決定では、本人自身の意思表明が困難であることも多い一方で、こうした医療の決定は本来的に一身専属権★とされ、家族も意思決定権者というわけではない。前出のガイドラインによれば、第一義的には本人の自己決定とし、それが難しい場合には本人の意思を家族らが推定しつつ、医療・ケアチームとの話し合いのうちに決定することになる。しかし、臨床現場の実際では、家族の意向に反し、施設内で看取りを実施することは現実的には考えられず、家族の意向に寄り添いつつ、本人にとってよりよい方法をチームで探ることになる。

　また、人間は一人で生きているわけではない。仮に積極的な治療をしないほうが身体的には楽だと考えられたとしても、あるいは改善の見込みが乏しくとも、家族の思いに応えて、苦しい治療を受け容れる人もいる。一方で、終末期の延命的な医療を望まない人は 91％[1]とされており、家族には本人本位の医療のあり方を考慮してもらうことも必要である。こうしたなか、本事例のとおり、家族の気持ちは時間の経過とともに揺れ動き、変化する。高齢者の終末期医療にかかる家族の意思決定に関す

★一身専属権
その人だけがもつ権利。

221

る国内外27文献のレビューにおいても、「家族であっても高齢者の意思を推定することはむずかしく、困難や不確かさがあり、意思決定後もその決断内容の問い直しをして揺れを伴う体験である[2]」とされている。

ソーシャルワークでは、本人も含めた家族としての意思決定が図れるよう、家族の気持ちに寄り添いつつ、働きかける。

● ソーシャルワーカーの役割

もとよりソーシャルワーカーの独占的な業務（役割）はないが、このような事例において、ソーシャルワーカーとして果たす役割は何か。ソーシャルワークはある出来事を利用者自身、あるいは家族がどのように受け取り、それが本人や家族にとってどういう意味なのかを知ることに重点を置く。こうした視点は、出来事を「客観的」に捉えることに集中しがちな専門職集団のなかにあって重要である。事態が時間を経るごとに変化するなか、対象者がそれにどのように意味づけをしているのかを推し測りながらかかわる働きに、ソーシャルワークの役割を見出すことができるだろう。

また、一概に延命医療といってもさまざまな方法があり、利用者家族には意思決定による結果を想像することは必ずしも容易でなく、ソーシャルワーカーは意思決定の一助になる情報（エビデンス）についても、日頃より収集していることが望ましい。居川[3]や宮岸[4]は、人工栄養選択後の患者の予後調査を実施しており、選択した患者の多くは数年の延命効果が得られている。人工栄養による数年間の予後をどのように意味づけるかは、各人の状況や価値観により、文献では肯定的な評価も否定的な評価についても報告されている[5]。いずれにしても、開始された医療の中止や、あるいは逸した受療の機会を取り戻すことは難しいなか、慎重な意思決定が必要となる。

最後に

死は、本人にとっては人生の締めくくりであり、できる限り安らかに過ごさせたいと多くの支援者が思う。また、家族にとっても人生のなかで最も重要な出来事の一つで、悲嘆を伴うことも避けられないが、可能な限り家族と本人の最期の時間が穏やかで、本人に対し感謝の気持ちが湧き上がるような場を提供できる支援を展開していきたいものである。

| 事例3 | 「8050 問題」の状況下で
高齢者虐待が疑われる事例 |

事例概要

　梅雨が始まる頃、白髪で円背のCと名乗る女性が「トイレを貸してほしい」と地域包括支援センターを毎日訪ねてくるようになった。ある時、面接担当のFソーシャルワーカーがそれとなく、「毎日来所される理由」について尋ねた。すると「理由は何もない」を繰り返すばかり。梅雨が明けたある日、Fソーシャルワーカーがいつものようにお茶を勧めながら雑談をし、住まいについて何かお困りのことがないかと尋ねた。すると、Cさんは、近隣に居住し、現在80歳であること、また「息子の暴言がひどい、怖くて家にいられない」「仕方なく、ここ1か月路上に停めた車の中で生活してきたが暑くて眠れなくなった」「公園のトイレは汚くて使いたくない。それでセンターに来ている」と話される。具体的にけが、不調はないか確認すると、「息子は大声を出すが手はあげない」との返答。公的な宿泊施設を紹介できるので、そちらで休んではどうかと情報提供するも、息子のそばを離れるのも心配なので大丈夫との返答であった。

　Fソーシャルワーカーは、すぐにこれらの情報を職場内で共有し、息子から母親Cさんへの虐待疑い事例として行政に相談、通報を行った。そして、Cさんに関する情報収集のため、関係機関、民生委員等に連絡をとり、状況把握を行い、Cさん親子の置かれている状況を明らかにした。

支援経過

・事実確認

　Cさんは80代の女性、夫は10年前に他界した。子どもは、50代の長女Eさんとその2歳年下の長男Dさん。Eさんは高校卒業後、就職し家を出た。現在結婚し、近県で暮らしている。Cさんは現在Dさんとの二人暮らし。Dさんは統合失調症の既往があり、精神障害者保健福祉手帳をもっている。20代の頃に隣町の精神科病棟での入院歴もあるが、現在受診できておらず、服薬も途絶えている。ここ20数年ほぼひきこもりの生活となっている。役所でもここ数年、Dさんの後追いができていないとのこと（障害福祉課の保

健師より）。

　担当エリアの民生委員からは、最近、Ｃさんに物忘れのような症状がみられている。また、車に寝泊まりしており気候的にも脱水症状が心配なこと、夜遅くにＤさんがＣさんを罵倒する声が聞こえること、さらにＣさんが公園の噴水で洗濯物を洗っていることがあり、そのことについて近隣から苦情もあったことなどで、どうしたものかと考えあぐねていたことが話される。

　Ｆソーシャルワーカーは、これまでの情報を整理し、行政の担当者と協議を行った。Ｃさんは保護されることを望んではいないが、猛暑に向かうなかでの車上暮らしは体を衰弱させること、またＤさんからの罵倒、暴力のおそれが懸念されることから、早急に自宅へ訪問し、情報収集を行い、介入の方法を検討する必要があることを確認した。

●初回面接（訪問調査による虐待の有無の判断・緊急性の判断）

　Ｆソーシャルワーカーは翌日、トイレを借りにきたＣさんに自宅訪問の許可を得た。初めは拒んでいたＣさんであったが、「息子に仕事をしろと言わない」「掃除をしろと言わない」ことを条件に了解を得、障害福祉課のＧ保健師とともに訪問を行った。自宅にＣさんとＤさんがいて二人を迎え入れてくれた。主としてＧ保健師がＤさんと話し、ＦソーシャルワーカーがＣさんと話をした。

　室内は埃だらけで足の踏み場もないくらい物があふれていた。冷蔵庫はパッキンまでゴキブリが食い尽くし、まったく冷蔵機能を保っていなかった。ガスコンロとシンクだけは清潔さを保てており、これは調理師だった父親から、ガスコンロとシンクはきれいにしなければいけないと教えられたことをＤさんが守っているためであった。Ｆソーシャルワーカーが得た情報をまとめたものを表に示す。

　一方、Ｇ保健師はＤさんから以下のことを聞き取っていた。

・母親が最近おかしなことばかりする
・食べきれない量の弁当を毎日買ってくる
・洋服を外に持っていって、びしょびしょにして帰ってくる
・つい大きな声を出してしまう
・言っても聞かないので、昨夜後ろから大声を出したら母親がびっ

利用者基本情報

氏名／性別／生年月日	Ｃさん／女性／昭和15年2月19日生まれ、80歳／要介護度不明
相談の主訴	トイレを貸してほしい。
生活歴・家族状況	夫と娘、息子、の4人家族だった。 夫は10年前に他界。娘は結婚して隣県に住む。 現在長男のＤさんと二人暮らし。
健康状態	物忘れがあるように思う。おつりの計算などできない姿をスーパーで見たことがある（民生委員より）。
ADL	円背、前かがみ歩行、食事、入浴、排泄等おおむね自立
IADL	もともと家事は苦手。調理師の夫がすべてやっていた。調理、掃除、洗濯苦手。食事はスーパーでお弁当を買ってくる。最近、買いすぎてＤさんに怒られる。
コミュニケーション／知的機能	健診にて主治医により認知症が指摘されている（日常生活自立度Ⅱ）。双方向のコミュニケーションはとりづらい／制度諸手続きなど苦手。
社会とのかかわり	近所付き合いは苦手。Ｄさんの病気が知られたら、ここに住めなくなると思う。周りとはあまり接触しないようにしてきた。
住環境	県営住宅4階建ての1階。築50年。2LDK。夫が他界してから、室内の片づけ、掃除をしたことがなく、コンビニの弁当の空きパック、ごみ袋が散乱している。台所はＤさんが掃除をしてくれる。
経済状況	Ｃさんの国民年金が約60万円、Ｄさんの障害基礎年金が約78万円。
生活課題	何だかぼんやりしてしまう、Ｄさんから怒鳴られる、日常の暮らしが滞っている、大量に買い物してしまう。
Ｃさんのストレングス	外部に助けを求められる、SOSが出せる、年金がある、長年過ごした地域に居住している。

くりして転んでしまった

・眠れないのでつらい

・時々、お前は存在する意味がないという声が聞こえてきてしまう

　Ｄさんの語りから、Ｄさん自身、統合失調症の治療が行えておらず、さらに心身ともに疲弊していること、そのなかで認知症の母親へのケアを行い、ストレスが増している状況が明らかとなった。

● アセスメント（対応方針の決定）

　Ｆソーシャルワーカー、Ｇ保健師は、訪問で得た情報を整理した。本事例は虐待疑い事例ではあるが、Ｃさん、Ｄさんそれぞれの生活課題に対して必要な手だてを行うことによって、それぞれの暮らし

の立て直しが行え、そのことにより、虐待予防が可能となると判断した。

そこで、速やかに行政の虐待担当窓口の職員も同席し、打ち合わせを行い、関係者でケアカンファレンスを開催することとした。Cさん、Dさん、それぞれへの支援のキーパーソンが必要であることから、Cさんに対しては地域包括支援センターのFソーシャルワーカーが、Dさんに対しては障害福祉課のG保健師がキーパーソンとしてかかわることを確認した。

● ケアカンファレンスと支援計画

ケアカンファレンス

数日後、下記の出席者によってケアカンファレンスが開催された。ケアカンファレンスには、Cさん、Dさんも出席することとなった。ケアカンファレンスは当事者のストレングスをより引き出せるような形で進めることを会議前に確認した。

・出席者

　Cさん（本人）、Dさん（長男）、Fソーシャルワーカー（地域包括支援センター）、G保健師（障害福祉課）、行政担当者、介護支援専門員、民生委員

・目的

　Cさん、Dさん、それぞれの生活の安定のために今できることは何か考える

・ケアカンファレンスにおける発言

F（SW）：まず、ご本人・ご家族のもっている力、強みについて確認します。Cさんは、人に助けが求められますし、息子さんの心配ができ、買い物に出かけられ、洗濯しようという意欲をもっていらっしゃいますね。

G（保健士）：Dさんは大きな声を出してしまう時もあるけど、母親を心配していらっしゃいますし、台所を清潔に保ち、母親に食事をちゃんと食べさせようという気持ちがあります。また、受診ができていないことをよくないことと認識していらっしゃいます。

F（SW）：Cさん、Dさんが困っていること、心配なことは何でしょうか。

Ｃ：特にありませんね。

Ｄ：母は食べきれない量の食材、弁当を買い込んでしまうことがあります。今は、噴水で洗濯しています。この間、ストレスで母に大声を出してしまったら、母がびっくりして転んでしまった。悪かったと思っている。

Ｆ（SW）：お二人とかかわっている支援者とはどういう関係ですか。

Ｃ：話をたくさんしてくれて、Ｆさんはいい人だなと思いました。

Ｄ：保健師が自分のために訪問してくれたのがうれしい。

Ｆ（SW）：Ｃさん、Ｄさんが支援者とうまくいかなかったことは？

Ｃ：初めにＦさんに「宿泊できるところを紹介しますよ」と言われて、どこかに連れていかれてしまうのかと思って怖かったです。

Ｄ：保健師さんが自分のごみの山を見てるので、掃除できていないことを残念に思っているかと思ってつらかったです。

Ｇ（保健士）：つい見てしまって、後から悪かったなと思っていました。

Ｆ（SW）：今のお二人の望みは何ですか？

Ｃ：ゆっくり寝たいですね。

Ｄ：私もゆっくり寝たいです。

Ｆ（SW）：とりあえず、どういう状況になれば安心ですかしら？

Ｃ：ゆっくり眠れる所にいられて、涼しい所で眠りたい。さっぱりした食事が食べたいです。

Ｄ：お母さんの言動にいちいち振り回されない、夜間ゆっくり睡眠がとれるといいです。

Ｆ（SW）：安心できるために、具体的にどんなことができるでしょうか？

介護支援専門員：一週間ほどお泊り施設に行ければ少しは安心できるかと思いますが。

Ｃ：昼間安心して過ごせるところでのんびりしたいです。

Ｄ：ゆっくり寝るためにはどうしたらよいか、信頼できる人に相談したい。医者に相談したいです。

　このように、カンファレンスのなかで、Ｃさん、Ｄさんの言葉を聞くことにより、関係者がＣさん親子の置かれている状況を２人の視点から理解し、今後の見通しを立てることが可能となった。

支援計画の作成

　ケアカンファレンスでの情報をもとに、**表7-6**のような支援計画が立案された。そして、カンファレンスのなかで、この計画について、Cさん、Dさん、関係者より同意がなされた。

表7-6　Cさんの支援計画原案

課題	長期目標	短期目標	サービス内容
安心して過ごせる場所でのんびりしたい	本人の不安を取り除き、安心を確保する	安心して過ごせる場所を探す	ショートステイの利用
Dさんの不安を取り除く	睡眠が確保できる	生活リズムを整える 朝起きて夜眠る	Dさん自身のセルフケア
	信頼できる人に相談できる	信頼できる人を確保する	医療機関への受診

モニタリング

　2週間後、地域包括支援センターのFソーシャルワーカーがCさんをショートステイ先に訪ねた。身なりも整い、周りのスタッフと談笑するCさんの姿から、施設での暮らしが落ち着いていることがうかがえた。また、その後のCさんの言葉からも、施設での暮らしに非常に満足している様子がわかった。そして、その後、Cさんは施設入所へとつながることとなった。

　一方、Dさんに対しては障害福祉課のケースワーカーが中心となり、受診につながり、地域の作業所への通所が始まった。

評価

　その後の関係者による検証会議において、本ケースへの対応がスムーズに運んだことの要因としては、カンファレンスにおいて本人、家族の課題だけではなく、「できているところ」の確認から始められており、そのことによりCさん、Dさんの力を引き出すことができたこと、また事例に対する関係者の認識も「対応困難」な事例ではなく、「ここまで努力している人」「何とか支援したい人」として共有され、そのことが多職種協働を進めるうえでの大きな原動力となったことが挙げられた。

まとめ

　「8050 問題」という言葉は、80 代の親が 50 代の子どもの生活を支える状況を総称している。その背景には、子どものひきこもりの問題があり、社会問題の一つとして認識されている。本事例も、80 代の母親と 50 代の精神疾患を抱える息子の暮らしにかかわるものである。精神疾患を抱える息子を、亡き夫とともに支えてきた母親が認知症を発症し、息子との力関係が逆転するなかで、世帯のなかにさまざまな生活課題が生じた事例であった。

　かかわりの当初、担当したソーシャルワーカーは、認知症の症状をもつ本人からの数少ない情報だけでは事例の全体像を把握することができず、息子による母親への虐待を疑った。しかし、情報収集や家庭訪問を重ね、本人、そして息子の強みに着目し、その語りを聴くなかで、精神疾患を抱えながらも何とか認知症の母親をケアしようと努力してきた息子と、その息子を気遣いつつも、認知症ゆえに生活が崩れ始めて不安のさなかにいる母親の葛藤による、一つの物語であることに気づかされるのである。

　高齢者虐待対応においては、リスクと強みのそれぞれについての情報収集が不可欠である。バランスのよい情報収集は、担当者の思い込みを最小限にし、事例への再解釈を可能とする。そのことが事例の当事者への理解を深める一歩となり、支援の選択肢の幅を広げることを、この事例から学ぶことができる。

事例4　近隣とのトラブルがある独居高齢者の在宅生活を支えた事例

事例の概要

　市の福祉課よりH地域包括支援センターへ、担当地区で一人暮らしをしているIさん（75歳、男性）について、支援の要請が入った。

　これまでの経過として、Iさんは3か月前に、酒気帯び運転で警察に逮捕されたことがきっかけで、地域のなかでさまざまな困難を抱えながら生活をしていることが顕在化した。長年別居中である妻が福祉課を訪れ、Iさんのことで「警察から連絡を受け、現在の一人暮らしを続けさせることは心配なため、何とか精神科の病院に入院、または施設に入所させてほしい」と懇願した。そこで、担当課の精神保健福祉士と保健師による自宅訪問が開始となった。家族や近隣からの情報収集によって、Iさんは以前より飲酒が原因で家庭内での暴力があり、62歳で長年勤めた運送会社を退職。その後まもなく、妻が市外に住む長男宅へ移り、Iさんは以後一人暮らしとなっていた。特に5年ほど前より、近隣住民に暴言を吐くことや、近所のスーパーで店員に暴力を振るい、入店拒否されるなどのトラブルが発生していたことがわかった。

　以降、市の担当課の精神保健福祉士を中心として、Iさん宅への頻繁な自宅訪問を繰り返し、Iさんの状況確認と医療へつなげることが試みられていたが、Iさんの強い拒否が続いていたため、多機関連携による支援体制構築の必要性から地域包括支援センターへ協力が要請された。

支援経過

●初回面接～アセスメント

　H地域包括支援センターの社会福祉士は市の担当精神保健福祉士とともに、Iさん宅の訪問を実施するも、Iさんより「関係ねえから、来るな」と強い拒否がみられ、以後、両機関共同と個別の自宅訪問を頻繁に繰り返すとともに、民生委員、近隣住民、Iさんの妻からの情報収集を行った。幸い、Iさんの気持ちが安定しているときは自宅へ上がることを許してくれることもあり、その際にIさんの生活の様子や自宅生活への思いを少しずつ把握することができ

た。

　そこで、Ｉさんの現在の状況について、以下の点が明らかになった。健康状態については、糖尿病、高血圧、腰痛があるが、３年前から一切通院していない。理由は、病院で処方された薬が合わなかったことがあり、医療への不信感をもっているためであった。また、アルコール依存症の疑いがあり、現在はカップの焼酎を毎日３本程度飲酒している。ADL については、たまに尿失禁があるが、自分で始末が可能で、そのほかは全般的に自立している。IADL についても、掃除洗濯はある程度できており、買い物も毎日２回、徒歩 10 分の距離にあるコンビニエンスストアに行っている。また、庭の手入れをまめにしており、園芸を趣味にしていた。調理については、Ｉさん本人が火の不始末を心配して、ガスを止めているが、食材を切ったり、混ぜたりといった簡単なことは可能である。金銭管理も毎月数回銀行で出金している。しかし、公共料金の支払いが滞納することがあり、電話はすでに止められており、電気も止められることがたびたびあるということがわかった。コミュニケーション能力については、気分が落ち着いているときは、受け答えが可能で、冗談を言うこともあった。ただし、相手の名前を忘れてしまうことや、通帳の残高を一桁少なく認識し、常にお金がないと心配していることから、認知機能の低下が推測できた。社会とのかかわりについては、隣県に住む姉夫婦が、月に１、２回訪問し、Ｉさんの世話を行っていた。また、別居の妻が１年ほど前から、月に１回程度、Ｉさん宅を訪問し、税金や公共料金の支払い手続き等をしていた。なお、姉と妻の関係は悪く、長年にわたり交流がなく、両者を併せて協力を要請することは困難ということがわかった。近隣との関係では、Ｉさんがごみの分別ができないことから住民が困っており、Ｉさんに注意をすると暴言を吐かれるということがあった。住環境は、２階建ての持ち家に住んでいるが、Ｉさんが酔っぱらって窓ガラスを割ってしまうことがあり、修理しても無駄ということで姉が新聞紙で補修しているとのことだった。自宅周辺の環境は、商店が徒歩圏内にあり、生活の便は比較的よい立地である。しかし、周辺一帯は９年前に起きた大震災で津波の被害を受けている。Ｉさん宅はぎりぎりのところで被害を免れていた。そのほか、経済状況については、年金が月当たり約 15 万円と預金の貯えがあり、生活

利用者基本情報

利用者氏名	I	性別	男性	年齢	75歳	要介護度	未認定
相談内容	妻によれば、飲酒による近隣等のトラブルがあるため、今後の一人暮らしに心配があり、病院に入院または施設に入所させたい。						
生活歴・家族状況	【生活歴】 高校卒業後、いくつかの職を経験したのちに30代で運送会社に就職し、62歳で腰痛のため退職する。32歳の時に結婚し、子どもは２人の息子がいる。仕事は真面目に勤めていたが、飲酒が原因で家庭内で暴力を振るうことがあり、２人の息子は成人後、家を離れた。退職後は、飲酒の量が増えたため、妻が同居に耐えかねて長男宅へ移り、以後10年以上、独居生活となっている。長男は県内、次男は県外に居住し、疎遠になっている。また、隣接県に80歳の姉（とその夫）が健在であり、月に１、２度程度、Iさん宅を訪問している。	家族状況： 80　75　72 48　42　44 15						
健康状態	糖尿病の治療を３年前に中断。高血圧。腰痛。アルコール依存症の疑い。認知症の疑い。						
ADL	尿失禁はあるが、Iさんが自分で始末している。 そのほかは全般的に自立。						
IADL	【掃除・洗濯】ある程度できている。ごみの分別ができない。 【買い物】徒歩10分のコンビニまで毎日２回、食料と酒を買いに行っている。 【調理】コンロはIさん本人が不安なため使っていないが、食材を切ったり混ぜたりといったことは可能。 【金銭管理】銀行で毎月数回出金している。公共料金等の支払いを滞納。 【服薬】なし。						
コミュニケーション・知的能力	受け答えはできるが、気分のむらが激しい。相手の名前を忘れてしまう。預金の残高を一桁少なく認識しており、常にお金がないと心配している。						
社会とのかかわり	姉夫婦が定期的に訪問しており、信頼関係がある。 別居の妻が、警察からの連絡をきっかけに、月１回程度、訪問している。 近隣とは、暴言やごみの分別ができていないことなどでトラブルあり。民生委員が日常的にIさんに声かけをしている。						
住環境	２階建ての持ち家。ほとんど１階の居間で過ごしている。酔っぱらって窓ガラスを割ってしまうことがあり、新聞紙等で補修してある。 自宅前にスーパーがあるが、以前トラブルがあり、入店禁止となっている。 以前の大震災時、家のすぐ目の前まで津波の被害が出ている。						
経済状況	年金収入、月額約15万円で、生活費は賄えている。そのほか、預金が約1000万円ある。						
生活課題	Iさんの在宅生活を継続するためには以下の課題の解決が必要である。 ❶適切な医療へつなげること。 ❷見守り体制を構築すること。 ❸近隣とのトラブルを解消すること。 ❹公共料金の滞納をなくすこと。						

上特に困る状況ではなかった。

支援計画の作成

支援要請より約1か月の後、これまで収集した情報をもとに、市担当課の精神保健福祉士、保健師、地域包括支援センターの社会福祉士、民生委員によりケースカンファレンスが行われ、当面の支援内容について検討が行われた。そこで、当面の目標として、以下のように決定した。

❶ 適切な医療につなげる

Iさんはアルコール依存症と認知症の疑いがあり、また、持病の糖尿病の治療を3年以上中断し、ほかにも健康状態が悪化していることがうかがわれるため、できるだけ早く医療機関を受診し、現在の健康状態の確認と必要な治療を受ける必要があった。ただし、強い拒否があり、飲酒による精神状態の不安定なことを考慮すると、特別な介入が必要であった。そのため、県の事業である精神障害者アウトリーチ推進事業（以下、アウトリーチ事業）による支援を導入することにした。

この制度を活用し、市内精神科病院の医師、看護師等の医療スタッフ、担当課の精神保健福祉士、地域包括支援センターの社会福祉士による多職種連携チームが結成され、週1回の定期訪問が開始された。訪問の際には、血圧と体重測定を行い、健康状態の把握をすることになった。また、Iさんとの関係性を構築し、病院受診につなげることを目指した。

❷ 見守り体制をつくる

Iさんの生活上および健康上の変化に対応できるようフォーマルとインフォーマルな資源を活用した見守り体制が必要と考えられた。特に、健康上の問題については、適切な医療につながっていない状態であるため、急な病状変化による孤独死のリスクも懸念された。そこで、アウトリーチ事業による定期訪問のほか、地域包括支援センターの社会福祉士が担当地域の巡回と合わせてIさん宅を頻繁に訪れ、声かけをするようにした。また、民生委員がIさん宅の近くに住んでいることから、Iさんが買い物で外出の際など、日常的に声かけをすることが可能であり、引き続き緩やかな見守りを依頼した。さらに、隣家の住人は常日頃、Iさんの暴言や、ごみ出しのルールを守らない様子に不安を感じていた

が、社会福祉士が状況の説明と協力のお願いをしたところ、Ⅰさんの変化がみられたときは、地域包括支援センターに連絡するという協力を受け入れてくれた。また、家族については、姉夫婦が月に１、２回のⅠさん宅への訪問を継続することを確認し、何か状況の変化があったときは、地域包括支援センターに連絡してもらうこととなった。

そのほか、緊急時通報システムの設置が必要と思われたが、本人が設置を望まないことと、設置に必要な電話回線が止められていることがあり、これについては今後の課題として残された。

❸　近隣とのトラブルを解消する

問題として、暴言とごみ出しが適切に行えないことがあった。他者に対する暴言については、日常的な見守りのなかで、Ⅰさんの変化に早期に気づき、対応することに努めた。また、ごみの問題については、他者が注意をすると、それがもとで暴言や暴力につながるおそれがあるため、近隣住民に理解を求めることと、衛生局の担当者に事情を説明して、協力を求めることになった。

❹　公共料金等の滞納をなくす

これまで、住民税、社会保険税、水道、電気等の支払いが滞納になることが頻繁にあり、別居の妻が必要時に対応していたが、今後を考えて、妻との相談のうえ、各種納付手続きは口座引き落としにすることになった。その際の手続きは、妻が行うことになった。

● 支援の実施

計画に基づく支援が継続的に実施された。アウトリーチ事業による週１回の定期訪問では、Ⅰさんの拒否が強くあることが多かったが、３回に１回程度は気分が安定していることがあり、そのときは面談や健康状態の確認を行うことができた。同行した医師から、Ⅰさんの状態についてアルコール依存と双極性障害の併存が指摘され、早期に精神科の通院につなげることが必要と判断された。

その後の経過観察（モニタリング）

支援開始３か月後に、大型台風が上陸し、Ⅰさん宅の近くまで床下浸水の被害が発生した。その際は、前日に社会福祉士がⅠさん宅を訪問し、Ⅰさんに早めに食料品の購入を済ませて、翌日は家で待

機するよう声かけをしていた。また、隣家住民と民生委員に見守りを再度依頼していた。幸い、避難の必要なく終わったが、災害時の支援体制の整備が今後の課題となった。

支援開始後半年が経過した頃、Ｉさんの了解が得られたタイミングで、姉と社会福祉士の付き添いによって精神科への通院につなげることができた。心配していた持病の問題について、糖尿病については血糖値がおおむね安定しており、高血圧に対して降圧剤が処方された。また、認知症の疑いもあるため長谷川式認知症スケールによるテストが実施され、結果は 30 点満点のうち 9 点であり、認知機能の低下が確認された。精神症状に対しては、引き続き定期通院で様子をみていくことになった。

Ｉさんの生活面については、これまで行うことができていた自宅内の掃除や洗濯が困難になり、姉夫婦の定期訪問だけでは追いつかなくなってきた。また、新たな問題として、自宅前の側溝にＩさんが排泄をする行為がみられるようになり、心配した隣家の住民から地域包括支援センターに知らせがあった。

今後については、Ｉさんの意向を尊重し、可能な範囲で在宅生活の継続を支援する方向である。

まとめ

本事例は、近隣とのトラブルを抱える独居の男性高齢者の在宅生活を多機関・多職種、別居の家族、近隣住民の協力による見守りネットワークの構築と、専門医療へのつながりにより支えることができた。しかし、本人の認知機能の低下とともに、日常生活上の支障が顕著となってきて

図7-7　介入前後の社会資源の変化

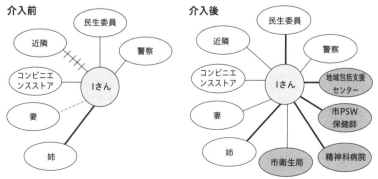

いるため、今後の支援内容の再検討が必要な段階にある。

これまでの支援の経過を踏まえて、今後Iさんの在宅生活を支えていくために、フォーマルとインフォーマル両面の支援体制を充実させる必要がある。また、近隣住民や警察、商店街等も含めた地域での支え合いの体制づくり、さらに災害時の安全確保の問題など、幅広い支援の検討が必要となっている。地域包括支援センターの社会福祉士はIさんの今後の支援体制を構築するために、支援関係者を集めた地域ケア会議を開催する予定である。

事例5　地域包括ケアシステムにおける居宅・認知症高齢者

事例の概要

Jさん（83歳、女性）は、定年退職後、町内会の活動などに積極的に参加をしていた。しかし、ある時から物忘れが生じるようになり、町内会の会合への出席を忘れてしまったり、会計の仕事をミスする等の状況が続いた。Jさんの認知症診療・ケアについて、地域包括支援センターからの相談を受け、「認知症疾患医療センター」K病院の医療ソーシャルワーカー（以下、MSW）による支援が開始された。

物忘れ外来の受診を経て、軽度アルツハイマー型認知症と診断されたJさんは、さまざまな不安を抱えながらも「できる限り長く、一人での生活を続けたい」という希望を示した。家族・近隣・介護機関・医療機関等が協働する、地域包括ケアシステムにおいて展開される、Jさんへの支援内容を下記に示す。

支援経過

●受診前面談

MSWは、Jさんの生活状況および物忘れに関する生活上の課題等を確認するため、Jさんとの受診前面談を行った。Jさんは地域包括支援センターのL社会福祉士とともに、医療福祉相談室へ来所し、自らの生活状況を話した。その際に得られた利用者基本情報を表として示す。

Jさんは2年ほど前から、直前にやろうとしていたことを、何か

の作業をした途端に忘れてしまったり、やかんを火にかけたのを忘れて、焦がしてしまうといった経験をしていたことを話した。また、買い物での支払い場面や町内会の活動費の徴収の場面においてお金の計算ができないといった経験もしており、過去の自分に比べてさまざまな面でうまくできなくなってしまっている状況があることを嘆いた。

　続けて、MSW は、物忘れに関連し、自信を失っている J さんの様子に配慮をしながら、周りの方々のかかわり・支援について話を伺った。J さんは、長く付き合いのある近所の M さんを特に頼りにしていること、一方で物忘れの心配・悩みは誰にも相談できなかったことを語った。さらに、J さんは仕事で忙しくしている息子へ心配や負担をかけたくないといった旨の話を繰り返され、今後の生活について、「今までどおり、できる限り長く、一人での生活を続けたい」という希望を話した。

　地域包括支援センターの L 社会福祉士は、町内会の N さんも、J さんの様子を心配していることを教えてくれた。J さんは、涙ぐみながら「心配してくれる人がいて、本当にありがたい」と話し、物忘れの検査を受けて、自分の状況を正しく知り、治療等に臨んでいきたいという意向を示した。

　面談後、J さんの許可のもと、MSW から息子へ電話連絡をし、相談内容の共有と息子から見た J さんの様子を聴取した。息子は、J さんとの電話でのやりとりで、同じ話を繰り返すことがあること、それに自分がどのように対応をしたらよいかわからずそのままにしてしまっていたこと等を話した。仕事が忙しい状況があるとしながら、一人息子としてできることがあれば教えてほしいと、J さんへの心配と積極的なかかわりの意向を示した。

● 物忘れ外来の受診

　受診前面談から 10 日後、J さんは息子とともに物忘れ外来受診のため、再び来院した。

　MSW は J さんについて、日常生活場面での問題は大きくないものの、認知機能低下を自覚しながら、従前の自分が失われていくような不安・苦痛を抱えている様子があることを、医師・看護師と診察前に情報共有を行った。

　各種検査の結果、J さんは、アルツハイマー型認知症の軽度の状

利用者基本情報

Jさん　83歳　女性　介護保険：未申請	
相談内容	地域包括支援センターL社会福祉士：町内会の会長より、Jさんが町内会の会合の約束を忘れたり、お金の計算が難しくなっているのか会計の役割ができなくなっているといった相談を受けた。認知症の可能性があり、病院で一度診察をしてほしい。 Jさん：「何となく今までの自分とは違う気がする」。物忘れをしてしまう自分に気づくこともあるので、物忘れの検査を受けてみたい。
生活歴・家族状況	【生活歴】26歳で結婚。その後、一人息子が生まれるも、自身が35歳の時に夫が他界。一人親の状況になりながら、公務員の仕事をして息子を大学卒業まで育てた。息子が就職して以来、独居生活となり、現在に至る。定年退職後は、地域の活動に積極的に参加し、町内会で会計の役割を担っていた。 【家族状況】一人息子（55歳）がいるが、現在はJさん宅から離れた遠方で妻・子2人と生活している。盆と正月にはJさん宅を訪問するほか、月に2度ほどはJさんの様子をうかがうため、電話連絡をしている。
健康状態	これまで、年に1回の健康診断を継続して受診していたが、病気の診断等はなく、比較的健康に過ごしていた。かかりつけ医なし。
ADL・IADL	ADL：円背であり、外出時はT字杖を利用しているが、屋内移動は自立。そのほか、更衣、食事、トイレ、整容、入浴についても、特に介助を要することなく自立している。 IADL： 【買い物】週2日のペースで、近所のスーパーへ行き、買い物をしている。しかし、レジでの支払い・計算がうまくできずに焦ってしまうことがある。 【掃除】もともと、几帳面な性格であり、毎朝ひととおり掃除機をかけ、自宅内は整頓されている。 【金銭管理】手元のお金が少なくなると銀行へ行って、窓口対応でお金を下ろしている。買い物時、計算ができず、そのたびにお札での支払いをすることから、財布に小銭がたまってしまう傾向がある。 【調理】炊飯、みそ汁を作る、魚を焼くといった調理を続けている。もともと、料理が得意であったが、一度やかんを火にかけっぱなしにしてしまった経験から、現在は注意を払いながら簡単な調理のみにとどめている。 【外出】買い物での外出のほか、町内会の活動以外に外出をする機会は限られている。昔は、趣味でフラワーアレンジメントの教室にも通っていたが、通うのがおっくうになり、1年前にやめてしまった。
コミュニケーション・認知機能	言語を介した日常的なコミュニケーションは可能である。 2年ほど前から、町内会の会合の日程を忘れる等の物忘れのほか、買い物時の支払い・計算が難しくなっている。
社会とのかかわり	自宅近所に住むMさん（女性）との長い付き合いがある。 以前は、町内会の活動に積極的に参加し、会計の役割を担っていたが、最近になり、物忘れがきっかけとなり、足が遠のいている。
住環境	民間のアパート2階に在住。間取りは1K。布団で寝起きをしている。 約20年、同アパートに住んでおり、Jさんにとっては住み慣れた環境となっている。トイレは洋式で不便はないが、浴室の段差、外階段の昇り降りが最近になって不便になってきている。
経済状況	年金受給（19万円/月）をしており、家賃（7万円/月）を支払っても、経済的には余裕あり。貯蓄もあり。
生活課題	物忘れにより、やかんを焦がした経験があり、現在、自分でも不安を感じながら、調理を継続している状況がある。また、計算能力が低下しているなかで、金銭管理が、Jさんにとって負担となっている。

態であることがわかった。また、認知症に伴う行動・心理症状
（BPSD）として、抑うつの傾向があることを医師より指摘された。
Ｊさん・息子への病状説明の場面では、まだ病気の初期の段階であ
り、日々の生活の仕方の工夫やサポート体制を整えれば、一人での
生活を継続していくことは可能であろうと伝えられた。

　認知症の診断について、Ｊさんの驚きはあったが、それ以上に、
過去にできていたことが難しくなったことの原因が認知症であった
ことを「きちんとわかってよかった」という気持ちを表出した。息
子も一人での生活をできる限り長く続けられるように支援していき
たいとの思いを語った。MSW は病状説明の場に立ち会い、Ｊさん
と息子に対し、サポート体制の構築等について続けて支援をしてい
くことを伝えた。

● 課題の整理・支援方針

　MSW は、認知症外来受診後時点でのＪさんの生活上の課題およ
び支援の方針を下記のとおりに整理した。

❶　Ｊさんの認知症およびそれに伴う不安等に関する家族・近隣お
よび関係者の理解促進

❷　不安を伴いながら行っている家事全般のフォロー体制の整備

❸　服薬管理の支援体制の構築

❹　金銭管理に関する支援体制の構築

❺　Ｊさんの認知症に伴う不安等を踏まえつつの外出・社会参加の
機会の創出

● 支援の実施・展開

　支援方針を踏まえて、MSW は各課題に対する下記の対応を行っ
た。

❶　Ｊさんの認知症およびそれに伴う不安等に関する家族・近隣お
よび関係者の理解促進

　MSW は、Ｊさんの了解のもと、Ｊさん、息子、地域包括支援
センターＬ社会福祉士、近隣の知人Ｍさん、町内会のＮさん、病
院スタッフ（医師、MSW）の出席によるカンファレンスを実施
した。Ｊさんの認知症の状態は比較的軽度で、疾患に由来する記
憶、計算、日付の理解以外の機能は、おおむね保持されている状
態であること、これらの「難しくなっていること」を支援し、Ｊ
さんが「まだできること」を継続することが重要となることを共

有した。

　一般的に、認知症になると、たちまちすべての事柄ができなくなってしまうという誤解があるなかで、関係者がJさんの状態を理解し、適切にかかわることが大事であることの理解を促した。町内会のNさんは、なぜ会計の仕事ができなくなったのかを理解し、一方で町内会の「イベント」などへの参加はJさんができることとして、積極的に参加してほしいと話した。

❷　不安を伴いながら行っている家事全般のフォロー体制の整備

　やかんを焦がしてしまうといった経験から、調理についてはJさんがひどく不安を抱えている様子があった。自宅内の日々の生活の様子については、細かに理解をしている人がいないことから、❸の課題への対応を含めて介護保険で訪問介護の利用の検討をすることとなり、介護保険の申請を行った。

　その後、要支援2の認定を受け、介護予防・生活支援サービス事業の訪問型サービスを週1回利用することになった。ホームヘルパーの見守りの下、調理をするなかで、同時に二つの作業をしないといったことに注意しながら、おおよそ問題なく一人での調理ができることが確認された。また、息子より、現在使っているガスコンロと同型の「消し忘れ機能」のついたガスコンロが設置され、以前よりも安心感をもって、Jさんは調理に取り組むようになった。

❸　服薬管理の支援体制の構築

　認知症の進行予防を目的に、1日1回の抗認知症薬の処方がなされることになった。これまで継続的な内服の経験がなかったJさんにとって、毎日の内服の飲み忘れが懸念された。これに対し、服薬カレンダーを利用し、それを玄関の目につくところに設置することで飲み忘れの防止への対応を行った。カンファレンス時に、Mさんより、おおよそ週1回の訪問時に服薬状況を確認してくれる旨の提案があり、内服の飲み忘れの確認を支援してくれることになった。その後、要支援2の認定を受けたことから、ケアマネジャーの調整により、ホームヘルパーによる服薬の見守り体制も加わることとなった。

❹　金銭管理に関する支援体制の構築

　認知症により計算能力が低下したJさんにとって、銀行に行っ

てお金を下ろす、またそれを自分で管理するということが大きな
負担となっている状況があった。遠方に住む息子がＪさん宅を訪
問して金銭管理の支援をすることが困難な状況から、Ｊさんとの
協議の結果、社会福祉協議会が行う日常生活自立支援事業を利用
することになった。当該サービスの利用後、金銭管理に伴うＪさ
んの不安は軽減された。しかし、通帳の管理や金融機関への同行
の支援を主とする同事業に対して、日々の買い物の支払い場面や
それに関するＪさんの不安にいかに対応していくかが課題として
残った。小銭の計算を伴わない電子マネーの利用などを引き続き
検討していくこととなった。

❺　Ｊさんの認知症に伴う不安等を踏まえつつの外出・社会参加の
機会の創出

　Ｊさんの様子からは、もともと気丈であった性格に対し、でき
なくなってしまったことに自信を失い、その結果、外出や社会参
加を控えるようになるといった悪循環のなかにいる様子がうかが
えた。そのため、まずは❶〜❹の介入をしながら、Ｊさんの自信
の回復を期待し、Ｊさんの負担にならない範囲で、外出の機会を
増やしていく方針をカンファレンスにて共有した。

　先述のように、町内会のＮさんは町内会のイベントに将来的に
出席するようにＪさんを誘った。また、地域包括支援センターの
Ｌ社会福祉士からは、センターで開催される認知症カフェも参加
の一つの選択肢になるという説明があった。

●モニタリング

カンファレンスからおよそ５週後、物忘れ外来の再診時にMSW
はＪさんと息子と面談を実施した。受診前の状態から、介入後に変
化のみられたＪさんの支援体制の広がりをエコマップにて示す（図
7-8）。

　Ｊさんは、周囲の協力もあってほとんど服薬を忘れることなく、
飲み続けることができたとMSWに報告をしてくれた。その結果、
医師の診察では抑うつの症状については、一定の改善がみられた。
また、注意をしていれば、日々の調理、掃除、洗濯と特に問題なく
できる自分を実感することができたとのことを報告してくれた。翌
週からは、町内会の「茶話会」のイベントに顔を出してみようと計
画しているとの話が聞かれた。息子からは、この間の様子であれば、

しばらくは一人での生活もできそうと捉えており、安堵しているとの話が伺えた。

図7-8　支援経過におけるJさんの環境の変化

MSW介入前のエコマップ　　　　　　　MSW介入後（約50日経過）のエコマップ

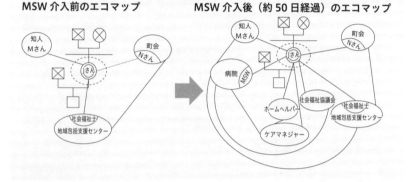

まとめ

　認知症の原因疾患として、最も多いとされるアルツハイマー型認知症は、その治療法が確立されておらず、治すことのできない病気の一つとなっている。しかし、本事例のように医療機関のかかわりによって、認知症の症状を正しく見立てることが、Jさんの「難しくなっていること」「まだできること」を整理することにつながり、それがJさんの地域生活を支えるケアプランの基盤となる。認知症の人の支援における医療機関の役割、またはそこでのコーディネートを担うMSWの実践の意義は大きいことがわかる。また、家族、近隣の人々によるかかわりも、認知症の人の生活状況の改善に多大な貢献ができる可能性があることも、本事例からは確認することができる。

　我が国では高齢者人口の15％以上が何らかの認知症を発症することが推計されており、認知症は誰でもかかる可能性のある身近な病気となっている。Jさんのように、多くの高齢者が住み慣れた地域での生活を希望するなかで、仮に認知症を発症しても、安心して暮らし続けられる支援の体制（地域包括ケアシステム）の構築が、各地域で進められている。その際、本事例のように、医療機関、介護機関、家族、近隣、ボランティアといった、さまざまな人々の協働のもと、認知症の人の生活を多面的に支えるといった視点、およびMSWまたは社会福祉士の役割が重要となる。

◇引用文献

1）内閣府「平成24年度 高齢者の健康に関する意識調査結果」

2）加藤真紀「高齢者の終末期にかかる家族の意思決定に関する文献レビュー」『日本看護研究学会雑誌』第 4 巻第40号，pp. 685-694, 2017.

3）居川幸正・松原泉「胃瘻造設時年齢が生命予後に与える影響——長期入院例での検討」『日本老年医学会雑誌』第50巻第 4 号，pp. 536-541, 2013.

4）宮岸隆司・東琢哉・赤石康弘・荒井政義・峯廻攻守「高齢者終末期における人工栄養に関する調査」『日本老年医学会雑誌』第44巻第 2 号，pp. 219-223, 2007.

5）中西真一・粕谷孝光・小野剛「アンケート結果からみる，家族と医療者間（一般病棟・療養病棟・老健保健施設・特別養護老人ホーム）の胃瘻造設に対する認識の相違」『日本静脈経腸栄養学会雑誌』第31巻第 2 号，pp. 742-747, 2016.

◇参考文献

・厚生労働省「人生の最終段階における医療・ケアの決定プロセスに関するガイドライン 解説編」2018.

索引

A〜Z

ADL 66, 78
BPSD 11, 201, 239
IADL 66, 78, 211
ICT リテラシー 118
MCI 11
QOL 66
SDGs 166
ST 217
wisdom 48

あ〜お

アウトリーチ 190
アクティブ・エイジング 50
アセスメント 190, 225, 230
アフターケア 194
アミロイドたんぱく 11
家制度 3, 46
医学モデル 141
育児休業、介護休業等育児又は家族介護を行う労働者の福祉に関する法律（育児・介護休業法） 157
…の内容 158
育児休業取得率 162
育児休業等に関する法律 157
育児休業の内容 158
育児と介護のダブルケアの実態に関する調査 41
医師 181
意思決定支援 202
医師法第 17 条、歯科医師法第 17 条及び保健師助産師看護師法第 31 条の解釈について 181
一次記憶 10
一次判定 79
一身専属権 221
一体型 104
一般会計 163
一般介護予防事業 88
一般型 99
移動等円滑化基準 141
移動等円滑化促進方針 142, 143
意味記憶 10
イメージ 192
医療介護総合確保推進法 60
医療行為 181
医療費適正化 129

医療費適正化計画 128
医療療養病床 110
インフォーマルな援助者 187
うつ病 12
うつ病性仮性認知症 13
姥捨て山伝説 46
上乗せサービス 82
エイジズム 47
エイジレス社会 116, 170
栄養士 184
エコマップ 242
エピソード記憶 10
エリクソン, E. H. 13
エンディング・ノート 14
エンドオブライフ・ケア 203
エンパワメント 67
応能負担 57
小野慈善院 51
オリンピック・パラリンピック東京大会 139
オレンジプラン 59
音楽療法 105

か〜こ

介護医療院 60, 110, 174
介護休暇 160
介護休業 40
…の内容 160
介護給付 81
…と予防給付の対応 102
介護給付等費用適正化事業 91
介護給付費 175
…の請求・支払 175
介護サービス計画 180
介護サービス相談員 186
介護サービス相談員派遣等事業 186
介護支援専門員 71, 107, 108, 180, 193
介護支援専門員実務研修 180
介護者 37
介護職員 181
介護職員実務者研修 181
介護職員初任者研修 181
介護・世話の放棄・放任 134
介護認定審査会 71, 79, 172
…の意見 80
介護の社会化 43, 70
介護福祉士 179
介護扶助 75

介護放棄 43
介護報酬 83
介護保険 57, 70
…の財源 71
介護保険運営協議会 86
介護保険サービス 96
介護保険事業計画 72, 86, 172
介護保険事業支援計画 86, 172
介護保険施設 174
介護保険審査会 81, 172
介護保険被保険者証 74
介護保険負担割合証 85
介護保険法 65
介護予防 29, 58, 87
…におけるケアマネジメント 194
介護予防ケアマネジメント 92
介護予防サービス 101
介護予防サービス計画 102
介護予防支援事業 92
介護予防・生活支援サービス事業 87
介護予防通所介護 101
介護予防・日常生活支援総合事業 85, 87, 195
介護予防・日常生活支援総合事業ガイドライン 87
介護予防訪問介護 101
介護離職 39, 195
介護離職ゼロ 117, 196
介護療養型医療施設 110, 174
介護療養病床 110
介護老人福祉施設 60, 107, 174
介護老人保健施設 109, 174, 217
外出手段 32
回想 192
回想法 105
外部サービス利用型 99
外部評価 105
喀痰吸引 181
加算 83
加算型 109
家事援助 96
家族 34, 187, 195
…の介護負担軽減 210
家族介護支援事業 91
家族介護者 36
課題の整理 239
語り 192
活動理論 49
家庭奉仕員 121

仮面うつ病 …… 13	経過観察 …… 234	…の社会参加の状況 …… 30
加齢 …… 5	経管栄養 …… 181	…の就業状況 …… 27
…に伴う疾患 …… 7	経済状況 …… 24	…の身体的特徴 …… 6
加齢現象 …… 6	経済的虐待 …… 43, 134	…の住まいの状況 …… 31
感覚記憶 …… 9	継続雇用制度 …… 154	…の定義 …… 2
看護休暇 …… 159	継続性理論 …… 49	高齢者医療確保法 …… 128
看護師 …… 182	軽度認知障害 …… 11	高齢者円滑入居賃貸住宅 …… 146
看護小規模多機能型居宅介護 …… 103	軽費老人ホーム …… 55, 99, 106, 124	高齢社会 …… 16
監査 …… 172	敬老 …… 64	高齢社会対策会議 …… 115
患者調査 …… 27	結晶性知能 …… 9, 48	高齢社会対策基本法 …… 57, 64, 113
管理栄養士 …… 184	幻覚 …… 10	…の基本理念 …… 113
緩和ケア …… 29, 203	健康寿命 …… 27, 167	…の施策 …… 114
危機介入 …… 190	健康状況 …… 27	高齢社会対策大綱 …… 22, 116, 170
企業版ふるさと納税 …… 166	健康診査 …… 121, 165	…の数値目標 …… 117
器質性精神障害 …… 10	健康増進事業 …… 130	高齢社会白書 …… 115
基準該当サービス …… 82	言語聴覚士 …… 183, 217	高齢者虐待 …… 40, 133, 223, 229
機能訓練指導員 …… 108	減算 …… 83	…の種類 …… 134
機能性精神障害 …… 10	見当識 …… 10	高齢者虐待の防止、高齢者の養護者に対する支援等に対する法律 …… 59, 133
基本構想 …… 142	見当識障害 …… 191	
基本的人権の尊重 …… 65	権利擁護業務 …… 92	「高齢者虐待の防止、高齢者の養護者に対する支援等に関する法律」に基づく対応状況等に関する調査 …… 135
救護法 …… 53, 120	公営住宅法 …… 146	
救貧法 …… 51	高円賃 …… 146	高齢者虐待防止法 …… 59, 133
共生型サービス …… 60	後期高齢者 …… 2, 128	高齢者居住安定確保計画 …… 149
行政不服審査法 …… 81	後期高齢者医療制度 …… 59, 131	高齢者、障害者等の移動等の円滑化の促進に関する法律 …… 138
業務独占 …… 179	公共交通事業者 …… 142	
居住費 …… 85	公共職業安定所 …… 177	高齢者、身体障害者等が円滑に利用できる特定建築物の促進に関する法律 …… 138
居宅介護支援 …… 66, 107, 173	合計特殊出生率 …… 19, 157	
居宅介護住宅改修費 …… 106	更新申請 …… 78	
居宅サービス …… 96, 173	厚生事業 …… 53	高齢者、身体障害者等の公共交通機関を利用した移動の円滑化の促進に関する法律 …… 138
居宅サービス計画 …… 96, 107, 173, 213	厚生労働省の役割 …… 171	
居宅要支援被保険者 …… 85	高専賃 …… 147	
居宅療養管理指導 …… 98	交通バリアフリー法 …… 138	高齢者住まい法 …… 145
起立性低血圧 …… 7	行動・心理症状 …… 11, 201, 239	…の制度化の流れ …… 146
緊急時通報システム …… 234	高年齢期の経済状況 …… 152	高齢者生活支援施設 …… 147
近隣とのトラブル …… 230	高年齢期の就業意欲 …… 151	高齢者専用賃貸住宅 …… 147
クオリティ・オブ・ライフ …… 66	高年齢期の就労 …… 152	高齢者の医療の確保に関する法律 …… 59, 128
苦情処理 …… 175	高年齢者雇用安定法 …… 151	
国の役割 …… 170	高年齢者就業確保措置 …… 154	高齢者の居住の安定確保に関する法律 …… 145
区分変更申請 …… 78	高年齢者等 …… 151	
クラウド・ファンディング …… 166	高年齢者等の雇用の安定等に関する法律 …… 151	高齢者の経済生活に関する調査 …… 27
グリーフケア …… 205		高齢者の住宅と生活環境に関する調査 …… 32
グリーンスローモビリティ …… 165	高優賃 …… 146	
グループ …… 198	高齢化 …… 16	高齢者のための国連原則 …… 62
グループホーム …… 105	…の課題 …… 21	高齢者福祉の流れ …… 61
ケアカンファレンス …… 226	高齢化社会 …… 16, 121	高齢者保健福祉推進十か年戦略 …… 56, 121
ケアハウス …… 106	高齢化率 …… 2, 16, 121	高齢者向け生活支援サービス付き住宅 …… 146
ケアプラン …… 96, 180, 193	高齢化率（都道府県別） …… 20	
ケアマネジメント …… 66, 107, 193	高齢者 …… 2	高齢者向け優良賃貸住宅制度 …… 146
ケアマネジャー …… 107, 180	…の外出手段の状況 …… 32	誤嚥性肺炎 …… 217
ケアラーアセスメントツール …… 197	…の経済状況 …… 24	ゴールドプラン …… 56, 121
ケアラー支援条例 …… 43	…の健康状況 …… 27	

ゴールドプラン 21 ……………58, 121
国際高齢者年 ……………………50
国勢調査 ……………………………187
国保連 ………………………………83
国民皆保険・皆年金 ………………55
国民健康保険団体連合会 …………83
　…の役割 ………………………174
国民健康保険法 ……………………55
国民生活基礎調査 …21, 24, 36, 39, 187
国民年金法 …………………………55
国連原則 ……………………………62
心のバリアフリー …………………139
互助 …………………………………187
個人の尊厳の保持 …………………65
コックス, E. O. ……………………67
骨粗鬆症 ……………………………7
孤独死 ………………………………4
個別ケース検討会議 ………………213
個別支援 ……………………………192
コミュニケーション ………………190
コミュニティ・ソーシャルワーク …199
コミュニティ・ファンド …………166
米騒動 ………………………………52
雇用形態 ……………………………26
孤立死 ………………………………4
コレクティブ・インパクト ………166
今後 5 か年間の高齢者保健福祉施策の
　方向 ……………………58, 121

さ～そ

サービス担当者会議 ………………194
サービス付き高齢者向け住宅…99, 148
サービス提供責任者 ………………96
災害関連死 …………………………33
災害弱者 ……………………………33
財政安定化基金 ………………72, 172
在宅介護支援センター ……………124
在宅強化型 …………………………109
在宅ホスピス ………………………29
作業療法 ……………………………99
作業療法士 …………………………183
サクセスフル・エイジング ………49
サ高住 …………………………99, 148
作動記憶 ……………………………10
サロン活動 …………………………195
産業革命 ……………………………52
三世代世帯 …………………………35
ジェノグラム ………………………218
支援計画………………………228, 233
支援計画策定 ………………………211

支援の実施 ……………………234, 239
支援方針 ……………………………239
支援相談員 …………………………217
ジェンダー …………………………38
歯科医師 ……………………………183
歯科衛生士 …………………………184
時間外労働 …………………………161
支給限度額 …………………………81
自己覚知 ……………………………192
事後評価 ……………………………215
事実確認 ……………………………223
施設サービス ………………………107
施設設置管理者 ……………………141
持続可能な開発目標 ………………166
持続可能な社会保障制度の確立を図る
　ための改革の推進に関する法律…60
市町村介護保険事業計画 …………73
市町村特別給付 ……………………82
市町村の事業 ………………………164
市町村の役割 ………………………172
市町村老人福祉計画 ………………123
指定介護予防サービス事業者 ……173
指定居宅介護支援事業者 …………173
指定サービス ………………………83
指定サービス事業者 ………………173
指定市町村事務受託法人 …………78
指導 …………………………………172
児童福祉法 ……………………54, 120
シニア住宅供給促進事業 …………146
ジニ係数 ……………………………24
司法書士 ……………………………185
死亡場所 ……………………………29
市民後見人 …………………………125
社会環境 ……………………………34
社会参加 ……………………………64
　…の状況 ………………………30
社会的孤立 ………………………4, 35
社会的弱者 …………………………47
社会的入院 ……………………55, 129
社会福祉協議会 ……………………199
社会福祉士 ………………92, 93, 179
社会福祉士及び介護福祉士法 ……179
社会福祉事業法 ……………………54
社会福祉施設緊急整備 5 か年計画…121
社会福祉主事 ………………………180
社会保険 ……………………………70
社会保険方式 ………………………76
社会保障制度改革推進法 …………60
社会モデル …………………………141
若年性認知症 ………………………202
終活 ……………………………14, 206

就業構造基本調査 ……………39, 42
就業状況 ……………………………27
終結 …………………………………194
住所地特例 …………………………75
終身建物賃貸借事業 ………………149
住生活基本計画 ……………………150
住生活基本法 ………………………147
住宅改修 ……………………………107
縦断研究 ……………………………48
重点整備地区 …………………140, 142
終末期ケア …………………………203
住民 …………………………………187
就労支援 ……………………………210
儒教思想 ……………………………191
主治医意見書 …………………79, 182
受診前面談 …………………………236
手段的日常生活動作 ………………78
恤救規則 ………………………51, 120
出生数 ………………………………19
主任介護支援専門員 …………92, 93
受療率 ………………………………27
准高齢者 ……………………………2
生涯学習 ……………………………115
生涯現役社会 ………………………151
障害者権利条約 ……………………139
障害者差別解消法 …………………139
障害者の権利に関する条約 ………139
生涯発達 ……………………………13
障害を理由とする差別の解消の推進に
　関する法律 ……………………139
償還払い ………………………76, 101
小規模多機能型居宅介護 …………103
状況把握サービス …………………148
省令 …………………………………171
昭和 …………………………………53
ショートステイ ………………55, 99
初回面接 ………………210, 224, 230
褥瘡 …………………………………5
食費 …………………………………85
所定外労働 …………………………161
所定労働時間 ………………………161
所得 …………………………………24
所得再分配調査 ……………………24
自立支援 ……………………………66
自律支援 ……………………………66
シルバー人材センター …151, 165, 178
心因性精神障害 ……………………10
新オレンジプラン …………………59
心気症状 ……………………………13
新規申請 ……………………………78
新・高齢者保健福祉推進十か年戦略

（新ゴールドプラン）……… 57, 121
審査請求………………………… 81
審査請求前置主義…………… 81
人生の最終段階における医療・ケアの
　決定プロセスに関するガイドライン
　………………………………… 205
人生の最終段階における医療に関する
　意識調査……………………… 29
人生80年……………………… 2
身体因性精神障害…………… 10
身体介護………………………… 96
身体障害者福祉法………… 54, 120
身体的虐待………………… 43, 134
深夜業………………………… 161
心理的虐待………………… 43, 134
随時対応……………………… 104
ストレングス………………… 226
スピリチュアリティ………… 14
スピリチュアル・ペイン…… 203
スマートウェルネス住宅等推進モデル
　事業………………………… 149
住まいの状況………………… 31
生活援助……………………… 96
生活支援コーディネーター… 91, 199
生活習慣病…………………… 129
生活相談員…………………… 108
生活相談サービス…………… 148
生活の質……………………… 66
生活福祉空間づくり大綱…… 146
生活保護受給者……………… 26
生活保護法（旧）…………… 54
生活保護法（新）…………… 120
生産年齢人口………………… 157
精神障害……………………… 10
精神薄弱者福祉法…………… 55
精神保健福祉士……………… 180
生存権………………………… 53
性的虐待……………………… 134
制度・政策…………………… 34
成年後見人…………………… 185
聖ヒルダ養老院……………… 52
政府の役割…………………… 170
生命の質……………………… 66
生理学的老化モデル………… 48
生理的老化…………………… 5
政令…………………………… 171
世界高齢者問題会議………… 62
セルフヘルプグループ……… 198
前期高齢者…………………… 2
全人的……………………… 15
全人的苦痛…………………… 203

全世代型社会保障検討会議… 119
早期発見……………………… 137
総合事業……………………… 87
…のサービス類型…………… 89
総合相談支援業務…………… 92
相互作用……………………… 6
総人口………………………… 19
相当サービス………………… 83
ソーシャルアクション…… 47, 199
ソーシャル・キャピタル…… 166
ソーシャルサポート………… 4
ソーシャルネットワーク…… 3
ソーシャルワーカー………… 190
…と医療……………………… 221
…の役割……………………… 222
措置………………………… 57, 125

た〜と

第1号介護予防支援事業…… 92
第1号被保険者…………… 71, 74
…の保険料…………………… 76
第一次ベビーブーム……… 18, 157
大正…………………………… 52
退職者医療制度……………… 131
第2号被保険者…………… 71, 74
…の保険料…………………… 77
第二次世界大戦後…………… 53
第二次ベビーブーム………… 18
代理受領…………………… 83, 101
多職種・多機関連携………… 200
ダブルケア…………………… 41
単位数………………………… 84
団塊の世代………… 18, 60, 157
単価に乗じる割合…………… 84
短期記憶……………………… 9
短期入所生活介護…………… 99
短期入所生活介護事業……… 55
短期入所療養介護…………… 99
男性介護……………………… 38
単独世帯……………………… 35
地域…………………………… 199
地域共生社会……… 139, 166, 177
地域ケア会議…… 92, 93, 202, 207
…の機能……………………… 208
地域ケア個別会議…………… 207
地域ケア推進会議………… 207, 214
地域支え合い推進員………… 91
地域支援事業… 58, 87, 163, 172, 186
地域社会……………………… 34
地域社会活動………………… 30

地域組織化…………………… 199
地域における医療及び介護の総合的な
　確保を推進するための関係法律の整
　備等に関する法律………… 60
地域包括ケア………………… 176
地域包括ケアシステム
　………… 59, 187, 207, 236, 242
地域包括ケアシステムの強化のための
　介護保険法等の一部を改正する法律
　………………………………… 127
地域包括支援センター
　………… 91, 102, 136, 179, 199
…の役割……………………… 176
地域包括支援センター運営協議会… 94
地域密着型介護老人福祉施設入所者生
　活介護……………………… 106
地域密着型サービス……… 59, 103
地域密着型通所介護………… 106
地域密着型特定施設入居者生活介護
　………………………………… 106
チームアプローチ…………… 200
チームプロセス……………… 200
知恵…………………………… 48
中核症状……………………… 201
中間施設……………………… 109
中高年齢者等の雇用の促進に関する特
　別措置法…………………… 154
中長期在留人………………… 75
長期記憶……………………… 10
超高齢者……………………… 2
超高齢社会…………………… 16
長寿医療制度………………… 131
長寿社会対策大綱…………… 56
調整交付金…………………… 71
貯蓄…………………………… 24
通所介護……………………… 98
通所リハビリテーション…… 99
通知…………………………… 171
通報義務……………………… 136
定期巡回……………………… 104
定期巡回・随時対応型訪問介護看護
　………………………………… 104
デイケア……………………… 99
デイサービス……………… 55, 98
デイサービスセンター……… 147
定年制………………………… 153
定年の定めの廃止…………… 154
定年引き上げ………………… 154
デマンドタクシー…………… 165
展望記憶……………………… 10
東京都養育院………………… 51

統合 ……………………………… 14
トータル・ペイン ………………… 203
特定健康診査 ………………… 129, 130
特定施設 ………………………… 99
特定施設サービス計画 …………… 126
特定施設入居者生活介護 ……… 99, 126
特定疾病 ………………………… 75
特定入所者介護サービス費 ……… 85
特定福祉用具販売 ……………… 101
特定保健指導 ………………… 129, 131
特別永住者 ……………………… 75
特別会計 …………………… 72, 163, 172
特別支給の老齢厚生年金 ……… 153
特別徴収 ………………………… 76
特別養護老人ホーム ………… 60, 124
特別養子縁組 …………………… 158
独立型の社会福祉士 …………… 179
特例サービス …………………… 82
特例入所 ………………………… 108
閉じこもり ……………………… 8
独居高齢者の在宅生活 ………… 230
独居老人 ………………………… 35
都道府県の役割 ………………… 171
都道府県老人福祉計画 ………… 123

な〜の

内因性精神障害 …………………… 10
75 歳以上人口 …………………… 17
ニィリエ，B. ……………………… 67
二次判定 ………………………… 79
2015 年の高齢者介護 …………… 58
日常生活活動 …………………… 66
日常生活動作 …………………… 78
ニッポン一億総活躍プラン …… 139
日本国憲法 ……………………… 53
日本の将来推計人口 …………… 19
任意事業 ………………………… 91
認知機能障害 …………………… 11
認知症 ……………………… 10, 201
…の患者 …………………… 28
…の行動・心理症状 …………… 11
認知症ケア …………………… 201
認知症高齢者 ………………… 236
認知症サポーター …………… 186
認知症施策推進 5 か年計画 …… 59
認知症施策推進総合戦略 ……… 59
認知症初期集中支援チーム … 90, 210
認知症対応型共同生活介護 …… 104
認知症対応型通所介護 ……… 98, 105
認知症地域支援推進員 ………… 90

認知症予防 …………………… 216
認定結果の通知 ………………… 80
認定調査 ………………………… 78
認定調査員 ……………………… 78
ネグレクト ……………………… 43
寝たきり老人ゼロ作戦 ………… 8
年金保険制度 ………………… 153
年齢差 ………………………… 191
ノーマライゼーション ………… 66
乗合タクシー ………………… 165

は〜ほ

パーソナル・コントロール …… 49
パーソンズ，R. J. ……………… 67
ハートビル法 ………………… 138
倍加年数 ………………………… 16
廃用症候群 ……………………… 8
ハヴィガースト，R. J. ………… 14
8050 問題 ……………… 42, 223, 229
バトラー，R. N. ………………… 47
パパ・ママ育休プラス ………… 159
バリアフリー化基準 …………… 141
バリアフリー基本構想 ………… 142
バリアフリー法 ……………… 138
…の基本理念 ……………… 140
ハローワーク ………………… 177
日帰り介護事業 ………………… 55
東日本大震災 …………………… 33
ひきこもり支援 ………………… 42
非言語的なコミュニケーション … 191
一人暮らし ……………………… 37
被保険者 ……………………… 71, 74
被保険者証 ……………………… 74
評価 ………………………… 228
費用負担 ………………………… 73
複合型サービス ……………… 103
複合喪失 …………………… 3, 192
福祉関係八法改正 …………… 121
福祉コミュニティ …………… 199
福祉人材コーナー …………… 177
福祉組織化 …………………… 199
福祉用具専門相談員 …………… 185
福祉用具専門相談員指定講習 … 185
福祉用具貸与 ………………… 100
普通徴収 ………………………… 76
不服申立前置主義 ……………… 81
プランニング ………………… 190
フレイル ………………… 29, 48
プログラム法 …………………… 60
プロダクティブ・エイジング … 49

プロボノ ……………………… 165
平均寿命 …………………… 18, 27, 167
平均所得 ………………………… 24
ベビーブーム …………………… 18
偏見 ………………………… 192
弁護士 ………………………… 185
包括的アセスメント ………… 190
包括的・継続的ケアマネジメント支援
　業務 ……………………… 92
包括的支援事業 ………………… 90
包括払い ……………………… 103
訪問介護 ………………………… 96
訪問介護員 …………………… 96, 181
訪問介護計画書 ………………… 96
訪問看護 ………………………… 97
訪問看護ステーション ………… 121
訪問入浴介護 …………………… 97
訪問リハビリテーション ……… 97
法律 ………………………… 171
ホームヘルパー ………………… 96
保険給付 …………………… 81, 172
保健師 ………………… 92, 93, 182
保険事故 ………………………… 70
保健師助産師看護師法 ………… 182
保険者 ……………… 71, 73, 172
保険料 ………………………… 76
母子福祉法 ……………………… 55
ホスピス・緩和ケア …………… 203
ホテルコスト …………………… 85
ボランティア ………………… 188
ボランティア活動 ……………… 30
ホリスティック ………………… 15

ま〜も

マスタープラン ……………… 143
まだら認知症 …………………… 11
まち・ひと・しごと創生法 …… 166
看取り支援 …………………… 217
民間保険 ………………………… 70
民生委員 …………………… 123, 207
無告の窮民 …………………… 51, 120
明治 ………………………… 51
名称独占 ……………………… 179
メタボリックシンドローム …… 129
モニタリング … 194, 213, 228, 234, 241
物忘れ外来 …………………… 237

や〜よ

夜間対応型訪問介護 ………… 104

薬剤師 ————————————— 184
やむを得ない事由 ————————— 125
ヤング・オールド ———————— 121
ヤングケアラー ——————————— 41
有償ボランティア ————————— 188
優先入所 ————————————— 108
有料老人ホーム ——————— 99, 126
ユニットケア ——————— 105, 108
ユニバーサル社会の実現に向けた諸施
　策の総合的かつ一体的な推進に関す
　る法律（ユニバーサル社会実現推進
　法）——————————————— 140
ユニバーサルデザイン ——————— 138
養介護施設従事者等 ———————— 133
…による高齢者虐待 ———————— 137
要介護者の状況 ——————————— 27
要介護認定 ————————————— 77
…の申請 —————————————— 77
要介護認定・要支援認定 ——— 172, 180
養護者 ——————————————— 133
…による高齢者虐待 ———————— 137
養護老人ホーム ————— 55, 99, 124
養子縁組里親 ——————————— 158
要支援・要介護認定 ————— 172, 180
養老院 ——————————————— 52
養老施設 —————————————— 54
抑うつ症状 ————————————— 12
予後 ———————————————— 6
横出しサービス ——————————— 82
予備力 ——————————————— 5
予防給付 ——————— 81, 101, 195
…と介護給付の対応 ———————— 102
予防ケアプラン ——————————— 102

老人クラブ ————————— 30, 54
老人週間 —————————————— 123
老人短期入所施設 ————————— 124
老人デイサービスセンター ————— 124
老人の日 —————————————— 123
老人斑 ——————————————— 11
老人福祉計画 ————————— 86, 123
老人福祉施設 ——————————— 123
老人福祉センター ————————— 124
老人福祉法 ———————— 54, 62, 120
…に基づく措置 ——————————— 125
…の基本的理念 ——————————— 122
…の構成 —————————————— 122
…の目的 —————————————— 122
老人保健施設 ———————————— 56
老人保健福祉計画 ————— 56, 121
老人保健法 ————— 56, 121, 129
労働者年金保険法 ————————— 53
労働力調査 ————————————— 27
老年学 ——————————————— 48
老年期うつ病 ———————————— 12
老老介護 ————————— 35, 38
65 歳以上人口 ——————————— 16
65 歳以上の者のいる世帯 ————— 21

ら～ろ

理学療法 —————————————— 99
理学療法士 ———————————— 182
理学療法士及び作業療法士法 —— 182, 183
離脱理論 —————————————— 49
リハビリテーション計画書 ————— 97
流動性知能 ————————————— 9
利用者基本情報 —— 212, 218, 225, 232, 238
利用者の費用負担 ————————— 84
レスパイト・ケア ————————— 99
連携型 ——————————————— 104
老人医療費支給制度 ————— 64, 129
老人医療費の無料化 ———————— 55
老人介護支援センター ——————— 124
老人家庭奉仕員 ——————————— 54
老人居宅生活支援事業 ——————— 123

最新 社会福祉士養成講座

▍編集

一般社団法人 日本ソーシャルワーク教育学校連盟 （略称：ソ教連）

▍統括編集委員 （五十音順）

中谷 陽明 （なかたに・ようめい）
ソ教連常務理事、桜美林大学大学院教授

松本 すみ子 （まつもと・すみこ）
ソ教連常務理事、東京国際大学人間社会学部教授

「高齢者福祉」編集委員・執筆者

▍編集委員 （五十音順）

須加 美明 （すが・よしあき）
目白大学人間学部教授

中谷 陽明 （なかたに・ようめい）
桜美林大学大学院教授

結城 康博 （ゆうき・やすひろ）
淑徳大学総合福祉学部教授

和気 純子 （わけ・じゅんこ）
東京都立大学人文社会学部教授

▍執筆者および執筆分担 （五十音順）

粟田 主一 （あわた・しゅいち）··第 1 章第 1 節 2・3
東京都健康長寿医療センター研究所副所長

石附 敬 （いしづき・たかし）·······················第 3 章第 2 節、第 7 章第 2 節事例 4
東北福祉大学総合福祉学部准教授

大塚 薫 （おおつか・かおる）··第 1 章第 2 節
元・淑徳大学総合福祉学部兼任講師

小山 宰 （おやま・つかさ）··第 7 章第 2 節事例 5
東京医科歯科大学歯学部非常勤講師

河村 秋 （かわむら・あき）··第 5 章第 3 節
和洋女子大学看護学部准教授

菅野 道生 （かんの・みちお）··第 5 章第 5 節
岩手県立大学社会福祉学部准教授

後藤　紀行 （ごとう・のりゆき）――――――――――――――第4章第1節1〜5
西東京市健康福祉部地域共生課課長補佐

島津　淳 （しまず・あつし）――――――――――――――第6章第1節
桜美林大学健康福祉学群教授

須加　美明 （すが・よしあき）――――――――――第4章第1節6・7・第3節
目白大学人間学部教授

土屋　典子 （つちや・のりこ）――――――――――――第7章第2節事例3
立正大学社会福祉学部准教授

中沢　豊 （なかざわ・ゆたか）――――――――――――――第5章第9節
松戸市福祉長寿部参事監

中谷　陽明 （なかたに・ようめい）――――――――第2章第1節、第3章第1節・第3節
桜美林大学大学院教授

中村　孝幸 （なかむら・たかゆき）――――――――――――第4章第2節
社会福祉法人聖風会足立区地域包括支援センター六月センター長

中村　直樹 （なかむら・なおき）――――――――――――――第5章第7節
弘前医療福祉大学短期大学部准教授

濱島　淑恵 （はましま・よしえ）――――――――――――――第2章第2節
大阪歯科大学医療保健学部准教授

早川　仁 （はやかわ・ひとし）――――――――――――――第5章第8節
流山市役所健康福祉部部長

久松　信夫 （ひさまつ・のぶお）――――――――――――――第6章第2節
桜美林大学健康福祉学群教授

間嶋　健 （まじま・けん）――――――――――――第7章第2節事例2
明星大学人文学部非常勤講師、介護老人保健施設あるふぁ国立支援相談員

村岡　則子 （むらおか・のりこ）――――――――――――――第5章第2節
聖カタリナ大学人間健康福祉学部教授

森岡　豊 （もりおか・ゆたか）――――――――――――――第5章第6節
医療法人敬老会・社会福祉法人敬老福祉会常務理事

栁沢　志津子 （やなぎさわ・しずこ）――――――――――第7章第2節事例1
徳島大学大学院医歯薬学研究部講師

結城　康博 （ゆうき・やすひろ）――――――――――――――第5章第1節
淑徳大学総合福祉学部教授

吉田　輝美 （よしだ・てるみ）――――――――――――――第5章第4節
名古屋市立大学大学院人間文化研究科教授

和気　純子 （わけ・じゅんこ）――――――――――第1章第1節、第7章第1節
東京都立大学人文社会学部教授

最新 社会福祉士養成講座

2　高齢者福祉

2021年2月 1 日　　初 版 発 行
2022年1月10日　　初版第2刷発行

編　集　一般社団法人日本ソーシャルワーク教育学校連盟
発行者　荘村明彦
発行所　中央法規出版株式会社
　　　　〒110-0016　東京都台東区台東3-29-1　中央法規ビル
　　　　TEL 03（6387）3196
　　　　https://www.chuohoki.co.jp/

印 刷・製 本　株式会社太洋社
本文デザイン　株式会社デジカル
装　　　幀　株式会社デジカル
装　　　画　酒井ヒロミツ